스핀 잇
SPIN IT

스핀잇

초판 1쇄 발행 2013년 9월 11일

지은이 조성문

펴낸이 손은주 **편집주간** 이선화 **마케팅** 손은숙 **경영자문** 권미숙
디자인 Erin

주소 서울시 마포구 공덕동 105-74 서부법조빌딩 6층
문의전화 070-8835-1021(편집) **주문전화** 02-394-1027(마케팅)
팩스 02-394-1023
이메일 bookaltus@hanmail.net

발행처 (주) 도서출판 알투스
출판신고 2011년 10월 19일 제25100-2011-300호.

ⓒ 조성문 2013
ISBN 978-89-968088-5-5   03320

세상을 빠르게
돌리는 자들의
비   밀

스핀잇
SPIN IT

조성문 지음

알투스

스핀 섬 이야기

저 멀리 모든 것이 다 갖추어진 섬이 있다.
먼저 차지하는 자가 주인이 된다.

한 사람은 운동화 끈을 조여매고 타박타박 그 섬을 향해 걸어간다.
시간이 얼마나 걸릴지 알 수 없으나, 옆도 뒤도 보지 않고 성실하게 걸어간다.

한 사람은 마차를 타고 말을 열심히 채찍질하면서 빠르게 간다.
말이 지쳐 쓰러질지도 모르지만, 걷는 자보다는 빨리 도착할 것이라 장담한다.

한 사람은 자동차를 타고 쌩하니 더 빠르게 추월한다.
공기는 탁해지고 사고 위험도 있지만, 그 누구보다 빨리 섬을 차지할 자신이 있다.

한 사람은 가만히 컴퓨터 앞에 앉아 생각한다.
그리고 '스핀 잇!' 한다.
아름다운 섬은 그에게 다가왔고, 그는 더 이상 혼자가 아니다.
가족과 친구 모두와 그 섬에서 행복하게 산다.

IT세상이란, 바로 이런 것이다.
세상이 발전하는 속도를 더 빠르게 해서
모두가 그 풍족함을 함께 누릴 수 있게 하는 것.
IT를 알면, 이제 당신도 세상을 '스핀'할 수 있다.

지금, 대한민국의 화두는 단연 IT 창업과 창조경제다. 실리콘밸리에 대한 관심이 그 어느 때보다 뜨거운 이유다. 그렇다면 우리는 실리콘밸리에 대해서 얼마나 제대로 알고 있을까? 《스핀 잇》은 그곳을 움직이는 핵심 구성원들이 무슨 고민을 하는지까지 깊이있게 담아낸 책이다. 현재 IT 비즈니스에 헌신하고 있는 이들은 물론, 대한민국 창조경제의 나아갈 길을 고민하는 사람이라면 이 책을 놓쳐서는 안 될 것이다.

_ **이석우** (주) 카카오 공동대표

《스핀 잇》은 게임빌 시절부터 탁월한 엔지니어이자 전략가였던 저자가, 앤더슨 MBA와 오라클을 경험하면서 직접 보고 느낀 실리콘밸리를 엔지니어적인 논리력과 컨설턴트적인 통찰력으로 멋지게 버무려놓은 책이다. 현재 창업을 준비하는 사람들뿐만 아니라, 좁은 국내 시장에 갇혀 있는 한국의 많은 사업가와 젊은이에게 보다 큰 뜻을 품고 글로벌 시장을 내다보게 하는 훌륭한 참고서가 될 것이다. 이 책을 읽으며, 지금 이 순간에도 실리콘밸리에서는 세상을 바꿀 무언가가 꿈틀대고 있을 것이라고 생각하니 다시금 심장이 뜨거워졌다.

_ **송재준** 게임빌 부사장

실리콘밸리 중심부에서 일하고 있는 저자는, 이 혁신의 산실을 움직이는 원동력이 무엇인지 그 누구보다 정확히 꿰뚫고 있다. 페이스북부터 인스타그램, 드롭박스, 에어비엔비 등 실리콘밸리 스타기업들의 성공 스토리와 게임체인저들의 휴먼스토리를 흥미진진하게 풀어냈다. 이 책은 실리콘밸리의 혁신 비밀을 배우기 위한 필독서가 될 것이다.

_ **임정욱** 다음커뮤니케이션 글로벌사업본부장

실리콘밸리의 '기술'이 아닌 '사람'에 대해 이야기하는 책이다. 세상을 '스핀'하는 실리콘밸리의 현장감이 묻어나는 스토리는 저자만의 예리한 통찰과 함께 더욱 생생하게 다가온다. 그래서일까, 이 책을 읽는 동안 잠시나마 내가 실리콘밸리 한가운데에 서서 세상을 돌리고 있다는 착각을 했다.

_ **조용범** 페이스북코리아 부사장

"페이스북 창업자인 마크 저커버그는 왜 똑같은 옷만 입을까?" "일흔을 앞둔 뉴욕시장은 왜 코딩을 배우겠다고 했을까?" 이런 문답으로 실리콘밸리와 IT가 가져온 세상의 변화에 관한 궁금증을 말끔하게 해소해주는 책이다. 실리콘밸리를 궁금해하시는 분, 실리콘밸리를 조금 안다고 생각하는 분들께 일독을 권하고 싶다.

_ **광파리** 김광현, 〈한국경제신문〉 IT전문기자

IT산업과 혁신의 심장이라 할 수 있는 실리콘밸리, 그곳에서 일어나고 있는 자기파괴적 혁신 스토리를 담은 이 책은 IT업계 종사자뿐 아니라, 새로운 도전을 꿈꾸는 모든 이에게 신선한 '영감'을 줄 것이다. 무엇보다 실리콘밸리에 대한 막연한 동경과 모방에서 탈피, 우리의 현실에 맞게 재창조하고 발전시킬 수 있는 단초를 제공하고 있다.

_ **김현유** 미키 김, 구글 상무

대한민국과 실리콘밸리의 IT 비즈니스를 모두 경험한 저자만의 통찰이 담겨 있다. 이 책에 소개된, 아이디어가 비즈니스가 되고 창업으로 이어져 더 큰 성장으로 이어지는 선순환 스토리들은 새로운 것을 창조하는 도전정신의 의미를 새삼 깨닫게 한다. 또한 사람들에게 작게나마 자극을 주고 세상을 이롭게 하는 것을 만들려면 어떻게 생각하고 어떤 비전을 가져야 하는지 알려주고 있다. 세계에서 가장 창의적인 곳에서 체득한 교훈들이 담긴 이 책은 나에게 새로운 고민을 안겨주었다.

_ **신현성** 티몬 CEO

저자는 스타트업의 경험을 가진 순수한 청년의 시각으로 실리콘밸리를 바라봤다. 그리고 무엇이 실리콘밸리를 열정이 식지 않는 IT의 중심으로 만들었는지 묻고 또 물었다. 《스핀 잇》은 세상을 바꾸는 서비스, 그 서비스를 만드는 창업자, 그들을 지지하는 투자가 그리고 이런 스토리를 엮어주는 IT 전문 미디어가 정교하게 맞물려 돌아가는 실리콘밸리의 IT 생태계를 가장 가까이에서 그들의 숨소리까지 담아내 우리에게 보여주고 있다.

_ **정세주** 눔 CEO

놀라울 정도의 성실함과 관찰력으로 실리콘밸리 변화의 맥락을 짚어냈다. 저자가 겪고 느낀 대로 따라가다 보면, 어느새 이 책에 소개된 수많은 인물이 '미래의 나'일 수 있다는 믿음이 생긴다. 스타트업의 발상지에서 개척지의 도전자들에게 띄우는 응원의 편지 같은 책이다.

_ **류중희** 올라웍스 창업자 / 인텔코리아 상무

실리콘밸리 사람들에게 변화는 일상이다. 신선한 충격을 주었던 테슬라의 전기차 '모델-S'도 이곳 사람들에게는 이제 별다른 감흥거리가 못 된다. 《스핀 잇》은 바로 이렇게 하루가 멀다 하고 세상을 놀라게 하는 실리콘밸리의 현재와 미래를 손에 잡힐 듯 생생하게 풀어냈다. 이곳의 일상적 감동을 담아낸 스크랩북이자, 미래가 궁금한 사람들을 위한 미래참고서로 이 책을 추천한다.

_ **음재훈** 트랜스링크캐피털 대표

혁신의 성지, 실리콘밸리의 다양한 기업 사례부터 창업을 위한 완벽한 생태계 구조까지 아우르는 인사이트가 담긴 책이다. 우리가 익히 알고 있는 IT기업들의 각종 사례도 저자만의 통찰로 재해석되어 생동감 있게 가슴에 와닿는다. 이 책 《스핀 잇》으로 인해, 한국의 IT 비즈니스와 기업 문화에도 거대한 '스핀'이 일어나길 기대해본다.

_ **김태경** 베인앤드컴퍼니 프라이빗에쿼티 그룹 컨설턴트 / MBA Blogger

실리콘밸리를 카피하는 것은 불가능하다. 하지만 분명히 배울 점이 많다는 것 또한 사실이다. 이 책은 2013년 현재, 실리콘밸리의 크고 작은 테크놀로지 회사들이 어떤 방향으로 나가고 있는지, 어떤 조직문화와 비전을 추구하는지 그리고 그곳의 젊은이들은 어떤 즐거운 고민에 빠져 있는지 생생히 담아냈다.

_ **윤필구** 월든인터내셔널 벤처캐피털 이사

실리콘밸리의 생태계를 체화한 저자는, 상품을 만드는 전문가로서의 관점으로 그곳의 생생한 사례를 활용 가능한 지식으로 탈바꿈시켰다.

_ **정기현** SK플래닛 CPO

이 책을 읽는 내내 조성문식 인사이트가 내 머리를 '스핀'시켰다. 군더더기 없이, 흥미진진하게 실리콘밸리의 모든 것을 담아낸 책이다.

_ **한정연** 〈월스트리트저널〉 에디터

《스핀 잇》을 읽으면서, 기획재정부 소속 공무원을 거쳐 스탠퍼드GSB를 선택할 당시의 첫 마음을 다시 한 번 되새겼다. 이 책에는 안정되고 정형화된 삶에서 벗어나, 새로운 성공과 삶에 대한 가치관을 갖게 하는 실리콘밸리만의 혁신적 메시지가 고스란히 담겨 있다. 이는 특정 기업의 슬로건, 창조경제의 해법에만 연관 있는 게 아니다. 나의 삶 자체에 새로운 에너지를 불러일으키기에 충분하다.

_ **백산** 스탠퍼드GSB, 전 기획재정부

조성문 님의 블로그를 통해 접한 실리콘밸리 이야기가 흥미진진한 이유는 창업자들의 성공신화가 단 한 번의 성공으로 끝나는 것이 아니라, 새로운 도전과 창조로 끊임없이 계속된다는 점이다. 안주하지 않고 꿈꾸고 도전하는 삶을 통해 자기만의 스토리가 있는 인생을 만들겠다고 다짐한 사람이라면 이 책을 통해 분명 추진력과 영감을 얻을 것이다.

_ **강보은** 변호사

이제 당신이, 세상과 당신의 삶을 '스핀'할 차례다

천천히 회전하고 있는 커다란 바퀴를 상상해보자. 나라마다 이런 바퀴가 있고, 바퀴가 몇 바퀴를 돌아갈 때마다 새로운 혁신이 일어난다. 바퀴의 회전 속도는 바퀴의 품질, 바퀴를 돌리는 사람의 수 그리고 사람들이 바퀴를 돌리는 속도와 시간에 의해 좌우된다. 바퀴의 회전을 방해하는 장애물들도 있다. 바퀴에 녹이 슬거나 기름칠이 되어 있지 않거나, 돌리는 사람들의 열정이 식으면 회전 속도는 느려질 것이다.

《스핀 잇*Spin It*》은 세상을 '돌리는' 실리콘밸리 사람들의 창조와 혁신에 관한 이야기다. 혁신은 세계 어디서나 일어나고 있다. 하지만 그 속도는 지역마다 차이가 있다. 경제발전 정도, 민주주의의 발달 단계, 정부의 역할, 사람들의 인식과 문화에 따라 혁신의 속도가 달라진다. 기술의 발전 덕분에 지식이 생산되고 전파되는 속도가 어느 때보다도 빨라졌고, 그만큼 혁신의 속도 차이도 줄어들고 있다. 하지만 여전히 실리콘밸리가 혁신을 주도하고 있으며, 오늘날 세상을 집어삼키고 있는 대부분의 소프트웨어가 실리콘밸리에서 만들어지고 있다.

전세계가 주목하고 있는 이곳에서 세상을 깜짝 놀라게 할 새로운 아이디어는 날마다 쏟아지고 있다. 오늘도 팔로알토 어딘가의 좁고 허름한 사무실에서 제2의 저커버그를 꿈꾸는 기크들이 세상을 '스핀'할 준비를 하고 있다. 그래서 전세계 리더와 비즈니스맨들이 이곳의 최신 소식에 촉각을 곤두세우고, 실리콘밸리 창조 에너지의 원천을 배우기 위해 끊임없이 몰려드는 것이다.

실리콘밸리가 창조한 '가치의 총량'은 상상을 초월한다. 실리콘밸리를 주도하는 회사들의 시가 총액과 현금 보유량만 봐도 그렇다. 2013년 7월 기준으로 구글(330조 원), 애플(440조 원), 오라클(170조 원), 휴렛패커드(55조 원), 인텔(120조 원), 시스코(140조 원), 페이스북(90조 원), 야후(33조 원), 세일즈포스닷컴(27조 원), 어도비시스템스(27조 원) 등 몇 회사의 시가 총액만 합해도 1,400조 원이 넘는다. 통계청 나라지표에 따르면, 2012년 말 기준 한국 상장 회사 1,789개의 시가 총액 합이 1,263조 원이다. 실리콘밸리 몇 회사의 가치 총합이 거의 한국 상장 회사 전체의 가치를 웃도는 셈이다.

이 회사들이 보유한 현금 총액 역시 수백조 원에 달한다. 이들은 막대한 현금을 이용해서 기술력을 갖춘 스타트업들을 인수해 현금의 흐름을 가속화함으로써 실리콘밸리를 더 빨리 '스핀'하고 있다. 그때마다 창업자와 투자자, 로펌, 투자은행들은 큰돈을 번다.

왜일까? 왜 유독 이곳에서 혁신이 많이 일어나는 것일까? 실리콘밸리에 살면서, 스스로에게도 많이 던진 질문이고, 주변 사람들로부터도 비슷한 질문을 많이 받았다. 그래서 블로그를 만들어 이 질문에 관한 생각을 글로 남겼고, 사람들과 그 글을 공유하며 더 많은 아이디어를 얻었다. 이 책은 지난 3년간 그렇게 써온 글과 최근 〈조선일보〉 '위클리비즈'에 기고한 글 그리고 책의 취지에 맞게 새로 쓴 글들을 엮은 것이다.

《스핀 잇》 출간을 결심하면서 가장 먼저 고민한 것은 타깃 독자층이었다. IT업계 종사자들을 위한 글을 쓸 것인가, 언젠가 실리콘밸리에 진출해서 취직을 하거나 사업을 하고 싶어 하는 사람들을 대상으로 할 것인가, 아니면 그보다 훨씬 넓은 층을 고려할 것인가…… 그런 고민을 하면서 구체적인 독자를 마음에 그려보았다.

인사동의 미술관 관장 K.

그가 하는 일은 IT와 직접적인 연관성은 없다. 하지만 각종 매체를 통해 하루가 멀다 하고 쏟아지는 페이스북, 구글, 애플의 이야기를 접하며 '실리콘밸리는 도대체 어떤 곳일까' 관심을 갖게 된다. 그는 페이스북이 어떤 회사기에 29세 청년 CEO의 한국 방문 일정이 언론을 통해 실시간 보도되고, 박근혜 대통령까지 만나는지 궁금하다. 스마트폰으로 '마크 저커버그'를 검색해본다.

그가 실리콘밸리에 관심을 가진다면, 그래서 그곳에서 일어나는 혁신의 비밀을 알고 세상이 흘러가는 방향에 대한 감을 갖게 된다면 어떨까? 앞으로는 세상의 모든 정보가 디지털화되어, 어쩌면 미술관도 지금과는 다른 모습이 되거나 심지어 설 자리를 잃게 될지도 모른다는 것을 깨닫게 될 것이다. 그의 선택은 둘 중 하나다. 미술관의 작품과 정보를 디지털화해 사람들이 컴퓨터와 휴대전화 그리고 태블릿PC에서 더 쉽게 '관람'할 수 있게 하거나, 미술관사업의 영역을 다양화하는 것이다.

중소기업 사장 L.

10년째 두 대기업에 제품을 납품하고 있는 L씨는 요즘 밤잠을 이루지 못한다. 그동안 안정적이었던 고객의 주문량에 변화가 생기기 시작한 것이다. 게다가 경쟁사의 움직임도 심상치 않다. 최근 들어 가격을 낮추면서 수주량을 늘리고 있다는 소문이다. 게다가 L씨가 직원들과 함께 특허를 등록해둔 기술이 하나 있는데, 기존 고객들은 별다른 관심을 보이지 않고 있다. L씨는 이 상황을 어떻게 돌파해 나가야 할까?

사업을 준비하는 28세 청년 P.

P는 한국에서 명문대학을 졸업하고 유수한 벤처기업에 디자이너로 취직했다. 자신이 참여한 제품이 출시되어 사용자 수가 10만 명을 넘어서는 등 보람이 있지만, 왠지 아쉬움이 남는다. 자신의 아이디어로 새로운 제품을 만들어 세상에 알리고 싶다. 하지만 어떤 분야를 떠올리든, 골리앗과 같은 거인들이 이미 버티고 있다. 다윗이 정말 골리앗을 이길 수 있을까?

《스핀 잇》은 '실리콘밸리 이야기'를 담고 있지만, IT업계 종사자들만을 위한 책은 아니다. 인사동의 미술관 관장, 중소기업 사장, 창업을 꿈꾸는 청년 등 2013년을 살아가는 현대인이라면 누구나 관심이 있을 수밖에 없는 비즈니스와 삶에 대한 이야기다. 그들이 꿈꾸는 많은 것을 실리콘밸리의 현재와 미래 속에서 찾을 수 있기 때문이다.

당신이 지금 하는 일이 IT와 전혀 관련이 없더라도, 지금 당신 손에 스마트폰이 쥐어져 있다면 당신은 날마다 실리콘밸리에서 만들어진 소프트웨어를 사용하고 있는 것이다. 그러니 이 책에 소개된 실리콘밸리의 혁신 비결과 창업자들의 남다른 스토리가 당신의 삶에도 새로운 영감을 불러일으킬 것이다. 지금, 실리콘밸리가 세상에 미치고 있는 영향처럼 말이다. 이 책을 통해 당신의 일과 삶도 거침없이 '스핀'할 수 있기를 바란다.

2013년 8월
햇살이 따가운 실리콘밸리 산마테오에서
조성문

목차

SPIN IT 4장
IT 비즈니스 지식 속에서 최신 경영 트렌드를 읽어라

부록
당신의 삶을 '스핀'하기 위한 세 가지 조언

에필로그
실리콘밸리를 복제하는 것은 불가능한 일일까

모두들 의아해했다.

뉴욕시장 블룸버그가 일흔을 앞둔 나이에

왜 컴퓨터 앞에 앉아

코딩을 배우겠다고 결심한 것인지.

세상에서 가장 바쁜 그가, 모든 걸 다 가진 그가

도대체, 왜?

나는 알고 있다.

블룸버그는 세상을 '스핀'하고 싶어 한다는 것을.

"뉴욕시의 미래는 코딩을 배우는 학생들에게 달려 있다.

이미 수천 명의 학생에게 기회를 제공하고 있지만,

더 많은 학생이 코딩을 배워야 한다." _블룸버그(뉴욕시장)

SPIN IT 1장

IT를 모르면 지금은 불편하지만, 미래엔 불행해진다

부의 패러다임이 바뀌고 있다

세상을 돌리는 실리콘밸리의 힘

요즘 실리콘밸리의 경기는 어느 때보다도 호황이다. 출퇴근시간, 샌프란시스코에서 시작해 실리콘밸리를 거쳐 산호세를 연결하는 101번 고속도로에는 자동차가 가득하고, 샌프란시스코와 팔로알토의 고급 레스토랑은 일주일 때로는 몇 달 전에 예약하지 않으면 자리가 없을 정도다. 금요일과 토요일 저녁이면 다운타운마다 사람들로 북적인다. 구글 본사가 있는 마운틴뷰의 다운타운에서는 갈 때마다 새로운 식당과 바를 볼 수 있다.

이와 함께 집값과 임대료도 무섭게 상승하고 있다. 2012년 한 해 동안 실리콘밸리의 집값은 24.6퍼센트나 올랐다. 미국 전체에서 가장 뜨겁다고 한다. 집을 팔려고 내놓으면 매수 대기자가 열 명은 기본이고 때로는 50명까지 몰려와 서로 집을 사겠다고 경쟁해서 집값을 더 올려놓는다. 50만 달러짜리 집은 60만 달러에, 80만 달러짜리 집은 90만 달러에 팔리고 있다.

2013년 2월 전체 부동산 거래의 32퍼센트는 모기지(mortgage, 담보 대출)가 없는 현금 거래였으며, 28퍼센트는 투자를 목적으로 한 구매였다. 샌프란시스코의 경우 그 경쟁은 더 치열하다. 방 두 개인 100제곱미터 콘도미니엄이 100만 달러(11억 원)에 거래되는 것은 보통이고, 좋은 동네라면 150만 달러(17억 원)에도 거래된다. 방이 여섯 개쯤 되는 큰 집은 500만 달러(55억 원)를 넘어 1천만 달러(110억 원)에 달하는 경우도 있다. 임대료 역시 20~30퍼센트씩 상승해서, 스타트업들이 많이 위치해 있고 젊은 사람들이 선호하는 지역의 경우, 방 두 개짜리 아파트는 월세가 4천 달러(450만 원)에서 시작한다. 전망과 시설이 좋은 경우 1만 달러(1,100만 원)에 달한다.

이런 현상은 중국 자본이 대량으로 유입되어 집값을 부추기고 있기 때문이기도 하지만, 실리콘밸리에 젊은 부자가 많아진 때문이기도 하다. 내가 아는 한 부동산중개인이 직접 겪은 몇 가지 일화를 들려주었다. 이제 막 회사를 매각한 20대 청년이 찾아와서 '가격은 상관없으니 무조건 좋은 집을 찾아달라'고 부탁한 적도 있고, 어떤 회사에서 1천 명이 몇 달간 체류할 수 있는 집을 구해달라고 의뢰한 일도 있다고 한다.

미국 대학의 서열까지 바꾸는 실리콘밸리의 힘

이런 가파른 경기 회복 뒤에는 실리콘밸리의 주요 회사들과 스타트업들이 있다. 모두들 인재를 구하느라 아우성이다. 페이스북은 최근 2년간 직원 수를 2,127명에서 4,619명으로 배 이상 늘렸다. 엔젤투자자들과 창업가를 연결해주는 엔젤리스트(angel.co)에는 샌프란시스코 유망 스타트업의 구인광고가 올라와 있는데, 웬만한 안드로이드·아이폰 애플리케이션 개발자 연봉이 1억 5천만 원에 달한다.

실리콘밸리 기업이 투자를 받거나 매각되는 정보를 관리하는 크런치베이스(crunchbase.com)에는 매일같이 기업 인수와 투자 소식이 올라오고 있다. 한때 반도체와 하드웨어 회사들이 이끌었던 실리콘밸리의 경기를 지금은 소프트웨어 회사들이 견인하고 있는 것이다.

실리콘밸리의 파워는 미국 대학교의 서열도 바꿔놓고 있다.《프린스턴 리뷰 *The Princeton Review*》에서는 매년 학생과 학부모들을 인터뷰해서 '꿈의 대학' 순위를 정해 발표하는데, 2013년에는 14,125명을 대상으로 조사한 결과, 하버드대학이 아닌 스탠퍼드대학이 학부모와 학생에게서 모두 1등을 차지했다.

또 〈워싱턴포스트 *The Washington Post*〉 4월 1일자 기사에 따르면, 스탠퍼드대학은 38,828명의 지원자 중 2,210명을 뽑아 합격률이 5.69퍼센트에 불과했으며, 35,023명의 지원자 중 2,029명을 뽑은 하버드의 5.79퍼센트보다 낮아서 미국에서 가장 입학하기 어려운 학교로 자리잡았다.

그뿐 아니다. 미국 대학들은 매년 기업과 동문으로부터 기부금을 받는데, 〈뉴욕타임스*The New York Times*〉 2월 기사에 따르면, 스탠퍼드대학은 2012년에 10억 달러(1조 1천억 원) 이상을 모금해서 6억 5천만 달러(7,300억 원)를 모금한 하버드대학을 크게 앞질렀다.

스탠퍼드대학이 다양한 지표에서 하버드를 앞지르기 시작한 가장 큰 이유는 실리콘밸리와 밀접한 관련이 있다. 스탠퍼드대 졸업생 대부분은 실리콘밸리의 유수한 회사에서 높은 연봉으로 사회생활을 시작하거나 자신의 회사를 만든다. 경제의 중심이 실리콘밸리, 즉 IT분야로 옮겨가고 있다. 전통적으로 인문학과 법학, 경영학이 강한 하버드와 달리 스탠퍼드대는 컴퓨터과학(computer science)을 비롯한 이공계 분야가 강하다. 전체 입학생 중 컴퓨터과학을 전공으로 선택하는 학생의 비율이 가장 높으며, 졸업생의 90퍼센트가 컴퓨터과학 수업을 듣는다.

물론 여전히 월스트리트 종사자들이 돈을 많이 번다. 그리고 아직도 아이비리그를 최상위로 졸업한 많은 학생이 투자은행과 컨설팅 회사를 선택한다. 하지만 변화의 조짐이 보이고 있다. 그들은 더 이상 투자은행과 컨설팅 회사를 최고의 직장으로 생각하지 않는다. 그런 기회를 마다하고 실리콘밸리의 스타트업에 뛰어드는 사람이 늘어나고 있다. 그리고 스타트업이 성공할 경우, 투자은행이나 컨설팅 회사에서 받는 연봉과는 비교도 안 될 만큼 큰돈을 번다. 자신의 꿈을 좇으며, 진정으로 좋아하는 일을 하면서 말이다.

예술과 금융의 도시, 뉴욕에 몰려드는 소프트웨어 스타트업

이런 변화는 미국 도시의 정체성도 바꾸고 있다. 전통적으로 예술과 금융의 중심지로 알려진 뉴욕에도 변화의 바람이 불고 있다. 뉴욕의 마이클 블룸버그(Michael Bloomberg) 시장은 소프트웨어 산업이 뉴욕의 다음 세기를 이끌 동력이라고 믿는 듯하다. 뉴욕에 위치한 소프트웨어 스타트업들을 열심히 지원하고 있으며, 그 덕분인지 최근 몇 년 사이 뉴욕에서 스타트업의 수가 크게 증가했다.

뉴욕의 스타트업 액셀러레이터 중 하나인 테크스타(TechStars)는 딕 코스톨로(Dick Costolo), 제프 클래비어(Jeff Clavier), 프레드 윌슨(Fred Wilson) 등 명망있는 CEO와 벤처투자자들을 멘토로 두고 있는데, 2013년에는 66개국 420개 도시에서 무려 1,700개의 회사가 지원했으며, 그중 0.6퍼센트인 11개 회사를 선정했다고 발표했다.

스타트업 위켄드(Start up Weekend) 행사도 매년 큰 규모로 열리고 있다. 말 그대로 주말 동안 제품을 만들어 투자자들 앞에서 발표하는 행사인데, 참가자들끼리 그 자리에서 팀을 결성하기 때문에 아이디어가 있는 창업가가 같이 일할 사람들을 찾는 좋은 기회가 된다.

맨해튼에서 '눔(Noom)'이라는 스타트업을 운영하는 정세주 씨는, 2009년 뉴욕에 회사를 세웠을 당시에는 뉴욕에서 소프트웨어 스타트업을 한다고 하면 사람들이 의아하게 생각했지만, 지금은 뉴욕의 스타트업 열기가 어느 때보다도 뜨겁다고 했다.

더 이상 IT버블은 없다

나는 이것이 일시적인 현상 또는 거품이라고 생각하지 않는다. 우리는 어느 때보다도 더 많이 소프트웨어에 의존하고 있다. 아침에 일어나서 잠자리에 들기까지 소프트웨어를 사용하지 않는 날은 거의 없을 것이다.

일례로, 우리가 의사소통을 어떻게 하는지 생각해보자. 전화선을 통해서만 소통하던 것은 그야말로 옛날 얘기다. 요즘에는 사람과 사람을 이어주는 역할을 하는 소프트웨어가 너무나 많다. 왓츠앱, 카카오, 페이스북 메신저, 페이스타임, 구글 행아웃, 바이버, 스카이프 등 셀 수 없이 많은 수단이 누구든지 쉽게 사용할 수 있도록 무료로 열려 있다.

예전에는 소프트웨어와 전혀 상관없는 직업이라고 여겨졌던 분야에서도 소프트웨어 의존도가 커지고 있다. 화가의 경우, 그림을 그리는 도구는 한정적이었다. 하지만 요즘에는 포토샵, 일러스트레이터 등의 소프트웨어를 이용해 그림을 그린다. 종이에 음표를 그려 곡을 만들던 작곡가들도 이제는 각종 미디어 기기를 이용해서 음악을 기록하고 소프트웨어를 통해 음악을 완성한다.

현대인의 소프트웨어 의존도는 날로 높아지고 있다. 특히 비즈니스맨들의 경우, 소프트웨어 없는 일상과 업무는 상상조차 하기 힘들다. 교육과 엔터테인먼트 분야에서도 소프트웨어 활용도가 높아지고 있기 때문에, 지금의 아이들이 성인이 되면 그 의존도는 상상 그 이상일 것이다. 당연히 소프트웨어를 만드는 회사들의 성장세도 쉽게 꺾이지 않을 것이다.

2013년 4월, 애플은 앱스토어에 85만 개의 애플리케이션이 올라와 있으며, 1초에 800번, 그러니까 하루에 7천만 번 다운로드된다고 발표했다. 또 지금까지 애플리케이션 개발자들에게 지불한 돈이 10조 원에 달하며, 그 속도가 점점 빨라져 이제는 한 분기에 1조 원가량 지불되고, 지난해에만 5조 원 이상 지불되었다고 밝혔다.

부의 패러다임이 바뀌고 있다. 그 변화를 감지하고 앞서가는 사람들은 승리하겠지만, 그렇지 않은 사람들은 정체되거나 도태될 것이다. 해마다 수없이 많은 사람이 실리콘밸리를 찾아오는 이유도 바로 여기에 있다.

뉴욕시장과 영화배우가
코딩을 배우기 시작한 이유

'코딩'은 생각의 방법이다

소프트웨어 없이 사는 일상은 어떨까? 의심할 여지 없이 소프트웨어가 우리 삶에서 차지하는 비중은 놀랄 만큼 커졌다. 불과 얼마 전까지 사람들은 라디오나 자명종 소리와 함께 잠에서 깼고, 일어나서 가장 먼저 하는 일 중 하나가 문 앞에 배달된 신문을 집어드는 것이었다. 하지만 이제는 스마트폰의 알람소리에 잠을 깨고, 지난밤 다른 나라에서 보내온 이메일을 보고, 스마트폰 캘린더로 일정을 확인하고, 종이신문 대신 태블릿컴퓨터를 집어든다.

전화 대신 페이스북에서 서로의 안부를 묻고, 업무회의를 위해 비행기를 타고 날아가는 대신 스카이프나 페이스타임으로 화상회의를 한다. 출근길 지하철 안 풍경도 달라졌다. 종이책이나 무가지를 읽는 대신 스마트폰으로 뉴스를 검색하거나 동영상을 본다. 점심을 먹기 위해 동료들과 식당에 마주 앉아서도 서로 대화를 나누는 대신 각자 스마트폰을 들여다보는 광경이 낯설지 않다. 더 많은 커뮤니케이션이 온라인에서 일어나고 있으며, 사람들은 그곳에서 더 많은 시간을 보낸다.

소프트웨어가 바꾼 라이프스타일

자동차를 예로 들어보자. 예전에는 가장 중요한 것이 엔진이었다(물론 지금도 중요하지만). 그런데 이제 자동차 회사들의 성패를 가르는 핵심 경쟁력 중 하나는 소프트웨어다. 운전자는 더 이상 엔진오일을 갈 때가 되었는지, 타이어 압력이 충분한지, 전구가 제대로 작동하는지 등을 일일이 체크하지 않아도 된다. 자체적으로 진단해서 운전자에게 알려주는 소프트웨어가 일반화되었기 때문이다. 뿐만 아니라 자동차를 타는 순간 스마트폰과 연결되어 운전자를 인식하는 기술도 있다. 도심에서 구글의 무인자동차를 만날 날도 머지않은 듯하다. 이 모든 것이 소프트웨어로 구동된다.

이제는 처음 가보는 나라로 여행을 가서 그들의 언어를 이해하지 못해도 큰 불편 없이 여행을 즐길 수 있다. 구글 맵만 있으면 어디든 찾아낼 수 있고 갈 수 있다. 나의 경우, 이스라엘에서 택시기사에게 내가 오히려 길을 알려주었고, 러시아에 갔을 때도 구글 번역기를 이용해 택시기사와 쉽게 소통할 수 있었다. 식당에 가서 메뉴를 이해하지 못해도 괜찮다. 스마트폰 카메라를 메뉴판에 갖다 대기만 하면 바로 모국어로 번역되어 화면에 뜬다. 이런 놀라운 일 또한 모두 소프트웨어의 힘이다.

실리콘밸리에서는 소프트웨어의 위력을 매일 실감한다. 사실 이곳은 '실리콘'이라는 이름에 걸맞게 원래 반도체 관련 산업이 주를 이뤘다. 지금도 실리콘밸리 남쪽에는 하드웨어 회사가 상당히 많다. 하지만 대부분은 팹리스(fabless)다. 즉, 디자인과 판매만 이곳에서 담당하고 생산은 모두 중국 또는 타이완에서 이루어진다. 스타트업들이 밀집해 있는 샌프란시스코와 팔로알토에는 대부분 소프트웨어 회사가 있고, 천문학적인 돈이 이 소프트웨어 회사들에 투자되고 있다.

실리콘밸리에서 일하면서 가장 놀라웠던 것은 회사들 간의 엔지니어 쟁탈전이었다. 스타트업이건 기존 회사건 엔지니어들이 매력을 느낄 수 있는 회사가 되기 위해 엄청난 노력을 기울인다. 파격적인 연봉과 휴가정책뿐 아니라, 호텔 수준의 식사를 무료로 제공하거나 세탁과 미용 서비스 등 직원들이 일에만 몰두할 수 있도록 전방위적으로 지원하고 있다. 일반 기업에서는 상상도 할 수 없는 수준이다.

이런 쟁탈전 덕분에 엔지니어들의 연봉은 계속 올라서 대부분 10만 달러(1억 1천만 원)를 상회하며, 경력이 있는 엔지니어의 경우 20~30만 달러도 훌쩍 넘긴다. 어떤 엔지니어들에게는 수십만 달러의 연봉은 수입의 일부에 불과하다. 성공적인 스타트업의 주식을 받는 경우, 그 회사가 상장하면 수백만 달러 이상의 수입을 거두기도 한다. 실리콘밸리에는 이런 '젊은 거부'가 비일비재하다.

이런 사실들은 무엇을 의미할까? 앞으로 더 많은 산업이 소프트웨어 기반으로 옮겨갈 것이고, 더 많은 돈이 소프트웨어 또는 소프트웨어를 구동하는 기기 개발에 투자되고, 소비자들 역시 소프트웨어 사용과 기기 구입에 더 많은 돈을 지출하게 될 것이다.

소프트웨어는 어떻게 세상을 먹어치우고 있는가

실리콘밸리에서 가장 존경받는 벤처투자자 중 한 명이자(페이스북, 그루폰, 스카이프, 트위터, 징가, 포스퀘어 등에 투자했다) 넷스케이프사를 공동창업한 마크 안드레센(Mark Andreessen)은 2011년 8월 '왜 소프트웨어가 세상을 먹어치우고 있는가(Why Software Is Eating The World)'라는 글을 기고해 큰 반향을 일으켰다.

글은 휴렛패커드의 PC사업 철수와 구글의 모토롤라 인수 이야기로 시작된다. 소프트웨어 산업의 성장으로 하드웨어 산업이 밀리게 된 현실을 보여주는 단적인 예다. 마크는 이 글에서, 각 산업을 뒤흔들면서 기존의 강자들을 위협하고 있는 소프트웨어 회사들을 하나씩 소개한다. 소프트웨어 회사 아마존(Amazon)은 전국적인 체인망을 갖춘 보더스(Borders)를 밀어냈다. 소프트웨어의 힘으로 만들어진 넷플릭스(Netflix)가 블록버스터(Blockbusters)를 밀어낸 이야기는 이제 고전에 속한다.

컴캐스트(Comcast) 같은 케이블 회사도 소프트웨어 회사로 탈바꿈하고 있다. 음악 시장도 이제는 음반 회사가 아닌 아이튠스(iTunes), 스포티파이(Spotify), 판도라(Pandora) 같은 소프트웨어 회사들이 장악하고 있다. 전통적인 애니메이션 회사 디즈니(Disney)는 디지털시대에 뒤처지지 않기 위해 소프트웨어 회사인 픽사(Pixar)를 인수해야 했다. 지금 전세계에서 가장 빠르게 성장하는 통신사는 다름 아닌 스카이프(Skype)이고, 가장 빠르게 성장하는 리크루팅 회사는 소프트웨어에 기반한 링크드인(LinkedIn)이다.

마크 안드레센은 이런 회사들의 사례를 들면서 소프트웨어 산업이 앞으로 더 성장할 것이며, 정유산업·금융산업·의료산업 등 분야를 가리지 않고 소프트웨어의 중요성이 커질 거라고 예견한다. 그런데 실리콘밸리에는 아직 이런 소프트웨어 산업 발전에 필요한 인재가 부족하다면서, 교육으로 이를 해결해야 한다고 주장한다. 그리고 이렇게 결론을 맺는다.

소프트웨어 회사들에 아주 높은 가치가 매겨진 것이 거품인지 아닌지를 논하는 대신, 새로운 세대의 테크놀로지 회사들이 어떻게 일하고 있고, 그것이 산업과 경제 전반에 어떤 영향을 미치며, 혁신적인 소프트웨어 회사들이 더 많이 생길 수 있도록 하기 위해 우리가 해야 할 일이 무엇인 가를 생각하자.

냉장고가 개발되면서 주부들은 매끼 음식을 만드는 수고에서 벗어났고, 자동차가 개발되면서 사람들은 이동을 위해 엄청난 시간과 체력을 소비할 필요가 없어졌다. 이처럼 삶의 방식을 송두리째 바꿔 놓은 발명들 덕분에 우리는 '어떻게 생존할 것인가'에 대해 고민하는 대신 더 많은 시간을 발전적인 일에 쓸 수 있게 되었다. 소프트웨어의 발전은 이런 혁신을 가속화시킬 것이다. 전세계 산업의 패러다임을 바꾸고 새로운 가치를 창출해서 사람들의 삶과 일하는 방식을 바꾸는 혁신도 소프트웨어 회사들이 주도할 것이다.

영화배우와 뉴욕시장, 그들은 왜 코딩을 배우려고 하는가

실리콘밸리에서 자라는 아이들은 방학 때 카누여행 대신 컴퓨터캠프에 간다. 2011년 〈블룸버그*Bloomberg*〉에, 코드캠프에 참가하기 위해 1만 킬로미터를 여행해 스탠퍼드대학을 방문한 열다섯 살의 이스라엘 학생 마이클 마티아스(Michael Matias) 이야기가 실렸다. 스탠퍼드대학에서 열리는 '아이디테크(iD Tech)'라는 코드캠프는 참가 비용이 2주에 3,300달러(370만 원)나 되지만, 큰 인기를 끌고 있다. 열여섯 살의 학생 러실(Rushil)은 이 캠프에 참가한 후 아이폰용 애플리케이션을 만들어 99센트에 팔았는데, 무려 4만 5천 카피를 팔아 3만 3천 달러(3,700만 원)를 벌었다. 이 캠프는 워낙 인기가 많아 몇 달 전에 예약해도 자리를 구하기가 힘들다고 한다.

이처럼 어린 학생들도 소프트웨어를 배우는 게 새로운 트렌드가 되다 보니, 2013년 3월에는 열일곱 살의 영국 고등학생이 만든 뉴스 요약 애플리케이션 '섬리(Summly)'가 야후에 3천만 달러(330억 원)에 팔리는 놀라운 일이 벌어지기도 했다.

스탠퍼드대학은 이런 트렌드를 재빨리 감지해 몇 년 전부터 온라인 강좌를 무료로 제공하고 있는데, 전세계에서 수만 명이 이 강좌를 통해 소프트웨어를 배우고 있다. 앤드루 응 교수의 기계학습(machine learning) 강좌에는 6만 6천 명이 등록했고, 또 다른 교수의 인공지능 강좌에는 190개국에서 무려 16만 명이 등록했다. 스탠퍼드 학부 과정에서 제공하는 강의 중에는 '프로그래밍 방법론'이 가장 인기있는데, 650명이 동시에 수강해서 기록을 세웠다. 이제는 학부 전공이 컴퓨터과학이 아니어도 누구나 코딩을 배우고 졸업하려고 한다. 2012년 스탠퍼드 입학생 1,700명 중 13퍼센트에 해당하는 220명이 컴퓨터과학을 전공으로 선택했다.

이런 현상은 점차 가속화될 전망이다. 심지어 2013년 초에는 '코드(Code.org)'라는 단체가 생겨났다. 더 많은 학생이 코딩을 배울 수 있도록 돕고 있는 이 단체의 사이트에 빌 게이츠, 마크 저커버그, 트위터 창업자 잭 도시 등을 인터뷰해서 올린 유튜브 동영상은 채 한 달이 지나지 않아 무려 100만 조회 수를 기록했다. 이 동영상에서 마크 저커버그는 '능력 있는 엔지니어들을 최대한 확보하는 것이 우리의 인사정책'이라고 말하며, 실리콘밸리의 멋진 회사 내부를 보여주면서 '최고의 엔지니어들을 뽑기 위해 얼마나 노력하고 있는지' 강조한다.

NBA 스타 크리스 보시(Chris Bosh)와 영화 〈잡스Jobs〉의 주연배우 애슈턴 커처(Ashton Kutcher)도 '코드' 캠페인에 참여했다. IT 관련 CEO부터 컴퓨터 프로그래밍과는 무관한 아티스트들까지 이구동성으로 컴퓨터과학은 미래의 경쟁력이고, 위대한 프로그램은 위대한 예술작품이며, 프로그래밍 언어는 다양한 정보를 공유하기 위해 반드시 배워야 하는 외국어라고 말하고 있다.

오라일리미디어의 창업자 팀 오라일리(Tim O'Reilly)는 "더 많은 사람이 글을 알기 시작하자 르네상스시대가 왔듯, 지금 모든 사람이 프로그래밍을 안다면 새로운 르네상스가 올 것"이라고 단언했다.

버진그룹 창업자인 리처드 브랜슨(Richard Branson)도 코딩을 배워야 하는 이유를 밝혔다. "우리가 기후변화와 싸우든 우주로 가든, 모든 것은 컴퓨터에 의해 좌우될 것이다. 그런데 우리에겐 코딩할 수 있는 사람이 충분하지 않다. 젊은 사람들에게 코딩을 가르치는 것은 그들의 기술과 자신감을 키우는 데 도움을 주며, 실행에 의한 학습 기회로 교실에 활력을 불어넣을 것이다. 내가 900미터(3천 피트) 상공에서 어떻게 열기구를 날게 하는지 배웠듯이, 당신도 나이가 몇 살이든 코딩 기술을 배울 수 있다. 이제, 모든 이에게 코딩을 가르칠 때가 되었다."

2012년 새해에 뉴욕시장이자 미국에서 손꼽히는 부자인 마이클 블룸버그는 트위터에 다음과 같은 말을 남겼다. "저의 새해 목표는 코드아카데미(codeacademy.com)에서 코딩을 배우는 것입니다." 40만여 명에 달하는 그의 팔로워들이 이 글을 본 후 자신의 팔로워들에게 전달했고, 순식간에 코드아카데미의 회원 수가 증가했다. 당시 70세이던 블룸버그 시장이 실제로 새해 계획을 실천했는지는 알 수 없지만, 수많은 사람에게 큰 영향을 끼친 것은 분명하다.

블룸버그 또한 '코드'의 캠페인을 통해 코딩을 배워야 하는 이유를 설파했다. 문화와 금융의 도시 뉴욕의 미래도 이제는 코더(coder), 디자이너, 프로그래머들에게 달려 있다면서, 뉴욕의 학생들에게 코딩을 배우라고 독려했다.

이제 소프트웨어는 더 이상 '컴퓨터 괴짜'들만의 전문 분야가 아니다. 역사, 미술, 음악, 문학과 같이 우리 삶을 윤택하게 해주는 교양 주제이자, 세상을 더 편리하게 만드는 도구가 될 것이다. 더 나은 삶을 누리고 나누면서 새로운 가치를 창출하는 사고방식이 될 것이다. 스티브 잡스가 남긴 말처럼 말이다.

이 나라의 모든 사람은 컴퓨터 프로그래밍을 배워야 한다. 그것이 당신에게 생각하는 방법을 가르쳐주기 때문이다.

세상의 모든 진실은
데이터 속에 숨어 있다

직관보다 예리한 데이터의 힘

스탠퍼드대학 앞의 팔로알토에는 흥미로운 스타트업이 많이 있다. 대부분의 회사가 유니버시티거리(University Avenue) 주변에 밀집되어 있는데, 그중 옛 페이스북 사무실에 입주한 팰런티어 테크놀로지스(Palantir Technologies)는 내가 주목하는 스타트업 중 하나다.

'테러리스트 잡는 소프트웨어'를 개발한 것으로 유명한 이 회사는 실리콘밸리의 거물인 피터 티엘(Peter Thiel)이 공동창업했으며, 스탠퍼드와 MIT 출신들만 직원으로 채용한다고 소문날 정도로 우수한 인력들을 끌어모으는 곳으로도 잘 알려져 있다. 주고객은 미국 중앙정보부(CIA)이며, 빅데이터 분석을 통해 전에는 알 수 없었던 새로운 정보를 찾아내고 있다.

얼마 전 이 회사를 방문할 기회가 있었는데, 새로 만든 두 제품의 설명을 듣고 깜짝 놀랐다.

'토치(Torch)'는 트위터에 올라오는 모든 정보를 분석해서 경찰이 재빨리 최신의 정보를 수집할 수 있도록 돕는 소프트웨어다. 예를 들어, 얼마 전에 있었던 '보스턴 마라톤 사건'을 검색하면, 트위터에서 가장 많이 공유된 순서대로 사진과 동영상이 나열된다. 시간대별·장소별 분석도 가능하다. 이런 데이터를 활용해서 경찰이 범죄자를 색출하는 데 유용하게 사용할 수 있다.

'발할라(Valhalla)'라는 또 다른 제품은 더 놀라웠다. 신용카드사 등을 통해 고객들의 구매 정보를 수집한 후, 이를 이용해 경쟁사와 비교분석할 수 있게 해주는 소프트웨어다.

소득별·연령별·성별·지역별로 어떤 사람들이 자사의 제품을 구매하고, 또 어떤 사람들이 경쟁사의 제품을 구매하는지 등을 파악할 수 있다. 이를 통해 기업은 특정 제품의 프로모션 대상자를 '족집게로 집어내듯' 세밀하게 타깃팅해서 그들에게 맞는 프로모션을 발빠르게 시도할 수 있다.

기존에는 자사 제품의 구매패턴 분석만으로 마케팅 전략을 수립했지만, 앞으로는 경쟁사의 특정 경쟁 제품의 구매패턴까지 활용해서 실시간으로 대응할 수 있는 시대가 온다는 것이다.

데이터를 읽지 못하면 미래도 읽을 수 없다

데이터를 분석해서 고객관리를 효율화하려는 노력은 오래전부터 있었지만, 수집할 수 있는 데이터의 양이 폭발적으로 늘어나고, 그런 데이터를 통해 의미있는 결과를 얻어낼 수 있도록 도와주는 기술이 발전함에 따라 그 중요성이 날로 커지고 있다.

지금은 고전이 된 사례부터 하나 살펴보자. 미국의 한 카지노호텔 체인 하라스 엔터테인먼트(Harrah's Entertainment)는 1998년 하버드대 교수 출신의 게리 러브먼(Gary Loveman)을 COO(최고운영책임자)로 고용했다. 러브먼이 제일 먼저 한 일은 '직관'이 아닌 '데이터'에 의존해서 카지노의 고객관계관리(Customer Relationship Management)를 체계화하는 것이었다. 그는 고객 한 명의 가치를 계산한 후, 그에 따라 투자했다. 그가 고객의 일일 가치(theoretical win from a customer per day)를 계산하기 위해 사용한 공식은 아래와 같다.

고객 일일 가치 = A × B × N × H

- A : 카지노 평균 수익률(the house advantage on a game, 슬롯머신의 경우 6%)
- B : 평균 베팅 금액(average bet)
- N : 시간당 베팅 횟수(number of bets per hour)
- H : 하루 평균 이용시간(number of hours per day)

데이터가 모임에 따라, 고객은 '첫 방문에서 돈을 얼마나 많이 썼는가'가 아니라 '얼마만큼의 잠재적 고객 일일 가치를 지니는가'에 따라 관리되었다. 이렇게 해서 가치가 높은 고객을 찾아냈는데, 결과는 매우 뜻밖이었다. 바로 교사와 블루칼라 노동자 등 미국 중부의 중산층이었던 것이다. 이들은 거의 매달 카지노를 방문했으며, 흔히 VIP로 분류되는 부유한 고객 혹은 저명인사보다 더 회사의 순익에 기여하고 있었다.

게리 러브먼은 이들 중 한동안 카지노를 찾지 않은 고객들을 선별해 200달러(22만 원)짜리 쿠폰을 집으로 보내는 프로모션을 시행하는 등, 그동안 카지노에서 주목을 받지 못했던 이 고객들의 마음을 잡기 위해 노력했다.

또 다양한 실험을 통해 마케팅 프로그램을 최적화해 나갔다. 예를 들어, 대조군(control group, 어떤 조작이나 조건도 가하지 않은 그룹)의 경우 125달러(14만 원) 상당의 전통적인 카지노패키지(호텔 무료 숙박권＋스테이크 식사＋30달러의 카지노칩)를 주었으며, 실험군(test group, 특정 조건으로 인위적인 환경을 설정한 그룹)에게는 60달러(7만 원)의 카지노칩을 주었다. 그 결과, 카지노칩만을 받은 실험군이 카지노패키지를 받은 대조군에 비해 더 자주 카지노를 즐긴다는 사실이 발견되었다. 즉, 카지노칩 프로모션이 더 효과적임을 알게 된 것이다.

그는 또 다른 실험을 진행했다. 카지노에서 가까운 곳에 사는 동시에 슬롯머신을 할 때 레버를 더 빨리 당기는 '열성 고객'들을 대상으로 2주의 기한이 있는 쿠폰을 보냈더니, 월 평균 방문 횟수가 1.1에서 1.4로 뛰었다. 한편, 고객들은 적립포인트를 이용해 레스토랑에서 식사를 하거나 기프트숍에서 상품을 구매하는 데는 별로 관심이 없다는 것도 알게 되었다.

이런 실험은 비용을 적게 들이고도 더 큰 효과를 얻을 수 있는 방법을 찾게 해주었다. 가장 큰 변화는, 회사에서 관심을 갖고 관리하는 대상 고객이 달라졌다는 것이다. 전에는 유명한 고객들 위주였다. 예를 들어, 아랍의 왕자 또는 유명 연예인이나 운동선수가 주요 관리 대상이었다. 그런데 문제는, 그런 고객들은 어느 호텔에서나 대우를 잘 해준다는 것이다. 하라스는 대규모의 데이터를 분석해, 다른 회사에서 자칫 간과하기 쉬운 고객들을 찾아내 관리할 수 있었다. 예를 들어, 한 번 방문할 때 100~499달러를 쓰는 '중간층' 고객은 전체 고객의 30퍼센트에 불과했지만, 그들은 전체 매출의 80퍼센트를 차지했으며, 매출의 대부분이 순이익이었다. 하라스는 이런 고객들에게 집중했다.

당시 카지노업계에서는 매우 혁신적이었던 이런 방법을 통해 하라스는 현재 50개의 카지노와 일곱 개의 골프코스를 가진, 연매출 10조 원에 달하는 세계에서 가장 큰 갬블링 회사로 성장했다. 데이터 분석의 놀라운 힘을 보여주는 사례다.

뇌리에 꽂히는 오바마 메시지의 비밀, 데이터 속에 있다

미국 대통령 버락 오바마가 재선에 성공한 비결 중 하나는 바로 '빅
데이터 분석팀', 즉 나왈(Narwhal)의 활약이다. 나왈은 심지어 "당신
이 TV에서 무엇을 시청했는지 알고 있다"고 할 정도로 놀라운 분석
력을 자랑한다. 유권자가 TV에서 어떤 프로그램을 보았는지에 대한
정보를 이용해서 그가 오바마를 뽑을 것인지 롬니를 뽑을 것인지를
알 수는 없었겠지만, 오바마의 데이터팀이 그의 재선에 결정적인 역
할을 했다는 점은 의심할 여지가 없다.

이 팀의 수장은 레이드 가니(Rayid Ghani)다. 카네기멜론대학에서
기계학습을 전공하고 IT컨설팅 회사인 액센추어(Accenture)에서 10
년 동안 일한 그는 유권자 등록 정보와 그들의 과거 투표이력 그리고
추가로 모을 수 있는 데이터들을 이용해서 '어떤 사람들에게 어떤 메
시지를 보내야 하는지', '유동층(undecided voters) 중 누가 설득당할
가능성이 높은지' 등을 계산해냈다. 이를 바탕으로 3천억 원 예산의
TV캠페인과 50억 개의 이메일 마케팅이 진행되었다.

2012년 11월 19일 《비즈니스위크_Business Week_》에 실린 '오바마의
캠페인 이메일에 숨겨진 과학'이라는 기사에 따르면, 'A/B 테스팅'이
라고 불리는 분석법도 적용되었다. 이는 유권자들에게 선거 후원을
부탁하는 이메일을 보낼 때 다양한 메시지를 사용해보는 것이다. 무
려 1만 가지 이상의 포맷이 있었다고 한다.

제목도 매우 다양했다. '저녁 같이 먹을까요(Join me for dinner?)', '이제 끝났어요(It's officially over)', '꼭 이럴 필요는 없잖아요(It doesn't have to be this way)', '와우(Wow)' 등이 사용되었다. 그중 '경쟁자가 돈을 더 많이 쓸 것 같아요(I will be outspent)'라는 제목의 이메일은 6월 26일 하루에만 250만 달러(28억 원)의 모금을 이끌어냈다. 그날 보낸 이메일 중 가장 효과가 컸던 것이다.

이메일을 통틀어 가장 효과적이었던 제목은 '헤이(Hey)'로, 수십억 원의 모금을 견인했다. 이렇게 해서 모금된 총액이 6억 9천만 달러(7,700억 원)였으니, 이메일 캠페인이 선거자금 모금에 결정적인 역할을 한 셈이다.

가니는 한 인터뷰에서 "오픈소스 기술을 활용하고 소프트웨어를 개발하고 다양한 데이터베이스를 활용했다"고 이야기했다. 또한 페이스북의 소셜 그래프 서치 기능도 많이 활용했다고 밝혔다.

그 성과를 높이 샀는지, 구글은 2013년 6월 이 팀을 '통째로' 고용했다. 사실 구글의 회장 에릭 슈미트(Eric Schmidt)가 오바마의 '빅데이터 분석' 계획을 도왔으니, 그리 놀랄 일도 아니다.

한국의 기업들에게도 빅데이터는 '화두'다. 수많은 기업이 이 영역에 관심을 보이고 있다. 사업의 효율성을 배가하고 매출을 높여 수익성을 증대하는 데 적극적으로 활용하려고 하는 것이다.

최근 한국의 어느 대기업 임원 몇 분을 초대해 오라클의 빅데이터 전문가와 함께 이야기를 나눌 기회가 있었다. 그들은 기업과 고객이 만들어내는 거대한 양의 데이터를 가지고 무엇을 해야 할지에 대해 많은 고민을 하고 있었다. 그들의 화두는 '사람'이었다. 오래전부터 데이터를 경영에 핵심적으로 활용해온 기업이 많은 미국과는 달리 한국에는 아직 그런 기업이 많지 않을뿐더러, '데이터 전문가' 자체가 훨씬 적다고 하소연했다.

앞서도 설명했지만, 데이터를 분석해 경영에 활용한다는 개념 자체는 전혀 새로운 것이 아니다. 핵심은 데이터의 양이 많아지고 이를 가공하는 기술이 발달함에 따라, 무엇보다 대중이 생산하는 '소셜 데이터'가 기하급수적으로 늘어남에 따라, 이를 활용한 새로운 사업 모델이 생겨나고 있다는 점이다.

기업뿐 아니라 공공기관과 정치권에서도 이런 데이터를 제대로 읽어내야만 새로운 통찰을 얻을 수 있고, 이를 활용해 고객과 국민의 마음을 움직일 수 있을 것이다.

온라인 교육 혁명이
당신의 인생을 바꿔놓을 것이다

배우고 가르치는 것의 미래

얼마 전 스탠퍼드대학의 앤드루 응(Andrew Ng) 교수가 강의하는 '기계학습' 수업을 흥미롭게 들었다. 손으로 쓴 숫자를 감별해내는 알고리즘을 만들어 테스트해보고, 퀴즈도 풀고 숙제도 제출했다. '기계학습'은 코세라(Coursera)라는 온라인 대학강의 사이트에서 가장 인기있는 수업 중 하나다. 이 수업을 듣고 '기계학습'이 얼마나 널리 사용되고 있는지, 그 비중이 왜 점점 더 높아질 수밖에 없는지 이해하게 되었다.

'기계학습'은 말 그대로 '기계가 스스로 배우도록' 하는 방법으로, 이런 기계에 많은 양의 데이터와 결과를 입력하면 새로운 데이터에 정확히 반응할 수 있도록 '훈련'된다. 데이터가 많을수록 기계는 더 똑똑해진다. 예를 들어, 사진관리 애플리케이션인 피카사(Picasa)에서 제공하는 얼굴 인식 기술은 이 기계학습을 응용한 것이다. 많은 사람이 감탄하는 구글 번역기도 마찬가지다. 이 번역기는 단어별 또는 문장별로 직접 번역하는 것이 아니다. 수많은 문서와 그것을 번역한 내용을 번역기에 집어넣어 '교육'시키면, 컴퓨터가 언어의 패턴을 직접 이해할 수 있게 되고, 새로운 표현을 입력했을 때 최대한 사람이 하는 것과 가깝게 번역한다.

이렇듯 중요한 사실을 알게 해준 스탠퍼드대학 교수의 수업을 나는 코세라에서 무료로 수강했다. 앤드루 응 교수가 만든 코세라는 온라인 교육에서 가장 큰 혁신을 가져온 서비스 중 하나다.

2천 달러짜리 스탠퍼드대 강의가 공짜

2012년 11월 〈뉴욕타임스〉는 'MOOC의 해(The Year of MOOC)'라는 제목으로 온라인 강의를 비중 있게 다뤘다. MOOC는 '대중을 위한 공개 온라인 강좌(Massive Open Online Course)'의 약자로, 이른바 '온라인 강의'를 통칭하는 말이다. 인터넷이 처음 등장했을 때부터 사용돼온 말이지만, 코세라의 대성공과 함께 2012년의 유행어가 되었다.

2012년 1월 코세라를 공동창업한 앤드루 응 교수에 따르면, 1년이 채 지나기 전에 사용자 수가 170만 명으로 늘어 '페이스북보다 빠

르게 성장하고' 있다. 그가 강의한 '기계학습'은 무려 1만 3천 명이 퀴
즈와 숙제를 끝까지 마치고 그에게 '수료증'을 받았다.

비영리회사인 코세라는 지금까지 클라이너 퍼킨스(Kleiner Perkins)
등으로부터 2,200만 달러(248억 원)의 펀딩을 받았으며, 수많은 대
학의 스타강사들이 만드는 새로운 수업을 지속적으로 추가하면서
공격적으로 성장하고 있다. 또 '빌 앤드 멀린다 게이츠 재단(Bill &
Melinda Gates Foundation)'으로부터 입문 수준의 온라인 강좌를 개발
하는 조건으로 300만 달러(33억 원)를 기부받았다. 2013년 7월 기준
으로 74개 대학의 415개 강의가 올라와 있다. 코세라 회원으로 가입
하면 이메일로 새로 개설된 과목 등에 대한 최신 소식을 알려준다.
모든 강좌는 명성있는 대학 교수들에 의해 진행된다.

스탠퍼드대학의 2012년 한 학기 등록금은 13,350달러(1,500만
원), 즉 1년에 약 4만 달러다(가을, 겨울, 봄 학기로 구성된다). 한 학기
당 20학점 정도를 수강한다고 하면, 학점당 670달러(75만 원)이고,
한 과목이 보통 3학점임을 감안하면 과목당 약 2천 달러다. 세계 최
고의 명성을 자랑하는 대학의 2천 달러짜리 수업이 코세라에 무료
로 올라와 있다면 누가 관심을 보이지 않겠는가. 질 좋은 수업이라면
100달러씩 받는다고 해도 나는 기꺼이 지불할 의향이 있다.

이런 온라인 강의를 코세라가 처음 시작한 것은 아니다. 그 전에도
대학이 주축이 되어 만든 교육 웹사이트가 많이 있었다. MIT 오픈
코스웨어(MIT Open Courseware), 버클리 웹캐스트(Berkeley Webcast)

등이 대표적이다. 그리고 오픈컬처(OpenCulture)에 가면 무려 550개의 대학강의가 주제별로 정리되어 있다.

나는 끊임없이 무언가를 배우는 걸 좋아해서 이런 웹사이트가 생길 때마다 유심히 관찰하고, 그중 몇 개는 직접 들어보기도 했다. 하지만 코세라에서 수업을 들을 때만큼 끈기있게 듣지는 못했다. 무엇이 달랐을까?

첫째, 코세라의 강의들은 효과적인 온라인 교육을 위해 별도로 제작되었다. 단순히 수업시간에 카메라 하나 놓고 촬영한 한 시간짜리 강의를 그대로 올려놓은 게 아닌 것이다. 코세라의 강의에는 교수의 얼굴과 슬라이드와 슬라이드 위의 노트가 효과적으로 표시되어 있고, 강의 비디오 하나가 15분을 넘지 않는다. 짧게 편집해놓은 덕분에 심리적 부담감이 적고, 다시 보고 싶을 때 쉽게 원하는 비디오를 찾을 수 있다. 또 비디오 재생 속도도 쉽게 조절할 수 있다. 잘 안다고 생각되는 부분은 2배속으로 지나가면 된다. 앤드루 응 교수는 한 인터뷰에서 이 모든 것이 의도적인 설계라고 설명했다. 요즘처럼 콘텐츠가 무궁무진한 때에 이런 설계는 사소하지만 큰 차이를 부르는 정말 훌륭한 디자인이다.

둘째, 한 강의의 중간과 끝에 퀴즈가 나오고 채점이 된다. 직접 수업을 들어보면 이게 얼마나 큰 도움이 되는지 알게 된다. 강의 도중 퀴즈가 갑자기 튀어나오니, 비디오를 멍하니 보고 있다가도 다시 긴장하게 되고, 자신이 강의를 제대로 이해하고 있는지 확인할 수 있다. 그리고 수업 마지막에 나오는 퀴즈를 풀면서 더 깊은 이해를 하게 되고, 이를 바탕으로 숙제까지 해낼 수 있다.

셋째, 코세라 수업의 또 다른 특징은 숙제가 있고 이 또한 채점이 된다는 것이다. 특히 '자동 채점'이 되는데, 그렇다고 객관식 문제가 나오는 것이 아니다. '기계학습'의 경우, 대부분의 숙제는 알고리즘을 프로그래밍하는 것인데, 제대로 구현되었는지 확인하기 위해 채점기가 다른 숫자를 알고리즘에 대입해본다. 그래서 원하는 결과가 나오면 점수를 받고, 그렇지 않으면 점수를 받지 못하게 되어 있다. 앤드루 응 교수는 〈크로니클*The Chronicle*〉과의 인터뷰에서 다음과 같이 이야기했다.

저는 학생들이 문제를 해결하는 과정을 함께하는 것이 즐거워요. 제가 즐기지 않는 것은 400개의 숙제를 채점하는 것이죠. 그래서 채점하는 과정을 자동화하면 교수들이 학생들과 함께하는 시간이 늘어날 거라고 생각했어요. 단순히 객관식 문제뿐 아니라 보다 복잡한 문제도 자동으로 채점하게 할 수 있어요.

넷째, 강의마다 스케줄이 있고 그에 맞게 새로운 강의가 업데이트된다. 대부분의 온라인 강의 사이트는 수백 개의 강의가 등록되어 있고, 그중 원하는 것을 선택해서 듣게 되어 있다. 즉, '자신의 스케줄에 맞게' 시작하고 진행하면 된다. 그런데 수업 스케줄이 따로 정해져 있지 않으니, 시간이 날 때 하나씩 듣다 보면 강의를 하나 마치는 데 1년이 걸릴 때도 있다. 반면, 코세라의 강의는 모두 스케줄이 있어서 어떤 강의는 듣고 싶어도 여건이 맞지 않아 시작하지 못하는 경우도 있다. 그리고 스케줄대로 진행되기 때문에 그 강의를 듣고 있는 다른 학생들과 의견을 주고받을 수 있다. 같은 시기에 같은 강의를 듣고 같은 숙제를 하고 있으니 말이다.

마지막으로, 웹사이트를 참 깔끔하게 잘 만들었다. 이는 공동창업자인 앤드루 응과 대프니 콜러(Daphne Koller)가 컴퓨터과학과 교수이기 때문에 가능했을 것이다. 둘은 소프트웨어를 잘 이해하고 있었고, 따라서 자신들의 아이디어를 소프트웨어로 구현할 수 있었다. 게다가 주변에 소프트웨어를 잘 만드는 똑똑한 학생도 많았다.

결국, 코세라가 가진 이 모든 장점은 '오프라인 교육의 경험'을 최대한 온라인으로 가져오려는 노력의 결과다. 그래서 다른 웹사이트와의 경쟁에서 독보적인 존재가 된 것이다.

다시, 새로운 세상이 열리고 있다

앤드루 응 교수는 영국에서 태어나 홍콩과 싱가포르에서 교육받았다. 카네기멜론대학 컴퓨터과학과를 졸업하고 MIT에서 석사, 버클리에서 박사 학위를 받은 후 2002년 스탠퍼드대학에서 교수생활을 시작했다. 인공지능과 기계학습이 전공 분야로, 2008년에는 MIT가 발행하는 《테크놀로지 리뷰*Technology Review*》가 매년 발표하는 'TR35'의 '세계에서 가장 혁신적인 35세 미만 35명의 과학자'에 포함되기도 했다.

그는 예전부터 온라인 교육에 관심이 많았던 것 같다. 2008년에는 'SEE(Stanford Engineering Everywhere)'라는 웹사이트를 만들었는데, 여기에도 '기계학습' 강의를 올려두었다. 그가 대학에서 한 강의를 찍어 올린 것에 불과했지만, 그의 첫 강의 비디오 조회 수는 38만이 넘었다. 이런 성공에 고무되어 스탠퍼드에서 인공지능을 가르치는 대프니 콜러 교수와 함께 코세라를 만들기로 결심한 듯하다.

코세라와 비슷하게 대학 교수들의 강의 위주로 만들어진 유다시티(Udacity)도 관심을 갖고 지켜볼 만하다. MIT와 하버드대학에서 각각 3천만 달러(330억 원)를 출자해서 만든 에드엑스(edX)도 있다. 이 외에 대학강의는 아니지만 전 분야의 다양한 주제에 대한 온라인 및 오프라인 강의를 모아둔 유데미(Udemy), 스킬셰어(SkillShare)도 인기 있다.

온라인 교육의 혁명을 이야기하면서 칸아카데미(Khan Academy)를 빼놓을 수는 없다. 코세라가 탄생하기 전, 2011년을 뜨겁게 달군 웹사이트다. 설립자 살만 칸(Salman Khan)은 방글라데시 출신의 어머니와 인도 출신의 아버지 사이에서 태어났다. MIT에서 학사·석사 학위를 받고 하버드 경영대학원에서 MBA과정을 마친 후 헤지펀드

매니저로 일하다가 인도에 있는 사촌동생에게 온라인으로 수학을 가르치기 시작했다. 이왕 만드는 거 다른 학생들도 보면 좋겠다 싶어서 유튜브에 강의를 올려놓았더니 조회 수가 급증했다.

얼마 후 그는 일을 그만두고 하루종일 방에서 강의 제작에 집중해 곧 수백 개의 강의를 만들었다. 처음에는 초등학생 수준의 수학 설명 비디오로 시작했지만, 지금은 전 분야를 망라하는 다양한 주제의 강의가 올라와 있는데, 그의 해박하고 광범위한 지식이 놀랍기만 하다.

살만 칸은 이 흥미로운 과정을 2011년 3월 테드(TED)를 통해 설명했다. 이 동영상은 거의 200만 명이 시청했다. 이렇게 개인의 스토리가 담긴 콘텐츠나 상품은 많은 사람의 공감을 사 큰 인기를 끌기 마련이다. 나도 가끔 칸아카데미에 가서 짧은 강의를 하나씩 들어보는데 꽤 재미있다.

이렇게 전세계에 흩어져 있는 각 분야 석학들의 통찰과 혜안을 클릭 몇 번만으로 앉은자리에서 경험할 수 있는 세상이 오고 있다. 함께 수업을 듣는 전세계 학생들과도 소통할 수 있다. 남녀노소 누구나 IT에 대한 기본지식과 영어로 진행되는 수업에 참여할 수 있는 능력만 있으면 말이다.

온라인 교육 혁명이 교육 전반에 미치는 영향력은 갈수록 커질 것이다. 온라인 수업을 마치면 학점을 준 후 학위를 부여하는 방안도 추진되고 있다. 이런 온라인 교육 사이트의 발전으로 인해 기존 대학의 역할이 줄어들고, 궁극적으로는 온라인 강의가 대학의 역할을 대체할 것이라고 보는 시각도 있다. 하지만 그런 일이 가까운 미래에 일어나지는 않을 것이다. 사실 온라인 전문대학은 오래전부터 있었고, 대학의 역할이 강의가 전부는 아니기 때문이다. 하지만 온라인 교육 서비스는 기존 고등교육을 보완할뿐더러, 그런 교육에 쉽게 접근할 수 없었던 사람들에게 분명 새로운 기회를 제공할 것이다.

〈뉴욕타임스〉의 저명한 칼럼니스트 토머스 프리드먼(Thomas L. Friedman)은 '대학 교육에 혁명이 일어나고 있다'라는 기고문(2013년 1월 26일자)에서, 온라인 교육의 변화가 초래할 미래를 좀더 구체적으로 제시했다.

언젠가 당신이 원하는 수업만을 모아 자신만의 대학 커리큘럼을 짜는 날이 올 것입니다. 대학 등록금보다 훨씬 저렴한 가격으로 스탠퍼드 교수에게 컴퓨터 강의를, 와튼스쿨 교수에게 창업을, 브랜다이스에서 윤리학을, 에든버러에서 문학을 공부하는 날 말입니다. 이는 가르치고, 배우고, 취직하는 과정을 바꾸게 될 것입니다. MIT의 라파엘 리프(L. Rafael Rief) 학장의 말처럼, "새로운 세상이 열리고 있으며, 모든 사람이 이에 적응해야 할 것입니다".

바야흐로 교육의 패러다임을 바꿔야 할 시대가 도래한 것이다.

이제는 아이디어만 있어도
세상에 뛰어들 수 있다

벤처투자 패러다임의 변화

몇 달 전 크라우드펀딩(crowd funding) 사이트인 킥스타터(Kickstarter)에서 239달러(27만 원)를 주고 '인스타큐브(Insta Cube)'라는 제품을 두 개 구입했다. 그런데 물건은 아직 만들어지지도 않았고, 8개월 후에나 받을 수 있다. 그러므로 제품을 샀다기보다는 회사가 제품을 만들 수 있도록 '투자'를 한 셈이다. 그렇다고 회사의 지분을 받은 것도 아니다.

사람들은 왜 아직 만들어지지도 않은 제품에 대가를 지불하는 것일까? 그런 혁신적인 제품이 만들어지는 데 내가 일조를 하고 있다는 자부심을 느끼고, 나아가 투자자로서의 경험을 간접적으로나마 할 수 있기 때문이다. 회사는 투자자들에게 제품의 제작 진행 상황

을 성실히 이메일로 알려주어 후원자의 관심을 꾸준히 유지시켜야
한다. 이는 투자자들과 회사의 비전을 공유하는 것과 같다.

미래가 궁금하다면 킥스타터를 클릭하라

캘리포니아 마운틴뷰에 위치한 인스타큐브는 제품을 완성한 후에 출
시하는 대신 프로토타입만으로 수요를 창출하는 방식을 채택했다.
창업자가 직접 등장하는 비디오를 만들어 사람들의 관심을 끌고 소
비자를 설득시켰다. 창업자는 나중에 제품이 어떻게 사용될 수 있는
지 설명하고, 개발팀의 사진을 찍어서 올렸다.

　당시는 스마트폰용 사진의 필터·공유 애플리케이션인 인스타그램
이 급속도로 성장하고 있던 때여서, 인스타그램을 통해 실시간으로
사진을 공유할 수 있는 디지털 액자인 인스타큐브 프로젝트는 곧바
로 많은 사람의 주목을 받았다. 3,434명으로부터 62만 달러(7억 원)
의 펀딩을 받는 데 성공했다. 그 가운데는 인스타큐브 제작팀과 직접
만나 자신만의 인스타큐브를 만드는 대가로 1만 달러(1,100만 원)를
투자한 사람도 두 명이나 포함되어 있었다.

　킥스타터는 2009년 4월에 생겨났다. 제품 아이디어를 가진 사람
들은 킥스타터에서 자신의 아이디어를 알리고, 혁신적인 제품을 미
리 경험해보길 원하는 얼리어답터들은 킥스타터를 통해 그 제품에

투자한다. 투자 액수에 따라 '나는 이 제품을 지지한다'는 문구가 새겨진 티셔츠를 받기도 하고, 영화나 음반의 '서포터'로 등록되기도 하고, 회사에 방문해서 하루종일 개발자들과 함께 시간을 보내기도 하고, 자신만을 위해 맞춤디자인된 제품을 받기도 한다.

결제는 아마존페이먼트(Amazon Payment)를 통해 이루어진다. 킥스타터는 모금액의 5퍼센트를 수수료로 받고, 아마존은 추가로 3~5퍼센트의 결제수수료를 가져간다. 모든 프로젝트에는 펀딩 기간과 목표 액수가 정해지는데, 그 기간 내에 목표액을 달성하지 못하면 프로젝트는 취소되고 모금액은 모두 투자자들에게 환불된다. 그래서 킥스타터에서는 '기부(donate)'나 '투자(invest)' 대신 '서약(pledge)'이라는 단어를 사용한다. 기간 내에 목표액에 도달하면 약속한 돈을 내겠다고 '서약'하는 것이다.

킥스타터는 최초의 크라우드펀딩 사이트가 아니다. 이미 여러 개의 펀딩 사이트가 존재해왔음에도 불구하고 킥스타터가 크라우드펀딩의 대명사로 알려진 것은 재미난 네이밍과 깔끔한 사용자 인터페이스 그리고 몇몇 프로젝트의 큰 성공 덕분이다.

가장 크게 성공한 프로젝트는 2012년 5월에 펀딩을 마감한 '페블(Pebble)'이라는 스마트시계(smart watch)로, 무려 7만여 명으로부터 1천만 달러(110억 원)를 모금했다. 페블 시계 100개를 받는 대가로 1만 달러(1,100만 원)를 낸 사람도 31명이나 된다. 이어서 TV에 연결해서 쓰는 안드로이드 게임기 오우야(OUYA) 프로젝트도 850만 달러(95억 원)를 모금하면서 두 번째로 큰 성공을 거뒀다. 그 외에도 토먼트(Torment), 프로젝트 이터너티(Project Eternity), 더블파인 어드벤처(Double Fine Adventure) 등의 비디오 게임 프로젝트가 300만 달러(33억 원) 이상을 모금했다.

킥스타터가 이렇게 인기이다 보니, 최근에는 인디(indie) 제작자뿐 아니라 유명 영화제작자나 게임제작사들도 킥스타터를 통해 제작비를 모금하고 있다. 그중 하나가 〈베로니카 마르스 *Veronica Mars*〉라는 미국의 인기 TV시리즈를 영화화하는 프로젝트다. 원 제작자인 로브 토머스(Rob Thomas)는 영화 스크립트를 워너브러더스(Warner Bros.)에 가져갔지만 거절당하자 킥스타터를 통한 펀딩을 택했다.

주인공 크리스틴 벨(Kristen Bell)을 비롯한 연기자들이 5분짜리 재미있는 비디오를 만들어서, '모금에 성공하면 바로 영화를 제작해서 내년에 출시하겠으니 킥스타터 사상 최고 목표액인 200만 달러(22억 원)의 펀딩 프로젝트에 참여해달라'고 호소했다. 이 프로젝트는 2013년 3월 13일에 시작됐는데, 목표액은 당일 24시간 만에 달성되었다. 킥스타터 역사상 가장 빠른 속도로 목표액에 도달한 것이다. 30일 후, 총 모금액은 570만 달러(64억 원)에 달했다.

이렇게 유명 영화제작자가 킥스타터를 이용하면서 기존 인디 영화 제작자들의 기회가 줄어들어 '알려지지 않은 좋은 작품을 후원하는 플랫폼'이라는 킥스타터의 원래 취지에 부합하지 않는다는 비판도 제기되었다. 하지만 킥스타터와 팬들에게는 즐거운 일이다.

나 역시 종종 킥스타터를 방문해서 어떤 프로젝트가 진행중인지 살펴본다. 굳이 펀딩을 하겠다는 목적이 아니더라도, 미래지향적인 아이디어들을 살펴보고 사람들의 반응을 보는 것만으로도 흥미롭기 때문이다.

킥스타터는 제품이나 작품에 대한 정보를 먼저 공개하고 모금을 한 후, 나중에 제품을 보낸다. 여기서 더 나아가 실제로 회사에 투자하고 지분을 받도록 중개해주는 곳도 있다. 엔젤리스트가 그렇다. 엔젤투자자들과 창업자들을 서로 연결하는 사이트로, 추천과 검증을 통해서만 회원으로 가입할 수 있다. 엔젤투자자로 등록하려면 기존 투자자들로부터 추천이나 승인을 받고 투자실적을 증명해야 한다.

나는 이 펀딩 사이트에 엔젤투자자로 등록되어 있는데, 일주일에 한 번씩 '따끈따끈한' 회사들의 리스트를 받는다. 이 리스트에는 간략한 회사 소개, 창업자의 경력 그리고 목표 투자액이 포함되어 있다. 킥스타터와 마찬가지로 '서약'을 하고, 정해진 기간에 목표 투자액을 달성하면 서약한 돈이 투자되면서 지분을 받는다. 좋은 아이디어를 가진 '뜨는 회사'에 투자할 수 있는 기회를 잡게 되는 것이다. 얼마 전에는 의사를 위한 소프트웨어를 만드는 한 회사의 제품과 팀이 마음에 들어 투자하기로 서약했다.

크라우드펀딩을 활용하는 사례도 다양해지고 있다. 최근 콜롬비아의 수도 보고타(Bogota)는 고층 빌딩 프로젝트에 30만 명의 주민으로부터 1억 7천만 달러(1,900억 원)를 모금하는 데 성공했다. 이 프로젝트를 이끈 프로디지네트워크(Prodigy Network)의 CEO 로드리고 니노(Rodrigo Nino)는 "이 모델이 다른 도시에도 적용될 수 있고 더 큰 성과를 거둘 수도 있을 것"이라고 말했다.

아이디어만 있어도 창업이 가능한 세상

이런 시도들이 많아지자 미국 정부에서는 소액투자를 활성화하는 동시에 소액투자자들을 보호하기 위한 법안을 마련하고 있다. 크라우드펀딩 관련 규제 완화를 골자로 하는 잡스(JOBS, Jumpstart Our Business Startups) 법안이 2012년 3월에 양당의 지지를 받아 의회를 통과했으며, 같은 해 4월 오바마 대통령의 승인을 받았다. 현재 증권거래위원회(SEC, Securities and Exchange Commission)의 승인을 받기 위해 계류중인데, 이 법안이 통과되면 소액투자가 지금보다 더 활성화될 것으로 보인다.

크라우드펀딩은 개발자와 투자자 모두에게 이익을 가져다줄 수 있다. 개발자 입장에서는 좋은 아이디어와 훌륭한 팀이 있다면 크라우드펀딩이 아니더라도 엔젤투자 또는 벤처투자를 받을 확률이 높다. 하지만 시장에서 어느 정도 성과가 나지 않는다면 투자를 받기 어려울뿐더러, 투자를 받더라도 협상에서 불리해지기 쉽다. 따라서 크라우드펀딩은 제품에 대한 시장의 반응을 예측하고 검증할 수 있는 아주 좋은 방법이다.

투자자들은 소액으로도 자신이 좋아하는 팀과 제품의 일정 지분을 보유하는 기회를 가질 수 있다. 사업에 대한 '감'을 테스트해보는 기회로 활용할 수도 있다. 스타트업의 초기 투자에 참여하는 것은 위험부담이 너무 크기 때문에 이런 소액투자 방식을 통해 경험을 쌓는 것이 좋다.

크라우드펀딩이라는 개념 자체는 사실 전혀 새로운 것이 아니다. 다만 인터넷과 결제시스템의 발전 그리고 제도의 정비 덕분에 누구나 쉽게 투자에 참여할 수 있게 된 것이다. 〈베로니카 마르스〉의 사례에서 볼 수 있듯이, 크라우드펀딩 사이트는 기존의 투자 패러다임을 바꿔가고 있다. 개발자는 자신의 아이디어가 혁신적인지 아닌지 검증받을 수 있고, 좋은 프로젝트라는 인정을 받으면 무일푼으로도 사업을 시작할 수 있다. 또 투자자들은 주식이나 부동산 등 전통적인 투자방식에서 탈피해 자신만의 취향과 '촉'으로 투자 경험도 쌓고 미래 트렌드도 접하는 새로운 기회를 잡을 수 있다.

새로운 시대의 예술가,
소프트웨어 엔지니어

아트와 테크놀로지의 미래

사람들은 누구나 감동받기를 원한다. 소셜네트워크를 통해서도 매일같이 따뜻하고 감동적인 이야기가 전세계로 퍼져나가 사람들의 마음을 촉촉하게 적신다.

한 걸음 더 나아가, 사람들은 인스피레이션(inspiration)을 얻고 싶어 한다. 인스피레이션은 '영감·고무·감화' 등으로 번역되는데, 그 어느 것도 이 단어의 어감을 완벽하게 살리지는 못하는 것 같다(그나마 '영감'이 가장 그 의미에 가깝다고 할 수 있다). 나는 인스피레이션을 '자신의 삶을 더 열심히 살아야겠다고 느끼게 하는 것' 또는 '아이디어가 일어나도록 뇌를 자극하는 것'으로 정의하고 싶다. 여기서는 좀더 원활한 소통을 위해 '영감'이라는 단어로 표현하겠다.

영감은 누구에게나 필요하다. 자신의 인생이 완벽하다고 믿는 사람에게도, 일이 잘 풀리지 않아 좋은 아이디어가 절실한 사람에게도 필요하다. 영감을 얻는 통로는 다양하다. 책을 읽다가, 영화를 보다가, 음악을 듣다가, 미술작품을 감상하다가…… 그리고 누군가와 이야기하다가 얻기도 한다.

어떤 사람은 여행중에 영감을 얻는다. 여행은 우리에게 '세상을 새로운 시선으로 바라보는' 기회를 제공하기 때문이다. 한국에서는 당연하게 여겨지는 것들이 외국에서는 낯설고, 한국에서는 매우 이례적인 일들이 외국에서는 당연하게 받아들여진다. 때로는 사람들의 표정이나 거리풍경의 '다름'을 관찰하면서 영감과 새로운 아이디어를 얻기도 한다.

당신은 어디에서 영감을 얻는가

제임스 캐머런(James Cameron)의 영화 〈아바타*Avatar*〉가 공개되었을 때 전세계인들은 신선한 충격에 빠졌다. 그 놀라운 영상을 3D안경을 끼고 봤다면 더 큰 감동을 받았을 것이다. 영화를 본 사람들은 대부분 각자 다른 분야에서 일하고 있었지만 저마다 자신이 하는 일에 영감을 얻었다. 어떤 사람은 '삶을 더 치열하게 살아야겠다'는 동기부여까지 되었다고 한다. '인간이 어떻게 이토록 위대한 것을 만들어낼 수 있을까' 생각하니, 경이롭다는 생각과 함께 온 몸과 마음으로 느낀 전율이 자신의 삶에도 신선한 자극이 된 것이다.

사람들은 〈아바타〉를 통해 영감을 얻었지만, 그 영화를 기획하고 제작한 제임스 캐머런은 깊은 바다에서 영감을 얻었다. 원래 해양학자가 꿈이었던 그는 최근 7년의 준비과정 끝에 세상에서 가장 깊은 바다인, 수심이 무려 11,035미터에 달하는 필리핀의 마리아나 해구(Mariana Trench)의 밑바닥까지 탐험하는 데 성공했다. 이 탐험이 〈아바타2〉 제작에 어떤 영향을 미칠지는 아직 모르지만, 그가 심해에서 영감을 얻은 것은 분명해 보인다.

그 순간, 잠시 멈추고 이런 생각을 했습니다. '나는 지금 세계에서 가장 깊은 바다 밑에 있다. 이는 내게 무엇을 의미하는 것일까?' …… 문자 그대로 우주에서의 하루처럼 느껴졌어요. 다른 세계로 갔다가 돌아온 것 같아요.

영감은 남다른 천재성으로 새로운 감동을 주는 사람에게서, 혹은 그가 만든 위대한 작품에서도 얻을 수 있다. 제임스 캐머런처럼 대자연이나 평화로운 일상의 어느 순간에 불현듯 떠오를 수도 있다. 어디서, 무엇에서 영감을 받는가보다 중요한 것은 그것이 삶을 보다 긍정적으로 변화시킨다는 데 있다.

요즘 우리는 예술뿐 아니라 소프트웨어에서 많은 영감을 얻는다.

아이폰을 처음 접한 순간을 기억하는 사람이라면, 아이폰의 사용자 인터페이스를 보면서 영감을 얻었던 순간을 기억할 것이다. 구글 어스(Google Earth)를 이용해본 사람이라면, 컴퓨터 앞에 앉아 마우스의 움직임만으로 전세계 유명 관광지와 여행지를 체험할 수 있다는 사실에 감동을 받았을 것이다. 그리고 눈앞에 펼쳐지는 장관에서 영감을 얻지 않았을까.

사실 나는 예술작품보다는 소프트웨어나 하드웨어 제품을 체험하면서 영감을 얻는 경우가 많다. 2005년경, 30일간 유럽 곳곳을 여행했을 때도 루브르미술관, 오르세미술관, 프라도미술관 등을 다니며 수많은 예술작품을 봤지만 아쉽게도 영감은 느끼지 못했다. 유명한 작품을 직접 봤을 때의 신기한 느낌 정도가 전부였다. 나의 예술에 대한 몰취미 혹은 무지 때문인지도 모른다. 어쨌든 나는 그 대신 잘 만든 작품 특히 소프트웨어나 하드웨어 제품들을 통해 영감을 많이 얻는다.

소프트웨어 엔지니어가 예술가인 세상이 왔다

얼마 전 오큘러스 리프트(Oculus Rift)라는 3차원 가상현실 기기를 처음으로 경험하는 90세 할머니를 찍은 동영상이 화제였다. 이 동영상은 10일 만에 유튜브에서 150만 회 이상 시청될 정도로 인기를 끌었다. 오큘러스 리프트는 얼굴에 쓰는 순간 가상현실이 진짜처럼 느껴지게 하는 기기다. 출시도 하기 전에 크라우드펀딩 사이트 킥스타터에서 많은 사람으로부터 25억 원을 모금해 이미 화제가 되었던 제품이다.

오큘러스 리프트는 기존의 가상현실 안경과 달리 화면이 왼쪽 끝부터 오른쪽 끝까지 연결되어 시야를 완전히 감싸도록 되어 있다. 게다가 고개를 왼쪽으로 돌리면 왼쪽이 보이고 오른쪽으로 돌리면 오른쪽이 보이는데, 영상 지연(latency)이 거의 없기 때문에 가상세계 속으로 들어간 것 같은 착각이 들게 한다.

이 안경을 쓴 할머니는 "이걸 지금 보고 있다는 게 믿기지가 않아요. 정말 아름다워요. 평생 동안 경험한 것 중 가장 놀라운 경험인 것 같아요"라며 연신 감탄했다. 안경을 벗은 그녀의 눈에는 감동이 가득 담겨 있었다. 이보다 더 영감을 주는 일이 있을까?

구글 스트리트뷰(Google Street View)를 이용하면 그랜드캐니언, 알래스카, 하와이 등은 물론이고 심지어 남극대륙이나 열대어가 가득한 바닷속까지 가볼 수 있다. 이를 처음 경험해보면 누구나 훌륭한 예술작품을 접했을 때 못지않게 감동을 느낄 것이다. 그런데 이 정보가 오큘러스 리프트와 결합된다면? 그 감동의 폭과 크기는 엄청날 것이다.

소프트웨어 엔지니어는 이 시대의 예술가이자 마법사다. 그들의 작품은 세상을 더 좋게 발전시켜 나갈 것이고, 사람들은 그것을 통해 삶을 더 풍요롭게 만들어갈 것이다. 물론 창의적인 예술의 영역은 여전히 존재할 것이고 계속해서 영감과 감동의 원천이 될 것이다. 하지만 앞으로 더 많은 창의적인 생각이 소프트웨어를 통해 사람들 앞에 구현될 것이고, 새로운 세상에 대한 가능성과 영감을 소프트웨어 엔지니어들이 선사할 것이다.

2011년 3월, 건강 문제로 쉬고 있던 스티브 잡스는 애플의 아이패드2 발표장에 깜짝 등장해서 아래와 같은 말을 남겼다.

기술만으로는 충분치 않다는 것이 우리의 생각입니다. 기술이 인문학과 결합되어야 우리의 가슴을 뛰게 하는(make our hearts sing) 제품이 만들어집니다.

SPIN IT

사람들은 물어보았다.

마크 저커버그는 왜 매일 같은 티셔츠에 같은 청바지만 입는지,

세상에서 가장 부자이고, 그 어떤 CEO보다 젊은데 말이다.

나는 알고 있다.

저커버그는 세상을 '스핀'하는 데만

관심이 있다는 것을.

"옷차림에 신경 쓸 에너지와 시간이 없어요.

저는 차라리 어떻게 하면

세상이 더 열리고(open) 연결되는지(connected) 고민하는 데

제 에너지를 집중하고 싶어요." _ 마크 저커버그(페이스북 CEO)

SPIN IT 2장

실리콘밸리 기업들의 창업 스토리에서
성공의 첫걸음을 배워라

유치원 앞에서 만난 두 엄마,
세상을 바꿀 아이디어를 내다

집카의 론칭 스토리

2013년 1월 2일, 렌터카 회사 에이비스 버짓 그룹(Avis Budget Group)은 집카(Zipcar)를 4억 9,100만 달러(5,500억 원)에 인수하기로 결정했다고 발표했다. 카셰어링(car sharing) 시장이 계속 성장하는 것을 그냥 지켜만 볼 수 없었던 것이다.

도시 인구가 늘어나고, 유가가 오르고, 보험료가 비싸짐에 따라 젊은 사람들은 점점 더 차를 소유하는 대신 시간 단위로 빌려서 사용하기를 원한다. 집카의 성공에 힘입어 카셰어링 서비스가 많이 등장했고, 겟어라운드(Getaround)나 버즈카(Buzzcar)처럼 개인이 소유한 차를 시간 단위로 돈을 받고 빌려줄 수 있도록 중개해주는 웹사이트도 등장해 인기를 끌고 있다.

집카의 서비스는 얼핏 보면 렌터카와 비슷하지만, 구체적으로 들여다보면 분명히 다르다. 가장 큰 차이는 시간 단위로 차를 빌릴 수 있다는 점이다. 자동차 종류에 따라 시간당 6~13달러면 자기가 원하는 차를 골라서 빌릴 수 있다. 아직 차를 소유하지 않은 대학생과 보스턴·뉴욕·샌프란시스코 등 주차비가 너무 비싸(이들 도시에서는 주차장을 따로 돈 주고 빌리는 경우가 많다) 차를 구입하지 않은 사람이 많은 도시에서 인기가 있다.

나도 미국에 처음 왔을 때 한동안 집카 회원이었다. 정확하게 말하자면, 집카가 나중에 인수한 플렉스카(Flexcar, 비즈니스모델과 서비스가 집카와 동일하다)의 회원이었다. 상당히 편리하고 돈도 절약할 수 있었다. 우선 인터넷이나 전화로 손쉽게 예약할 수 있고, 주유를 할 필요도 없다(기름값이 시간당 요금에 포함된다). 그리고 시간 단위 대여가 가능하기 때문에 렌터카보다 저렴하고, 보험을 따로 가입하지 않아도 된다.

게다가 차가 집에서 매우 가까운 위치에 있다. 보통 아파트 입구 또는 기숙사 바로 앞에 주차되어 있다. 보스턴에 사는 내 친구는 집카가 바로 아파트 지하주차장에 있어서 오랫동안 집카를 이용했다. 이 외에도 다양한 차들을 필요에 따라 골라 사용할 수 있다는 것이 큰 장점이다. 평소에는 세단을 빌리고, 이케아에서 조립식 가구를 사야 할 때는 밴을 빌리고, 중고가구를 사서 옮길 때는 트럭을 빌리는 식이다.

로스앤젤레스에서는 차가 없으면 너무 불편해서 결국 샀지만, 대학생이거나 대도시에 산다면 차를 사는 것보다 집카를 이용하는 것이 훨씬 경제적이고 유용하다고 생각한다.

집카의 이용방법을 보면 그 편리함을 짐작할 수 있다.

1. 웹사이트에 접속하거나 아이폰 애플리케이션을 이용해, 지도에서 현재 이용 가능한 자동차를 확인한 후 이용 예약을 한다.
2. 차로 가서 멤버십카드를 자동차 유리창에 달린 센서에 대면 자동차 문이 열린다.
3. 차를 이용한다. 기름이 떨어지면 차 안에 있는 카드로 어디서든 주유하면 되는데, 기름값은 따로 내지 않는다.
4. 차를 다 이용한 후에는 원위치에 주차하고 잠근다. 혹시 사고가 나면, 콜센터에 전화만 하면 알아서 처리해준다. 자동차 수리 및 유지·보수에 대해 신경 쓸 필요가 없고, 매년 차의 가치가 떨어지는 것을 우려할 필요도 없다. 즉, 차를 쓰는 동안 쓰는 만큼만 돈을 내면 되는 아주 편리한 서비스다.

집카의 탄생 이야기를 자세히 알게 된 건 2008년 MBA 수업을 받을 때였다. 창업가정신에 관한 수업 중 집카에 대한 하버드 케이스를 다뤘다.

흥미롭게도 창업자 로빈 체이스(Robin Chase)와 안체 다니엘슨 (Antje Danielson)은 유치원에 다니는 딸과 아들을 통해 만나서 친구가 되었다. 체이스는 딸의 육아 문제로 일을 그만둔 엄마였고, 다니엘슨은 다섯 살짜리 아들을 둔 하버드대 연구원이었다. 1999년, 독일 출신의 다니엘슨은 당시 교통과 관련된 리서치를 하던 중 스위스와 독일 등에서 유행하던 '자동차 공유' 서비스를 미국에서 시작해 보자는 아이디어를 떠올렸고, 이를 친구 체이스에게 이야기했다.

체이스는 1986년 MIT에서 MBA과정을 마치고 컨설팅 회사와 학교 교직원을 거쳐 과학 잡지의 편집장으로 일하다가, 열 살이 안 된 아이 셋을 기르면서 맞벌이를 하는 게 너무 힘들어 일을 그만둔 상태였다. 게다가 나이는 벌써 40대 중반이었다. 하지만 그녀는 언젠가 꼭 자신의 사업을 해보고 싶었다. 그래서 다니엘슨이 아이디어를 제시하자마자 즉시 실행에 옮겼다.

처음 이 아이디어를 MIT 경영대학원 교수인 글렌 어번(Glen L. Urban)에게 가져갔을 때 그는 "이 아이디어는 당신이 생각하는 것보다 훨씬 스케일이 크다. 두 배의 속도로 움직이고, 두 배 크게 생각해야 한다"고 조언했다.

아이디어 자체는 성공할 가능성이 충분했으나, 비즈니스를 한 번도 해본 적이 없는 두 사람이 자금을 모으기란 쉬운 일이 아니었다. 결국 한참이 지나서야 컨버터블론(Convertible Loan, 일정 시기가 되면 보통주 또는 우선주로 전환되는 대출) 형식으로 5만 달러(5,500만 원)를 투자받았고, 이를 이용해 차 세 대를 리스(lease)했다. 보스턴에서 회원을 모으는 것으로 사업은 시작되었고, 엔젤투자 또는 가족과 친구들의 투자로 신규 자금을 마련해 회사를 키워나갔다.

점점 많은 사람이 회원으로 가입하면서 회원 수가 매년 두 배씩 늘었고, 2008년 플렉스카를 인수한 후에는 225,000명의 유료 회원을 확보했다. 사업을 시작한 지 10년 만인 2010년에는 560,000명의 유료 회원을 확보하고, 미국 14개 도시 및 230개 대학에서 서비스를 운영하고 있다.

고객의 요구에 맞는 가치를 더 저렴한 비용으로 제공하다

2001년, 집카가 탄생한 지 1년쯤 되었을 때 씌어진 하버드 케이스를 읽어보면, 창업자인 체이스가 얼마나 꼼꼼하게 사업을 준비했는지 알 수 있다. 탄탄한 시장조사는 물론이고, 가격정책과 사업계획에 매우 많은 공을 들였다. 처음에는 유럽의 운영방식에 따라 회원가입비 300달러에 시간당 사용료 1.5달러로 시작했으나, 가입비가 너무 비싸 부담스럽다는 회원들의 피드백에 따라 가입비를 75달러로 대폭 낮추고 대신 시간당 사용료를 4.5~7달러로 인상했다.

2000년 5월에 만든 사업계획서의 재무계획(financial plan)을 보면 회원 수 증가율, 회원 수 감소율, 회원 일인당 가입비, 마일당·시간당 요금, 차 한 대당 기름값·보험료·주차비뿐 아니라 간접비(overhead costs)까지 전체 기업 단위와 각 사무실 단위로 나누어 계산해놓았는데, 그 정교함에 감탄하지 않을 수 없다.

창업 후 1년 동안은 월급도 못 가져가고 계속 투자만 해야 했던 그들은 마케팅에 쓸 예산이 없었다. 2년째 되던 해에도 마케팅에 사용한 총 비용은 7,300달러(800만 원)에 불과했다. 이와 관련해 체이스는 집카의 마케팅 원칙을 '절제'라고 밝혔다. "마케팅에 이렇게 적은 돈이 들었다는 걸 알면 사람들은 놀랍니다. 믿기 어렵겠지만 그 비결은 광고비가 들지 않는 퍼블리시티(publicity)를 활용하는 것입니다. 자동차에 적힌 로고, 주차장에 놓인 브로슈어 그리고 무엇보다도 입소문의 힘이었지요. 우리는 돈이 없었기 때문에 굉장히 절제해야 했습니다."

10년이 지난 지금, 두 창업자는 집카를 전문경영인에게 넘겨주고 각자 다른 일을 하고 있다. 체이스는 카풀 서비스를 중개해주는 고로코(Goloco)라는 새로운 사업을 시작했으며, 자동차가 환경에 미치는 영향에 관심이 많아서 관련 글을 자신의 블로그에 기고하고 있다(그녀에 대해서는 robinchase.org 또는 http://networkmusings.blogspot.kr에서 더 자세히 알 수 있다). 또 2007년 3월 '집카와 또 하나의 빅아이디어'라는 제목으로 테드(TED)에서 강연을 하기도 했다.

앞의 두 가지 외에도 내가 집카에 대해 조사하면서 배운 교훈 세

가지가 있다.

첫째, 사업을 시작할 때 나이나 환경 핑계를 대서는 안 된다는 것이다. 두 창업자는 열 살이 채 안 된 아이들의 엄마였고, 사업을 시작해본 경험도 없었다. 게다가 체이스는 당시 마흔네 살이었다.

둘째, 평소 관심이 있는 분야에서 아이디어가 나올 가능성이 크고, 또 그래야만 아이디어가 떠올랐을 때 강력하게 믿고 추진할 수 있다. 이것이 두 창업자가 사람들을 설득해 초기 투자를 유치하고, 월급 한 푼 없이도 오랫동안 집중할 수 있었던 이유다.

셋째, 파이낸셜 모델링이다. 결코 완벽할 수는 없겠지만 꼼꼼하면 할수록 분명히 도움이 된다. 케이스스터디에서 체이스가 만든 모델을 보면서 그 꼼꼼함에 여러 차례 감탄했다. 실제로 그녀의 예측은 상당부분 들어맞았고, 그녀의 초기 아이디어는 10년이 지난 지금에도 그대로 지켜지고 있다.

집카는 2011년 4월 14일 나스닥에서 거래되기 시작했다. 2010년에 1억 8,600만 달러(2천억 원)의 매출을 올렸지만 순익은 마이너스였던 이 회사는 상장 첫날 주가가 66퍼센트나 상승하면서 순식간에 12억 달러(1조 3천억 원)의 회사가 되어 많은 사람을 놀라게 했다. 투자자들은 10년이나 운영했지만 최근 3년간 적자를 내온(하지만 샌프란시스코, 보스턴, 뉴욕, 워싱턴 네 도시에서 전체 매출의 60퍼센트가 나오고, 이 도시들에서는 세전 이익이 20퍼센트가 넘는다) 회사에 한때 1조 원이 넘는 가치를 매긴 것이다.

집카는 결국 1조 원의 가치를 지켜내지는 못했지만, 차를 소유할
생각은 없지만 가끔 차를 사용해야 하는 도시 사람들에게 사랑받는
브랜드로 굳건하게 자리를 잡았고, 미국 내에서 '차량 공유 경제'의
촉발제가 되었다.

행복을 배달해서
1조 3천억 원의 회사를 만들다

자포스의 성공 스토리

딜리버링 해피니스(Delivering Happiness), 행복을 배달하는 회사가 있다. 바로 온라인으로 신발을 파는 자포스(Zappos) 이야기다. 이 회사는 제품이 아닌 행복 배달을 목표로 한다. 그것이 창업자의 꿈이고 기업의 목적이다.

그동안 자포스에 대해 여러 가지 궁금증을 갖고 있었지만 본격적으로 관심을 갖게 된 건 《딜리버링 해피니스》라는 책 때문이었다. 자포스의 CEO 토니 셰이(Tony Hsieh)가 쓴 이 책을 킨들로 읽다가 완전히 빠져들었다. 이후 라스베이거스에 갔다가 자포스 투어를 했고, 지인이 이 회사에서 일을 하게 되면서 관심이 더 깊어졌다.

자포스는 온라인으로 신발을 파는데, 왕복 배송료가 모두 무료라는 점 때문에 많은 사람의 주목을 끌었다. 엄청나게 다양한 종류의 상품을 가지고 있는데다, 주문하고 반송하는 과정이 매우 편리해서 신발뿐 아니라 옷을 주문할 때도 나는 종종 자포스를 이용하고 있다. 사람들은 이 회사가 이뤄낸 '1조 3천억 원(2009년 아마존에 12억 달러에 매각되었다)'이라는 숫자만 기억한다. 하지만 창업자 토니에게 있어 이 여정은 오래전에 시작되었다.

길을 아는 것과 길을 걷는 것은 다르다

수많은 기업과 사람의 성공 스토리를 접해왔지만 토니 셰이의 자포스 이야기는 몇 가지 점에서 특히 재미있었다.

그의 성공은 어린 시절부터 성공과 실패를 거듭해온 크고 작은 사업들의 결과물이었다. 토니의 사업 이야기는 그가 아홉 살 때 처음 시작한 '벌레농장 사업'으로 거슬러 올라간다. 하지만 그의 첫 사업은 벌레가 모두 죽고 새한테 먹히는 바람에 얼마 지나지 않아 실패하고 만다.

타이완에서 태어나 일리노이대학으로 유학 왔다가 결혼해서 미국에 정착한 그의 어머니는 다른 아시아인 부모들과 마찬가지로 자녀가 박사나 의사가 되기를 바랐다. 하지만 어린 토니는 사업해서 돈을 버는 것에 더 관심이 있었다. 그는 '회사를 소유하게 되면 내가 더 창의적이 될 것이고, 결국 나 스스로 정의하는 나만의 삶을 살 수 있을 것'이라고 생각했다.

초등학교 때는 창고세일을 하면서 그 앞에서 레모네이드를 팔았고(창고세일보다 더 많은 수익을 냈다), 중학교 시절에는 시간당 2달러를 받고 신문을 배달하다가 〈고블러*Gobbler*〉라는 신문을 직접 만들어서 부당 5달러를 받고 친구들에게 팔았다. 뿐만 아니다. 그 신문에 전면광고를 싣는 대가로 20달러를 받았다고 한다. 그러나 이 '사업'도 곧 실패로 끝난다. 친구들의 점심값이 떨어졌기 때문이다.

그 다음에는 사진을 받아 옷 단추에 인쇄해서 파는 사업을 했다. 단추 하나당 1달러를 받았는데, 만드는 데 25센트가 들었다. 단추 만드는 기계값 50달러와 원자재값 50달러는 부모님에게 '대출'받아 조달했다. 2주 후에 첫 주문이 들어왔고, 부모님에게 1달러를 갚았다. 이후 계속해서 주문이 들어와 채 한 달이 지나기 전에 200달러 이상을 벌었다. 중학생으로서는 꽤 큰돈이었다. 단추 만드는 데 시간이 너무 많이 걸리자 300달러짜리 반자동 기계를 구입했고, 덕분에 매달 200달러의 안정적인 수입을 올릴 수 있었다. 나중에는 동생들에게 차례로 일을 물려주었다.

토니 셰이는 브라운·UC버클리·MIT·프린스턴·예일·하버드 등의 대학에 모두 합격했는데, 부모님의 바람대로 하버드대학에 진학했다. 물론 하버드대에서도 새로운 사업을 시작했다. 한 기숙사 건물 1층의 작은 레스토랑을 경영하게 된 것이다. 거기서 그는 피자가게가 이윤이 아주 많이 남는 장사라는 것을 알게 된다.

그런데 더 중요한 사건은 그곳에서 알프레드 린(Alfred Lin)을 만난 것이다. 알프레드는 매일 식당을 찾아와서 피자를 몇 판씩 샀는데, 나중에 알고 보니 그것을 조각내 더 비싸게 팔고 있었다. 돈은 토니가 더 많이 벌었지만, 시간당 수익으로 따지면 알프레드가 열 배 이상 더 번 셈이었다. 훗날 토니는 알프레드를 자포스의 CFO이자 COO로 채용한다.

돈보다 열정을 좇아야 좌절하지 않는다

대학을 졸업한 토니가 처음 취직한 회사는 오라클(Oracle)이었다. 연봉도 높고 일이 힘든 것도 아니었지만 그는 회사 일에서 별 재미를 느끼지 못했다. 토니는 결국 웹사이트를 만들어주는 일을 시작으로, 회사 동료이자 친구인 산제이 자(Sanjay Jha)와 함께 사업을 시작하기 위해 회사를 그만둔다.

그 사업은 링크익스체인지(LinkExchange)라는 회사로 발전했고, 그로부터 다섯 달이 지난 1996년 8월, 100만 달러(11억 원)에 회사를 팔라는 제안을 받는다. 이제 갓 대학을 졸업한 두 사람에게는 분명히 큰돈이었을 것이다. 다섯 달 일한 대가로 각자 5억 원씩 번다면 결코 나쁘지 않은 조건이다. 하지만 둘은 그 배를 주어야 회사를 팔겠다고 해서 결국 매각협상이 결렬되고 만다.

그리고 다시 6개월이 지난 후, 이번에는 야후의 창업자인 제리 양(Jerry Yang)이 찾아온다. 그가 제시한 금액은 2천만 달러(220억 원)였다. 그 숫자를 보고 두 가지 생각이 들었다고 한다. 첫째는 '와우!', 둘째는 '여섯 달 전에 회사를 팔지 않길 정말 잘했다!'. 각자 100억 원씩, 평생 일을 하지 않아도 편안하게 먹고살 수 있을 만큼의 돈이었다.

토니는 돌아와서 이 엄청난 돈으로 하고 싶은 일들을 차례로 적어 보았다.

- 샌프란시스코에 콘도 사기
- 화면이 큰 TV 사기
- 언제든 원할 때마다 여행하기
- 새로운 컴퓨터 사기
- 새로운 회사 시작하기

그는 깜짝 놀랐다고 한다. 리스트가 너무나 짧았기 때문이다. 더 추가할 것도 없었다. 그런데 지금까지 벌어둔 돈으로도 TV와 컴퓨터는 충분히 살 수 있었고, 휴가도 갈 수 있었다. 다만 시간을 내지 못했을 뿐이었다. 자기 소유의 집을 제외하면 이전에도 뭐든 가질 수 있었다고 생각한 그는 공동창업자와 논의한 끝에 제리 양의 제안을 받아들이지 않기로 결정했다.

그들은 세콰이어캐피털(Sequoia Capital)의 마이클 모리츠(Michael Moritz)로부터 300만 달러(33억 원)를 유치한 후 빠르게 회사를 성장시켰고, 2년 후 마이크로소프트로부터 2억 6천만 달러(3천억 원)에 매각하라는 제안을 받는다. 불과 2년여 만에 11억 원에서 3천억 원으로 뛰다니! 만약 첫 번째 제안이었던 '각자 5억 원'이 큰돈이라고 생각해 회사를 매각했다면 어떻게 되었을까?

같은 상황에 처했을 때 나도 이런 배짱을 가질 수 있을지는 모르지만, '돈이 많아도 하고 싶은 일이 의외로 많지 않았다'는 토니의 말에는 공감이 간다. 당시의 토니에게는 10억 원이나 100억 원보다는 성장하는 회사의 미래가치가 훨씬 크게 보였을 것이다. 그는 자신의 책에 이렇게 적었다.

내가 행복했던 순간들을 적어보았다. 그중 어떤 것도 돈과는 관련이 없었다. 무언가를 만들고 있을 때 나는 가장 행복했다. 며칠 후, 사무실로 가서 사람들 모두에게 잘 있으라고 이야기한 후에, 회사를 나왔다. 무엇을 할지 몰랐다. 적어도 그냥 앉아서 삶이 나를 지나가게 하지는 않을 작정이었다. 사람들은 그 많은 돈을 포기하다니 미쳤다고 했다. 좀 오싹한 결정이었다. 그렇지만 좋은 느낌이었다. 돈을 그만 좇기로 했다. 열정을 따르기로 했다.

생각을 멈추고, 실행부터 하라

회사를 나와 토니가 시작한 일은 회사에 투자하는 것이었다. 그리고 이 과정에서 바로 오늘날 자포스의 전신인 슈사이트(shoesite)의 창업자 닉 스윈먼(Nick Swinmurn)을 만난다.

닉이 처음에 신발을 온라인으로 파는 아이디어를 제안했을 때 토니는 바보 같다고 일축했다. 하지만 신발 시장의 규모를 고려해볼 때 검토할 가치는 있다고 생각했다.

그러고 나서 그가 한 일이 재미있다. 온라인 신발 시장의 규모와 가능성을 알아보기 위해 자료를 뒤지고 설문조사를 하는 대신, 웹사이트를 하나 만들고 근처 신발가게에 가서 신발 사진을 찍어 올린 것이다. 주문이 들어오면 그때 신발을 사서 배송했는데, 점점 주문이 늘기 시작했다. 그는 생각을 멈추고 실행에 옮기기로 결심했다. 하지만 그 사업이 한때 자신의 재산을 대부분 날릴 만큼 시간이 오래 걸릴 줄은 미처 몰랐을 것이다.

초창기에 자문만 하던 토니가 직접 자포스에 뛰어들어 회사를 성장시켜 나가는 과정은 결코 순탄치만은 않았다. 실수도 많았고, 자금이 바닥나는 극적인 상황도 겪었다. 결국 그는 집을 팔고 그동안 번 돈을 전부 회사에 투입했다. 아웃소싱했던 배송 회사에 문제가 생겨 큰 손해를 보기도 했다.

가장 어려웠던 순간, 그는 킬리만자로산으로 떠났다. 그 산을 정복

한 후 다음과 같은 글을 남겼다.

결국 그는 회사를 되돌려놓았고 자포스는 '무료 반송', '고객을 놀라게 해주는 서비스' 등으로 큰 성공을 거둔 후 아마존에 인수되었으며, 미국인들의 머릿속에 확실히 자리를 잡았다. 이제는 신발뿐 아니라 옷과 액세서리 등 다양한 제품을 판매한다.

'제품'이 아닌 '행복'을 배달하는 회사 자포스. 웹사이트와 뉴스레터, 포장 박스 하나하나에서 회사가 추구하는 그런 가치가 묻어난다. 나도 이 회사에서 신발을 여러 개 주문했고, 그 결과 VIP고객이 되었다. 이 회사는 앞으로도 오랫동안 고객의 사랑을 받을 것 같다.

세상을 더 편리하게 만들겠다는 초심을 잃지 않다

페이스북의 경영 스토리

2010년 4월, 사무실에 앉아서 샌프란시스코에서 열린 '페이스북 F8' 컨퍼런스를 라이브 스트리밍으로 보고 있었다. 컨퍼런스가 시작되자마자 흥미를 끈 건 마크 저커버그(Mark Zuckerberg)의 복장이었다. 당시 한 달에 5억 명의 회원이 방문하고 매출이 3천여 억 원, 직원 수가 1,200명인 회사의 CEO가 그 많은 사람을 앞에 두고 발표를 하면서 청바지에 모자티라니. 하긴 스티브 잡스도 그 나이에 항상 청바지에 폴라티를 입고 등장했지만 말이다. 그래도 모자티를 입으니 너무 어려 보여서(실제로도 어리지만) 살짝 귀엽기까지 했다. 방송 도중 누군가 "마크가 오늘 많은 사람을 위해 상당히 갖춰입었네요"라고 해서 웃음이 터지기도 했다.

지금도 페이스북의 사내 Q&A 때마다 심심치 않게 나오는 질문이 바로 저커버그의 옷차림에 대한 것이다. "저크, 당신은 왜 항상 같은 티셔츠와 청바지에 같은 신발만 신나요?"라고 물으면, 저커버그의 답변은 항상 같다. "그런 것들에 신경 쓸 에너지와 시간이 없어요. 저는 차라리 어떻게 하면 세상이 더 열리고(open) 연결되는지(connected) 고민하는 데 제 에너지를 집중하고 싶어요."

이제 곧 서른 살이 될(1984년생) 마크 저커버그가 만든 페이스북은 창업 8년여 만에 회원 수 10억 명을 돌파했으며, 2013년 8월 현재 시가 총액이 100조 원에 달한다.

세상을 지금보다 더 좋게 만들겠다

페이스북과 저커버그의 비하인드 스토리를 다룬 책과 자료는 수없이 많지만, 개인적으로 가장 인상적인 것은 운전하면서 즐겨 듣던 팟캐스트 '스탠퍼드의 사업가적인 사고의 리더들(Entrepreneurial Thought Leaders)' 시리즈 중 하나다. 당시 스무 살이던 저커버그가 페이스북에 투자한 액셀파트너스(Accel Partners)의 짐 브레이어(Jim Breyer)와 나눈 대화가 담긴 방송으로, 제목은 '하버드에서 페이스북으로'다.

페이스북은 마크가 열여덟 살이던 2004년에 시작되었고, 그 방송은 창업한 지 1년 반 후인 2005년에 제작되었다. 짐이 마크에게 이런

저런 질문을 던지면서 이야기를 풀어나가는 형식이다. 당시 두 사람의 대화를 들어보면, 마크는 이제 막 스무 살이 된 청년이라고는 믿을 수 없을 만큼 사업에 대한 자신만의 철학이 확고했고, 조직을 운영하는 원칙이 있었으며, 인터넷시대가 어떻게 바뀌어갈 것인지에 대한 남다른 촉을 갖고 있었다. 그중 내 기억에 강하게 남은 몇 가지 대화 내용을 소개한다.

간단하고 짧은 답변이지만, 창업에서 가장 중요한 원칙 중 하나를 가장 분명하게 설명한 셈이다. "왜 사업을 시작했는가?"라는 질문에 많은 성공한 창업자가 "내가 불편해서", "이런 게 세상에 있었으면 좋겠다고 생각해서"라고 대답한다.

이 이야기는 창업자들과의 인터뷰에서 자주 등장하는 주제 중 하나다. 유튜브의 창업자 채드 헐리는 저녁 파티에서 찍은 동영상을 친구들과 공유하고 싶어서 유튜브를 만들었다고 했고, 민트(Mint.com)의 창업자 아론 패처도 자신의 자산을 관리하다가 불편해서 제품을 만들기 시작했다. 넷플릭스의 창업자 리드 헤이스팅스는 어느 날 비디오테이프를 빌렸다가 늦게 반납해서 연체료를 많이 내게 되자 이 문제를 해결할 좋은 방법이 없을까 생각하다가 회사를 만들었다. 이 외에도 창업자가 한 사람의 소비자로서 불편사항(customer pain)을 해소하기 위해 회사를 만들어 성공한 사례는 수없이 많다.

여하튼, 마크는 원래 하버드 학생들만을 위해서 페이스북을 만들었는데(처음에는 하버드대학의 이메일 주소가 있는 사람들만 가입할 수 있었다), 얼마 지나지 않아 학생의 절반이 가입했다고 한다. 그는 다른 학교에서도 이 서비스를 원한다는 것을 알고 예일대 등 몇몇 학교에 추가로 가입을 허용했고, 가입자 수는 순식간에 불어났다. 곧이어 더 많은 대학으로 서비스를 확대했고, 나중에는 고등학교에도 가입을 허용했다. 마크는 자신이 갖고 있던 잠재적인 욕구가 다른 사람들에게도 분명히 있을 거라고 생각했고, 그 예견은 적중했다.

짐 : 지금까지 스탠퍼드 학생을 많이 채용했는데, 사람을 채용할 때는 무엇을 가장 중점적으로 보았나요?

마크 : 첫째는 지능(raw intelligence)입니다. 10년의 경력을 가진 사람을 뽑을 수도 있습니다. 그런 사람은 필요한 걸 금방 만들어내겠지요. 그러나 경험이 없더라도 똑똑한 사람은 순식간에 필요한 걸 다 배운 후, 결국은 10년 경력자가 해결하지 못하는 문제를 해결해냅니다. 둘째는 우리가 추구하는 것과 얼마나 잘 맞는지를 봅니다. 똑똑하고 기술이 있다 하더라도 우리의 비전을 믿지 않는다면 열심히 일하지 않겠죠.

마크의 채용 원칙은 내가 게임빌에 있을 때 엔지니어를 채용하면서 가장 중점을 두었던 것이기도 하다. 똑똑한 사람은 새로운 일을 할 때 시간이 필요하지만, 문제가 생기면 결국은 독창적인 방법으로 해결하고, 경쟁자들이 만들 수 없는 제품을 만들어낸다. 비전이 일치하는 것 역시 너무나 중요하다. 어떤 회사에 몸담고 있으면서 그 기업의 방향에 동의하지 못하고 제품의 비전을 믿지 않는 사람이라면, 자신의 신념에 맞게 조직을 바꿔나가든지, 아니면 그 조직을 떠나 자신의 비전과 일치하는 곳을 찾아야 한다.

마크는 이런 채용 원칙에 근거해서 뽑은 사람들이 자신의 역량을 최대한 발휘할 수 있도록 적극적으로 배려한다. 페이스북에 근무하는 한 친구에게 들은 이야기다. 페이스북에는 일주일에 한 번씩 마크 저커버그가 전체 직원과 함께하는 회의가 있다. 어느 날 이 회의에서 마크가 열심히 이야기를 하는데 한 직원이 계속해서 타이핑을 하고 있었다. 마크가 그에게 물었다. "지금 코딩중인가요?" 그 직원은 마크를 쳐다보지도 않은 채 대답했다. "네, 그런데요." 그러자 마크가 대답했다. "아, 그래요? 오케이! 그럼 하던 일을 계속 하세요."

다른 기업의 문화에서는 극히 드문 일이겠지만 페이스북에서는 얼마든지 가능하다. 마크는 회사의 비전을 공유한 유능한 인재들이 자신의 일에 집중할 수 있도록 배려하는 것을 그 무엇보다 중요하게 생각하고, 실제로 그것을 운영 방침으로 실천하고 있는 것이다.

CEO의 신념이 회사의 비전이 되게 하라

짐 : 사업이 잘되고 있다는 걸 어떻게 측정했지요? 어떤 수치를 가장 주의 깊게 보았나요?

마크 : 제일 중요한 건 재방문률이었어요. 즉, 사용자들이 일주일 혹은 한 달 이내에 다시 방문하는 비율이 어느 정도인지, 그것 하나만 본 것 같아요. 그 비율이 높다는 것은 우리가 그만큼 그들에게 가치를 주고있다는 뜻이거든요.

대부분의 경영자는 '사용자 수'를 중점적으로 본다. 우리 회사의 고객 수는 얼마인가, 우리 사이트의 가입자 수는 얼마인가를 가장 중요한 지표로 생각해 매주 월요일 회의 때 보고하고, 어떻게 하면 사용자 수를 늘릴 수 있을까 고민한다. 나도 그랬다. 물론 그것이 가장 측정하기 쉽기 때문이기도 하다.

하지만 마크는 사용자 수에 집착하지 않았다. 사람들이 얼마나 많이 재방문하는가, 한 달 이내에 사이트를 다시 방문하는 비율은 어느 정도인가에 집중했다. 간단하지만, 나는 이것이 오늘날의 많은 회사가 사업을 운영하는 방법에 혁신적인 변화를 가져올 수 있는 매우 중요한 생각의 전환이라고 생각한다.

그 후 4년 반 동안 페이스북은 지속적인 혁신을 통해 사람들이 꾸준히 재방문하도록 만들었다. 오늘날 나 자신과 내 친구들 대부분이 적어도 일주일에 한 번은 꼭 페이스북을 방문한다.

영어에서 유틸리티(utility)란 단순히 '작은 도구'라는 의미가 아니다. 미국에는 '유틸리티 요금(utility bill)'이라는 것이 있는데, 전화요금이나 전기요금 등을 의미한다. 즉, 마크는 페이스북이 전기나 수도와 같이 일상적인 서비스가 될 거라고 생각한 것이다. 정말 놀라운 통찰력이다. 그가 정의한 대로, 이제 페이스북은 하나의 '유틸리티'가 되었다. 마치 스마트폰처럼 내 생활에 없어서는 안 될, 친구들과 관계를 유지하기 위해 반드시 필요한 필수품이 된 것이다.

그리고 이 '유틸리티'는, 전기의 발명이 산업의 혁신을 가져왔듯 인터넷에서의 혁신을 불러왔고, 징가(Zynga)와 같은 새로운 장르의 게임을 만드는 회사를 탄생시키기도 했다. 그래서 우리는 "세상은 훨씬 좋아질 수 있고, 우리가 그렇게 만들 것입니다"라는 마크의 선언이 가져올 또 다른 혁신을 기대하고 있는 것이다. 정말 다행스럽게도 마크는 그 선언을 할 당시의 초심을 아직은 잃지 않은 것 같다.

마케팅 파트너와 미팅중에 있었던 일이다. COO 셰릴 샌드버그(Sheryl Sandberg), 파트너 CMO 등을 비롯해 회의실에 있던 모든 사람이 새로운 계획이 얼마나 멋진 마케팅 캠페인이 될지 논의하며 열광하고 있었다. 그 와중에 마크 저커버그가 한마디 했다.

"이 마케팅 캠페인은 사람들이 더 많이 '연결(connect)'되고, 그들이 관심있어하는 것들을 '공유(share)'할 수 있도록 도와주나요? 그렇지 않다면 쓸모없는 아이디어예요."

회의실에는 한동안 어색한 침묵이 흘렀다고 한다. 그 본질적인 질문이 그 자리에 있던 사람들 모두를 숙연하게 만든 것이다. 바로 이런 점 때문에 우리가 마크의 페이스북이 어떻게 변모해 나갈지 궁금해하고 기대하는 게 아닐까.

골리앗을 이긴 다윗의 도전은
끝나지 않았다

넷플릭스의 혁신 스토리

구글이 야후를 이기고, 페이스북은 마이스페이스를 넘어서고, 안드로이드폰이 아이폰의 강력한 맞수가 되는 곳. 승자와 패자가 끊임없이 출몰하는 곳이 바로 실리콘밸리다. 그 과정에서 수많은 스토리가 생겨나는데, 이는 무협지만큼이나 흥미진진하다. 그중에서도 다윗처럼 작은 회사가 골리앗 같은 거대기업을 이기는 이야기는 언제나 새로운 영감을 준다. 넷플릭스(Netflix)가 블록버스터(Blockbuster)를 이긴 이야기처럼 말이다.

넷플릭스와 블록버스터는 비슷해 보이지만 전혀 다른 회사다. 공통점은 영화를 대여해서 돈을 버는 회사라는 것이고, 다른 점은 하나는 전통적인 모델을 고수하다가 파산했고 다른 하나는 혁신을 거듭하며 지속적인 성장을 하고 있다는 점이다.

이런 케이스들을 보면 항상 생각나는 단어가 있다. 바로 '파괴적 기술(disruptive technology)'이다. 클레이튼 크리스텐슨(Clayton M. Christensen) 교수의 저서 《혁신기업의 딜레마*Innovator's Dilemma*》에 나오는 이 단어만큼 신생 회사의 눈부신 성장을 잘 표현해주는 말이 또 있을까 싶다. '파괴적 기술'은 여러 가지로 정의할 수 있는데, 저비용·저가격으로 눈에 안 띄게 등장했지만 주류 기술의 가장 큰 문제점을 극복함으로써 기존 기술을 이기고 결국 승자가 되는 기술을 의미한다.

영원한 승자는 없다, 고로 혁신을 멈추는 순간 패배한다

넷플릭스는 사업전략뿐 아니라 기업문화에서도 파괴적 혁신에 가까운 시도를 해서 성공한 케이스다. 1997년에 생겨나 15년 후 거대하고 느린 공룡 블록버스터를 파산으로 이끈 넷플릭스는 온라인 스트리밍 비디오 시장을 장악하는 듯했다. 2009년에 40달러였던 주가는 2011년 한때 무려 300달러까지 치솟았다.

하지만 이 흥미로운 성공 스토리는 얼마 지나지 않아 위기를 맞게 된다. 영원한 승자란 없는 법이다. 일단 영화와 드라마 판권을 가진 회사들이 일제히 가격을 올리면서 넷플릭스는 심한 재정적 부담에 직면했다. 2011년 상반기에 넷플릭스가 승승장구하자 소니, 컬럼비아, 워너브러더스, MTV, 디즈니 등 '콘텐츠'를 소유한 회사들은 배가 아팠을 것이다. 워낙 작은 회사라 영향력이 별로 없을 거라고 생각해서 아주 싼 값에 라이선스를 주었기 때문이다. 그런 넷플릭스가 너무 커져서 DVD 판매량을 위협할 지경에 이르자, 많은 회사가 영화나 드라마 공급을 중단하거나 재계약 라이선스 비용을 대폭 인상하겠다고 선언했다.

이런 상황에서 2011년 2월에 등장한 아마존 프라임 인스턴트 비디오는 넷플릭스에게 큰 타격이었다. 갑자기 아마존이 소니 등의 회사들과 계약을 맺은 후, 무려 5천 개에 달하는 타이틀을 아마존 프라임 멤버들에게 무료로 제공하겠다고 발표한 것이다.

나도 궁금해서 바로 들어가봤는데 넷플릭스만큼은 아니지만 볼만한 영화가 꽤 많이 있는데다, 어차피 두 회사의 타이틀 대부분이 옛날 영화라서 넷플릭스는 해지해도 되겠다는 생각이 들었다(실제로 몇 달간 해지했었다). 매달 15달러씩 내는 넷플릭스는 해지할 수 있지만, 1년에 79달러인 아마존 프라임 멤버십은 '이틀 무료 배송'의 이점 때문에 절대 해지할 수 없었기 때문이다.

이후 아마존은 폭스, MGM, 파라마운트 등과 잇달아 계약하면서 넷플릭스의 가공할 만한 경쟁자로 부상했다.

갑작스럽게 치솟은 콘텐츠 라이선스 비용과 시장 상황에 당황한 것일까? 넷플릭스는 2011년에 몇 번의 무리수를 두었다. 그중 가장 크게 원성을 산 결정은 DVD와 스트리밍 서비스를 분리하면서 가격을 무려 60퍼센트 가까이 올린 것이다. 당시 사무실에서 점심을 먹으며 동료들과 넷플릭스 이야기를 했는데, 다들 갑작스러운 가격 인상에 화가 나서 멤버십을 해지하겠다고 했던 기억이 난다.

두 번째 무리수는 DVD와 스트리밍을 각각 다른 웹사이트로 완전히 분리해버린 것이다. DVD 렌털만 하는 웹사이트에는 '퀵스터(Qwikster)'라는 아주 어색한 이름이 붙었다. 하나의 웹사이트를 이용해 최신 영화는 DVD로, 옛날 영화는 스트리밍으로 보던 사용자들에게 큰 혼란을 안겨준 결정이었다.

사실 나는 당시의 결정을 지지했다. 넷플릭스는 굴뚝산업인 블록버스터를 대체했지만, 스스로 또 다른 혁신을 하지 않으면 스트리밍 비디오 시대에 '굴뚝산업'으로 전락할 위험이 다분했다. 이른바 '혁신 기업의 딜레마'에 직면한 것이다. 스스로 파괴적 혁신을 감행하지 않으면 경쟁자로부터 파괴당하는 숙명인 것이다. 넷플릭스는 자신들이 만든 혁신의 딜레마를 어떻게든 극복하고 싶었을 것이다. 하지만 그 과정에서 넷플릭스는 무려 80만 명의 미국 가입자를 잃었다고 발표했다(2011년 10월). 그러자 넷플릭스에 무작정 베팅했던 투자자들도 등을 돌렸다. 300달러까지 올랐던 주가는 몇 달 만에 70달러로 곤두박질쳤다. 이후에도 넷플릭스는 가격을 낮추지는 않았지만, DVD와 스트리밍 서비스를 분리하겠다는 결정은 철회했다.

그로부터 약 1년이 지난 2012년 말, 넷플릭스는 36억 달러(4조 원)

의 매출과 1,700만 달러(190억 원)의 순이익을 올리며 다시 안정을 찾았고, 주식은 90달러 정도에서 거래되었다. 2012년 10월에는 유료 회원 수가 3천만 명이라고 발표했다.

넷플릭스는 소비자 경험을 개선하려는 노력을 게을리하지 않았고, 가격 상승으로 인해 화가 났던 사용자들도 차츰 돌아왔다. 특히 캐나다를 비롯한 해외 시장에서 실적이 좋아지면서 주가는 다시 상승했다. 2012년 1월, 주가는 160달러로 두 배 가까이 뛰었고, 그 이후로 꾸준한 상승세를 보여 2013년 7월에는 250달러를 기록했다. 시가 총액은 150억 달러(16조 5천억 원)로 증가했다.

그렇다면 넷플릭스가 끊임없이 새로운 골리앗과 다윗들의 도전을 받으면서도 지속적으로 성장할 수 있었던 요인은 무엇일까? 나는 그 답을 넷플릭스의 파괴적 혁신과 기업문화 속에서 찾았다.

추격자를 따돌리는 파괴적 혁신

넷플릭스가 처음 등장한 1997년 당시를 생각해보자. 미국의 비디오 대여 시장은 블록버스터라는 회사가 지배하고 있었다. 1985년에 생겨난 블록버스터는 파산 직전까지 25개의 나라에 9천 개(미국에 3,750개)의 대여점을 가지고 있었다. 그들은 블록버스터급 비디오를 대량 보유해 미국 시장을 독식하다시피 했다. 미국 어디서든 조금만

운전하다 보면 블록버스터 로고가 보일 정도였다.

한편 넷플릭스는 보스턴 출신의 리드 헤이스팅스(Reed Hastings)가 여전히 인터넷 초창기 시절이던 1997년에 '온라인 비디오 대여'라는 아이디어를 가지고 세운 회사다. 그는 퓨어소프트웨어(Pure Software)를 창업해 직원이 640명에 달하는 회사로 키웠으나 인수합병과 관련해 골치 아픈 문제를 겪게 되었다. 그 무렵 비디오를 빌려 봤는데, 하나를 연체하는 바람에 무려 40달러(44,000원)의 연체료를 냈다고 한다. 연체료를 지불하고 집으로 돌아오는 길에 '차라리 한 달에 30~40달러를 내고 회원으로 가입만 하면 비디오를 집까지 배달해주는 사업을 해보면 어떨까' 하는 아이디어를 떠올렸는데, 당시에는 자신도 그렇게 많은 사람이 그 서비스를 좋아해줄지 몰랐다고 한다. 어쨌든 '연체료 없는' 온라인 비디오 대여 서비스 넷플릭스는 단박에 비디오 대여 시장의 신흥 강자가 되었다.

한 번의 연체로 DVD 하나를 살 만큼의 연체료를 내본 사람들은 당시 넷플릭스의 정책이 얼마나 매력적이었을지 실감할 것이다. 그런데 블록버스터 같은 대여점은 연체를 봐줄 수가 없다. DVD 하나당 65달러(7만 원)를 내고 사거나 스튜디오와 대여 수익을 나누는데, 특히 블록버스터급 비디오가 빨리 돌지 않으면 큰 손실을 피할 수 없기 때문이다. 또 지역별로 차이가 심해 어떤 도시에서는 비디오가 남아도는데 다른 도시에서는 없어서 못 빌려주는 일이 발생하기도 한다. 하지만 넷플릭스는 중앙에서 물류관리를 하는데다 월별로 사용료를 받기 때문에 이런 문제에 유연하게 대처할 수 있었다.

사업이 성공가도에 오른 후에도 넷플릭스는 혁신을 멈추지 않았다. 우선 포장과 배송에서 혁신을 이뤘다. DVD가 등장해서 좋은 점은 부피가 작아졌다는 것이다. 우체통 안에 쉽게 들어가 소포로 부치지 않아도 되고 무게가 가벼우며 파손 위험도 적다. 넷플릭스에서 비디오를 빌리면 DVD가 든 작은 봉투가 하나 배달되는데, 이 봉투는 DVD를 반납하는 용도로도 쓰인다. 즉, 비디오를 다 본 후에는 여기에 담아 집 근처 우체통에 넣기만 하면 된다.

미국에서는 DVD 하나를 빌리기 위해 몇십 분을 운전해서 가야 하는 경우가 많은데, 그렇기 때문에 넷플릭스의 우편 배송이 더욱 편리하게 느껴졌을 것이다. 넷플릭스는 우체국과 직접 계약을 체결해 배송료를 혁신적으로 낮춤으로써 비용을 절감하고, 배송 속도를 높여 사용자의 만족도를 높였다.

두 번째는 물류의 혁신이다. 지역마다 넷플릭스 물류센터가 있고, 그 주소가 봉투에 새겨져 있다. 우체국에서는 알아서 가장 가까운 센터로 배송한다. 물류센터에서는 비디오가 도착하면 바코드를 통해 자동으로 도착을 인식하고 회원에게 도착 알림 이메일을 보낸다. 그리고 즉시 그 회원이 주문한 다음 비디오를 찾아서 배송한다. 인기 있는 DVD는 창고에 들어가기 전에 다음 회원에게 배송되고, 만약 해당 물류센터에 그 DVD가 없으면 가장 가까운 센터에서 찾아 바로 발송한다.

세 번째는 '무제한 스트리밍 비디오 서비스' 제공이다. 넷플릭스 회원이라면, 만 장이 넘는 다소 오래된 타이틀은 언제든지 컴퓨터로 시청할 수 있도록 한 것이다. 당시 점차 DVD 대여가 줄어들고 온라인으로 비디오를 보는 사람이 증가하는 추세였으니, 넷플릭스는 그 고객들까지 자연스럽게 끌어들일 수 있었다.

마지막이자 가장 중요한 혁신은 '영화 추천 시스템'이다. 회원들의 성향과 DVD 대여 데이터를 바탕으로 각각의 회원에게 맞는 영화를 추천하는 서비스로, 고객들의 넷플릭스에 대한 충성도를 높이는 데 가장 큰 역할을 했다. 모든 회원에게 같은 영화를 추천해주는 것이 아니라, 회원 각자의 취향에 따라 다른 영화를 추천해주는 것이 중요하다.

처음 회원으로 가입하면 그동안 봤을 법한 영화 타이틀들을 보여주면서 별점을 매기도록 한다. 30개 정도의 영화에 별점을 매기면, 이를 바탕으로 개개인의 프로필을 만든다. 이 프로필은 영화에 대한 회원의 평가가 쌓일수록 발전해간다. 그 내용을 바탕으로 생각지도 못했던, 그러나 일단 보면 만족할 만한 영화를 추천해주는 것이다. 사람들은 점점 친구나 평론가들의 추천이 아니라 세렌디피티(serendipity) 같은 방식으로 영화를 보기 시작했고 이를 재미있어했다. 나도 다큐멘터리를 좋아해서 한동안 넷플릭스에서 동물 또는 자연 다큐멘터리를 열심히 봤는데, 이후에 비슷한 다큐멘터리를 꾸준히 추천해줘서 질릴 만큼 본 기억이 있다.

넷플릭스가 이렇게 시장을 잠식해 나가는 동안 블록버스터는 무엇을 했을까? 물론 나름대로 전략을 세웠다. 블록버스터는 신작 DVD를 대량으로 보유하기 시작했고, 게임 대여 사업에 집중했다. 그러나 트렌드는 이미 바뀌어가고 있었다. 인터넷 속도가 빨라지면서 사람들은 점차 온라인으로 비디오를 보기 시작했고, 게임은 엑스박스 라이브(Xbox Live) 등에서 직접 다운로드할 수 있게 되었다.

블록버스터는 2004년에야 '블록버스터 온라인' 서비스를 시작했지만 물류시스템도 안정적이지 못했고, 넷플릭스에게 특허 침해 소송까지 당했다.

설상가상으로 2003년에는 레드박스(Redbox)라는 회사가 등장했다. 편의점에 자동 DVD 대여기를 설치해서 사업하는 회사인데, 개념이 재미있어서 나도 몇 번 이용해봤다. 매장과 사람이 필요없는 저비용 사업모델로 DVD 한 편의 대여료가 고작 1달러(1,100원)밖에 안 된다(참고로 블록버스터는 약 5달러다).

블록버스터는 이에 대항하기 위해 2009년 12월에 '블록버스터 익스프레스'라는 비슷한 개념으로 서비스를 시작했지만, 이미 레드박스가 선점하고 있어 고전을 면치 못했다. 2005년에는 '연체료 무료' 광고를 시작했다. 그러나 실은 비디오를 반납하지 않으면 연체료가 쌓이고, 연체료가 DVD 구매 가격보다 많아지면 그 DVD를 소유하게 해주겠다는 것이었다. 이는 소비자를 우롱하는 정책으로, 미국 48개 주로부터 소송을 당하기도 했다.

한때 미국의 랜드마크와도 같은 회사였는데, 지난 10년간 정말 다른 방도가 없었을까? 이렇게 망하는 게 필연적이었을까? 물론 기회는 있었겠지만 잘못된 결정을 반복하면서 회사는 줄곧 내리막길을 걸었고, 그 과정에서 우수한 인재들마저 회사를 빠져나가 결과적으로 파산에 이르렀을 것이다. 다른 한편으로는 필연적이었다는 생각도 든다. 그것이 바로 《혁신기업의 딜레마》에서 클레이튼 교수가 주장하는 것이다.

블록버스터는 기존 모델을 고수할 수밖에 없었다. 직접 매장에 찾아가 손으로 만져보고 DVD를 대여하는 방식에 만족하고 돈을 지불하는 고객이 여전히 있었기 때문이다. 오프라인 비디오 대여로 돈을 잘 버는 회사가 굳이 온라인 회사로 전향할 이유도 없고, 그렇게 하면 기존 고객이 등을 돌릴 수 있기 때문에 블록버스터로서는 다른 선택의 여지가 없었을 것이다.

평범한 사람은 회사를 떠나라

지금까지 신생 회사인 넷플릭스가 전통적 대기업인 블록버스터를 이길 수 있었던 비결을 '파괴적 혁신'의 관점에서 분석해보았다. 그런데 더 근본적인 원인은 넷플릭스의 뛰어난 기업문화가 아니었을까 생각해본다. CEO인 리드 헤이스팅스가 직접 만든 128장의 슬라이드 자료를 보면서 든 생각이다. 이 자료를 읽은 후 넷플릭스에서 일하고 싶어져서, 어떤 자리에 사람을 채용하고 있는지 찾아보았을 만큼 그들은 매력적인 기업문화를 가지고 있었다.

리드는 이 슬라이드에서 넷플릭스의 기업문화를 다음 일곱 가지 측면으로 설명한다.

- 우리의 가치는 우리가 가치있게 여기는 것(Values are what we Value)

- 높은 성과(High Performance)

- 자유와 책임(Free & Responsibility)

- 통제가 아닌 콘텍스트(Context, not Control)

- 고도로 정렬하고 느슨하게 연결하기(Highly Aligned, Loosely Coupled)

- 시장에서 가장 높은 보상 지불(Pay Top of Market)

- 승진과 능력계발(Promotions & Development)

그중 첫 번째인 '우리의 가치는 우리가 가치있게 여기는 것'이라는 말이 인상적이었다. 미국에서 가장 비도덕적인 회사 중 하나로 비난받는 엔론(Enron)의 가치는 '도덕성, 커뮤니케이션, 존중 그리고 뛰어난 성과'였다. 이 네 가지 가치가 회사 건물 로비의 대리석에 멋들어지게 새겨져 있지만, 그 조직이 진짜로 가치있게 여기는 것과는 관련이 없음을 우리는 잘 알고 있다. 그러나 넷플릭스의 가치는 듣기 좋은 말들이 아닌, 회사가 진짜로 가치있게 여기는 것으로, 이는 누가 보상받고 승진하고 해고되는지에 그대로 반영된다.

대부분의 회사들이 내세우는 가치는 실제와 거리가 먼 경우가 많다. 어떤 회사가 내세우는 가치 중 하나가 '용기'였다고 하자. 옳지 않은 방향으로 갈 때 바른말을 할 수 있는 용기 말이다. 하지만 실제로는 바른말을 하지 않은 사람이 보상을 받거나 승진한다면, 회사의 가치는 그저 공허한 말에 불과할 뿐이고 직원들은 더 깊은 좌절에 빠질 것이다. 회사의 승진 원칙은 매우 중요하다. 직원들은 대개 회사에서 승진한 사람이 추구하는 것이 회사가 중요하게 여기는 가치라고 생각한다. 엉뚱한 사람이 승진하면, 직원들은 '아, 이 회사에서 중요하게 생각하는 것은 도덕성, 전문성, 팀워크가 아니라 상사에게 얼마나 잘 보이느냐구나'라고 생각하게 된다.

넷플릭스가 두 번째로 내세운 가치는 '높은 성과'다. 그들에게 이 말의 의미는 '적절한 정도의 성과를 내는 사람은 해고된다'는 것이다. 넷플릭스는 '부하직원 ○○가 두 달 이내에 경쟁사로 떠나겠다고 이야기하면 잡을 것인가?'라는 '지키기 테스트(Keeper Test)'를 통과하지 못하는 직원은 즉시 좋은 보상을 해주는 다른 회사로 떠나라고 말한다. 그래야 그 자리를 새로운 스타로 채울 수 있기 때문이다. 즉, 평범한 사람은 회사를 떠나라는 말이다. 좀 가혹하게 들릴지 모르지만, 그렇게 해야만 끝없는 경쟁에서 살아남을 수 있고 회사의 문화를 건강하게 유지할 수 있다고 믿기 때문인 듯하다.

이와 관련해, 넷플릭스가 정의하는 멋진 일터는 '끝내주는 동료들이 있는 곳'이다. 데이케어, 에스프레소 머신, 일식 점심, 멋진 사무실이나 높은 연봉이 아니다. 그들은 최고의 동료들을 끌어오는 데 효과적인 일들만 한다는 것을 명시해놓았다. 넷플릭스의 채용 기준과 문화를 단적으로 보여주는 말이다.

나는 이 말에 아주 깊이 공감한다. 회사에서 자신에게 영감을 주고 함께 있으면 기분 좋은 사람들이 줄어든다면, 그 조직은 곧 떠나고 싶어진다. '끝내주는 사람'이 회사에 많다는 것은 아주 중요하다. 끝내주는 사람이 많다면 그들은 또 다른 끝내주는 사람들을 데려올 것이고, 그들은 다른 끝내주는 사람들 때문에 조직에 남게 된다.

그런데 회사 규모가 커지면 할 일은 많고 사람은 부족해진다. 그래서 평범한 사람들을 채용하기 시작한다. 처음에는 괜찮다. 그러나 평범한 사람이 많아지면 회사 분위기가 이상하게 흘러간다. 끝내주는 사람들은 평범한 사람들에게 둘러싸여 좌절감을 느끼고 회사를 떠난다. 결국 평범한 사람들만 남은 회사는 내리막길을 걷기 마련이다.

세 번째로 넷플릭스만의 기업문화를 엿볼 수 있는 '자유와 책임'에 대한 정의를 살펴보자. 넷플릭스는 "책임감 있는 사람은 자유가 있을 때 더 큰 성과를 내고, 그 자유를 누릴 자격이 있다"고 말한다.

대부분의 회사들은 규모가 커질수록 자유를 제약한다. 실수를 방지하기 위해서다. 실수로 인한 피해가 커지면 성과가 좋은 직원들의 비율이 점점 낮아지고, 결국은 시장 상황이 바뀌면서 회사가 망하기 때문이다.

그렇다면 이런 실수를 막기 위해서 회사를 키우지 말아야 할까? 아니면, 반대로 혼돈상태를 받아들여야 할까? 넷플릭스는 다음과 같은 방법을 제시한다. 그들은 복잡성이 증가하는 것보다 빠른 속도로 인재의 비율을 높여나갔다. 즉, 사업의 복잡성이 높아짐에 따라 그보다 빨리 우수한 직원의 비율을 늘려나간 것이다.

이를 달성하는 구체적인 방법은 업계 최고의 보상을 해주고, 가치가 높은 사람들을 끌어오고, 높은 성과를 내는 문화를 계속해서 발전시켜 나가는 것이다. 또한 자유의 정도를 높이기 위해 프로세스를 끊임없이 개선해 나간다. 단, 실수를 방지한다는 명목으로 자꾸 새로운 규칙을 만들지는 않는다.

그 결과로 나타난 것이 독특한 휴가정책이다. 넷플릭스에는 휴가가 따로 없다. 휴가를 기록하지도 않는다. 즉, 휴가정책이 없는 것이 넷플릭스의 휴가정책이다. 누구든 휴가가 필요하다고 생각되면 쉬고, 그렇지 않을 경우에는 일한다.

또 다른 예로, 많은 회사는 출장비와 관계사로부터 받는 선물에 대한 규정을 자세하게 만들고, 이를 규제하고 감사하기 위한 부서가 따로 존재하는데, 이에 대한 넷플릭스의 정책은 다음과 같다.

넷플릭스에 가장 유리한 방향으로 할 것.

'마치 자신의 돈인 것처럼 쓰기.' 이렇게 이상적인 정책이 또 있을까? 생각해보면 그렇게 이상적이지도 않다. 아주 간단한 말이다. 합리적인 사람이라면 이게 무슨 뜻인지 금세 이해한다. 그런데 과연 그게 통할까? 누군가가 제도를 남용해서 회삿돈을 펑펑 써대면 어떡하지? 간단하다. 도덕성이 부족한 사람은 해고하면 그만이다. 이 정책의 뜻을 이해하고 거기에 따라 행동하는 뛰어난 사람들만 회사에 남으면 된다. 정말 단순하지만 명쾌한 정책이다.

마지막으로, '승진과 능력계발'에 관한 원칙을 보자. 넷플릭스의 승진 원칙은, 맡게 되는 역할이 직원의 능력보다 커야 한다는 것이다. 즉, 매니저 직책이면 충분히 할 수 있는 일에 굳이 이사급을 앉힐 필요는 없다는 말이다. 그리고 능력계발에 관해서도, 높은 성과를 내는 사람들은 그들이 뛰어난 사람들과 큰 도전에 둘러싸여 있는 한 경험과 관찰, 토론 등을 통해 스스로 성장한다고 믿는다. 즉, 교육이나 멘토링 등의 형식적인 프로그램은 능력계발에 거의 효과가 없다고 생각한다.

이 원칙 역시 공감할 만하다. 창의적인 일을 하는 사람에게 형식적인 교육은 큰 도움이 되지 않는다. 우수한 인재들은 회사가 별도의 교육을 하지 않아도 스스로 기회를 찾아 배우고 성장한다. 그것이 그들에게 즐거움을 주기 때문이다. 단, 그들은 회사에 성장하고 배울 기회가 없다고 느끼면 주저없이 떠날 것이다. 그러므로 뛰어난 인재들을 놓치지 않으려는 넷플릭스의 가치는 그 자체만으로 최고의 경쟁력인 셈이다.

발표된 자료에 따르면, 피크 시간대에 넷플릭스 트래픽이 미국 전체 트래픽의 3분의 1, 즉 33퍼센트를 차지하고 있다. 아마존과 훌루는 각각 1.8퍼센트, 1.4퍼센트이니 넷플릭스가 매우 큰 폭으로 앞서 있는 셈이다. 또 온라인 비디오 서비스를 제공하는 기기치고 넷플릭스 애플리케이션이 깔리지 않은 곳이 없다.

과연 넷플릭스는 아마존과 구글, 애플이 끊임없이 노리고 공략하는 이 시장의 선두자리를 끝까지 지켜낼 수 있을까? 블록버스터가 선점했던 그 시장에 다윗으로 등장해 승리한 후 이제 골리앗이 된 넷플릭스는 또 다른 '다윗'들과 예측할 수 없는 승부를 계속 겨뤄야 할 것이다.

사진을 찍어 올리는 아이템 하나로 세상을 사로잡다

인스타그램의 개발 스토리

인스타그램(Instagram)의 성공만큼 화려한 신데렐라 스토리는 없었다. 열한 명의 직원을 둔, 전혀 수익이 나지 않는 무료 인기 애플리케이션 회사가 사업을 시작한 지 2년 만에 10억 달러(1조 1천억 원)에 팔렸으니 그저 놀라울 따름이다.

2012년 4월 9일, 인스타그램은 페이스북에 매각되었다. 마크 저커버그가 전화한 후 48시간 만에 합의에 도달했다고 한다. 그 과정 또한 극적이었음을 알 수 있다.

마크의 인수 시도는 처음이 아니었다. 2011년 초에도 인수를 시도했지만 실패했다. 창업자 케빈 시스트롬(Kevin Systrom)이 당시에는 회사를 팔 생각이 없었고 사업 확장에 관심이 컸기 때문이다.

하지만 그로부터 1년이 지난 2012년, 마크는 그때보다 몇 배의 값을 지불하고라도 인스타그램을 인수하기로 결정하고 일사천리로 진행했다. 그 바로 전날 베이스라인벤처스(Baseline Ventures)와 벤치마크캐피털(Benchmark Capital) 등이 5천만 달러(550억 원)를 투자하고 회사가치를 5억 달러(5,500억 원)로 책정하자, 인스타그램이 모바일에서 페이스북을 위협할 만큼 성장할 수도 있겠다는 생각에 마음이 급해졌던 것이다. 게다가 구글이나 트위터 또는 마이크로소프트가 알게 되는 것 또한 우려되었을 것이다.

실리콘밸리에서는 가능한 2년 만의 성공신화

보스턴 교외에서 자란 케빈 시스트롬은 2003년 스탠퍼드대학에 진학하면서 실리콘밸리로 이사했다. 대학교 2학년 때 대용량 사진을 사람들과 쉽게 공유할 수 있는 서비스인 포토박스(Photobox)를 만들었고, 이것이 마크 저커버그의 눈에 띄어 페이스북에 입사하라는 제의를 받았지만 거절하고 공부를 마치기로 했다.

재학중에 트위터의 전신인 오데오(Odeo)에서 인턴생활을 했고, 학교를 졸업한 후에는 구글에서 3년간 근무했다. 이후에는 구글 출신들이 만들어 훗날 페이스북에 인수된 넥스트스톱(Nextstop)에서 일했다. 그러나 자신의 회사를 만들고 싶다는 꿈이 있었던 그는 위치

기반 서비스인 버븐(Burbn)을 만들었다. 2010년 1월에 한 스타트업이 주최한 파티에서 베이스라인벤처스의 스티브 앤더슨(Steve Anderson)을 만나 자신이 구상하고 있는 프로그램을 설명했는데, 그가 채 하루도 지나지 않아 투자를 결정하자 회사를 그만두고 본격적으로 창업에 나섰다. 스티브는 곧 25만 달러(2억 8천만 원)를 입금했고, 뒤를 이어서 그 유명한 마크 안드레센(Mark Andreessen)도 같은 금액을 투자했다.

이후 케빈은 브라질 출신으로 스탠퍼드대학에서 신호체계(symbolic systems)를 전공한 마이크 크리거(Mike Krieger)를 공동창업자로 영입했다. 사진 공유 서비스의 기능이 너무 복잡하다고 판단한 두 사람은 꼭 필요한 것만 최적화시켜 인스타그램(Instant+Telegram)이라는 제품으로 만들어서 2010년 10월 6일 아이폰 앱스토어에 올렸다. 이 애플리케이션은 3주 만에 30만 번이나 다운로드되었고, 곧 저스틴 비버 등이 사용하면서 수천만 명의 사용자가 생겼다.

그로부터 1년 반이 지난 2012년 4월 초, 마크 저커버그에게서 전화가 왔고, 새로운 역사가 시작되었다. 트위터 창업자이자 스퀘어(Square)의 CEO 잭 도시(Jack Dorsey)도 인스타그램을 사고 싶어 했는데 마크의 전화 한 통에 빼앗겨 기분이 나빴다고 한다. 그는 초기에 투자했기 때문에 수십 배의 금전적 이익을 남긴 것으로 위안을 삼았을 것이다.

신데렐라 스토리 속에 숨겨진 인스타그램만의 성공 요인

인스타그램의 성공을 두고 사람들은 하루아침에 일어난 대박신화라도 되는 양 이야기하지만, 꼭 그렇지는 않다. 앵그리버드처럼 수십 번의 실패 끝에 비로소 성공한 것은 아니지만, 그렇다고 어느 날 갑자기 솟아오른 것도 아니다. 인스타그램이 나오기 전이나 나온 후에도 구글이나 페이스북에서 제공하는 사진 업로드 및 공유 서비스는 물론이고, 이와 비슷한 사진 필터링 및 공유 서비스는 엄청나게 많았다. 픽피즈(PicPiz), 패스(Path), 플리커(Flickr), 힙스타매틱(Hipstamatic) 등도 인스타그램과 아주 유사하고 인기가 많은 애플리케이션이었다. 그런데 왜 유독 인스타그램이 다른 서비스들을 제치고 영광의 자리에 오른 것일까?

첫째, 심플한 사용자 인터페이스(user interface, UI) 덕분이다. 오직 사진을 찍고, 필터를 입히고, 페이스북과 트위터 등을 통해 공유하는 것을 용이하게 하는 데만 집중했다.

둘째, 창업자 케빈의 지도교수인 클리퍼드 나스(Clifford Nass)가 이야기한 대로 '디자인과 심리학의 승리'였다. 이는 공동창업자인 마이크 크리거가 심리학과 언어학, 철학의 종합 학문인 신호체계를 전공한 것과 무관하지 않다. 그래서 인스타그램은 아이콘 디자인에서 UI 디자인, 그리고 각 필터에 붙인 감각적인 이름들까지 세세하게 신경을 쓴 흔적이 보인다.

셋째, 사진이 멋있게 나오도록 하는 필터 효과와 그것이 확산될 수 있게 한 '타이밍'이다. 아이폰3의 카메라도 좋았지만 아이폰4가 출시되면서 아이폰으로 찍은 사진의 품질이 월등히 좋아졌고, 이를 인스타그램의 필터를 적용해서 올리면 전문사진가가 비싼 카메라로 찍은 것에도 뒤지지 않을 정도의 그럴듯한 느낌을 준다.

그 외에 핵심적인 성공 요소는 아닐지라도, 사진이 정사각형으로 나오게 한 것도 뛰어난 아이디어였다. 아이폰으로 사진을 찍으려면 보통 옆으로 돌려서 가로로 찍게 된다. 사진이 세로로 길게 나오면 컴퓨터에서 봤을 때 비율이 안 맞고 이상하기 때문이다. 그렇다고 매번 아이폰을 가로로 돌려서 찍자니 그것도 꽤나 귀찮은 일이다. 인스타그램을 이용하면 이런 불편이 사라진다. 굳이 가로로 돌려서 찍지 않아도 모든 사진이 정사각형으로 나오기 때문이다.

안드로이드 버전이 출시되고 페이스북 인수 소식이 퍼져나가면서 인스타그램의 사용자 수는 10일 만에 3천만 명에서 4천만 명으로 늘어났다. 하루에 무려 100만 명씩 새로 가입한 것이다. 직원 열한 명짜리 회사의 가치가 약 1조 1천억 원으로 책정되었으니, 1년 반 만에 한 명당 약 1천억 원의 가치를 만들어낸 셈이다.

이처럼 인스타그램의 이야기는 실리콘밸리 스타트업 성공신화의 상징이다. 이런 신데렐라 스토리가 더욱더 많은 돈과 인재를 실리콘밸리로 끌어들인다. 이것이 바로 미국 경기가 휘청대고 유럽 경제가 암흑 속을 걸어도, 이곳 실리콘밸리는 호황인 이유이기도 하다.

가장 단순하고 우아한 방법으로
최후의 승자가 되다

드롭박스의 창업 스토리

2012년 12월 드롭박스(Dropbox)는 사진 통합관리 서비스 회사인 스냅조이(Snapjoy)를 인수했다. 오디오갤럭시(Audiogalaxy)를 인수한 지 불과 일주일 만의 일이다. 한 달 전인 11월, 창업자 드루 휴스턴(Drew Houston)은 회사 블로그를 통해 드롭박스 사용자가 1억 명을 넘었다고 발표했다. 그는 이 블로그에서 드롭박스를 만든 계기도 설명했다.

오래전, 보스턴의 한 기차역에 USB 드라이브를 놓고 나왔다는 것을 알게 되었을 때, 드롭박스가 시작되었습니다. 지금도 이것이 운명인지 순전한 운인지 모르겠지만, 한 가지만은 분명합니다. 우리 각자에게는 저마다 드롭박스를 사용하는 특별한 이유가 있다는 것입니다.

드루 휴스턴은 SAT(Scholastic Aptitude Test, 미국의 대학입학 자격시험) 만점을 받고 MIT에 입학했다. 아버지는 하버드에서 학위를 받은 엔지니어였다. 보스턴 교외에서 자란 그는 다섯 살 때 IBM PC 주니어 컴퓨터를 만지기 시작했는데, 어머니가 한때 컴퓨터를 빼앗을 정도로 컴퓨터와 프로그래밍에 빠져 있었다고 한다. MIT에 진학한 후에도 코딩에 거의 모든 시간을 쏟아부으며 회사를 만들 결심을 했다.

그 회사가 바로 드롭박스다. 서로 다른 기기끼리 쉽게 파일을 공유할 수 있도록 하는 서비스를 제공하는 드롭박스의 회사가치는 2011년에 2억 5천만 달러(2,800억 원)를 투자받을 때 이미 4조 원이 넘었으니, 현재 가치는 그 이상일 것이다. 제품이 만들어진 지 4년 남짓밖에 되지 않았고, 2011년의 매출이 2억 4천만 달러(2,700억 원)이며, 유료 버전 사용자가 전체의 4퍼센트밖에 안 된다는 것을 감안하면 지나치게 높게 평가된 측면도 있지만, 드롭박스는 지속적으로 성장하고 있으며 갈수록 더 활발히 사용되고 있다.

새롭지 않아도 성공할 수 있는 방법

한때 아주 작고 편리한 저장공간을 제공했던 USB 드라이브는 드롭박스의 등장과 함께 골동품이 되고 말았다. 최근 몇 달 동안 일시적으로 큰 파일을 옮길 때를 제외하고는 USB 드라이브를 쓴 기억이 없다. 다른 컴퓨터나 스마트폰에서 공유할 필요가 있는 자료는 항상 드롭박스에 저장한다.

내가 처음 파일을 동기화해주는 툴을 찾아나선 것은 2009년의 일이다. 당시 맥북을 본격적으로 쓰기 시작했는데, 한동안 맥북과 윈도 랩탑을 동시에 쓰자니 파일을 옮기기가 불편했다. USB 드라이브나 구글 독스(Google Docs, 지금은 구글 드라이브로 이름이 바뀌었다) 또는 파일 백업 서비스나 이메일로 파일을 보내놓는 방법이 있었지만 다들 조금씩 불편했다. 사실 채 1분도 걸리지 않는 일이고 대단한 불편도 아니었다. 하지만 몹시 번거로웠다. 드루 휴스턴이 이야기한 대로, USB 드라이브 챙기는 것을 깜빡하거나 파일을 수정해놓고 잊어버릴 가능성도 있었다.

파일을 쉽게 동기화해주는 툴이 있을 것 같아 구글에서 검색을 해봤더니 올웨이싱크(AllwaySync), 굿싱크(GoodSync) 등의 서비스가 눈에 띄었다. 하지만 딱히 마음에 들지는 않았다. 그나마 마이크로소프트에서 제공하는 싱크토이(SyncToy)라는 툴이 괜찮아 보여 쓰기 시작했는데, 설정이 간단하지 않고 원하는 때에 바로 동기화가 되지 않아 아쉬웠다.

그러다가 드롭박스의 탄생 소식을 들었다. 나와 같은 불편함을 느낀 사람이 또 있었던 것이다. 실제로 써보니 무척 편리했다. 컴퓨터에 설치하면 '드롭박스'라는 폴더가 하나 생긴다. 어떤 파일이든 그 폴더에 넣는 순간 서버와 동기화되고, 드롭박스가 설치된 다른 컴퓨터와도 즉시 동기화된다(놀랄 만큼 빠르다). 덕분에 최근 파일을 관리하는 불편함이 완전히 사라졌다.

서로 다른 컴퓨터 사이에서 파일을 동기화해주는 기술 자체가 혁신적인 것은 아니다. 유닉스(Unix)와 윈도 컴퓨터에서 파일을 동기화해주는 아르싱크(RSync)라는 소프트웨어가 1996년부터 이미 존재했다. 아르싱크에 기반을 둔, 좀더 사용하기 쉽게 만들어진 소프트웨어도 스무 가지가 넘었다. '바이너리 비교 방식'을 쓰는데, 파일 전체를 매번 복사하는 것이 아니라 서로 다른 부분만 찾아내 업데이트하는 기술이다.

어찌 보면 드롭박스의 기술 자체는 그다지 새로울 것이 없다. 그런데 어떻게 창업 4년 만에 기업가치가 4조 원을 넘어서고, 1억 명 이상이 사용하는 소프트웨어가 되었을까?

몇 가지 측면에서 드롭박스의 성공 요인을 분석해보았다.

첫째, 사용자 인터페이스가 좋았다. 기존의 소프트웨어는 대부분 특정 폴더를 동기화하기 때문에 어떤 폴더를 동기화할 것인지 설정하는 과정을 거쳐야 했다. 아주 간단함에도 불구하고, '설정'이라는 말 자체가 여전히 많은 사람에게 복잡하게 느껴진다. 드롭박스에는 그 과정이 없다. 설치하면 '내 문서' 아래에 새로운 폴더가 생기고, 그 다음부터는 파일을 그 폴더에 드롭(drop)하기만 하면 된다. 이보다 더 쉬울 수 있을까. 게다가 동기화가 끝난 파일이나 폴더에는 예쁘게 '체크' 표시가 되어 내 파일이 확실하게 서버에 저장되었는지 즉시 알 수 있다.

둘째, 모든 스마트 기기를 지원했다. 윈도나 리눅스, 유닉스 컴퓨터 사이에 파일을 동기화해주는 소프트웨어는 많았지만, 드롭박스만큼 모든 스마트 기기를 함께 지원하는 서비스는 없었다. 2008년부터 사람들이 본격적으로 스마트폰을 쓰기 시작하면서 사진, 음악, 문서 등을 여러 기기에서 동시에 접근하고 싶어 했다. 애플 제품만 쓰는 사람이라면 돈을 내고 모바일미(Mobile Me) 서비스를 이용하면 되지만, 다양한 기기를 쓰는 사람들은 만족할 만한 방법을 찾지 못하고 있었다.

셋째, 무료였다. 기존의 무료 소프트웨어는 사용하기가 불편했고, 사용이 편리하면 월정액 요금을 내야 했다. 드롭박스는 2기가바이트까지 저장공간을 무료로 제공했다. 그래서 다른 소프트웨어보다 더 빨리 대중화될 수 있었다.

더 빨리, 더 많은 사람의 눈에 띄는 법

그런데 이런 장점들을 갖춘 소프트웨어가 그 당시 드롭박스밖에 없었을까? 분명히 비슷한 고민을 하는 사람과 경쟁 서비스도 많았을 것이다. 하지만 드롭박스는 빨리 퍼져나갔다. 사람들의 눈에 더 많이 띄었고, 더 많은 사람이 가입했다. 거기엔 어떤 이유가 있었을까?

일단 서비스의 이름이 탁월했다. 기존의 서비스들은 '동기화'라는 의미의 '싱크(sync)'를 붙여서 이름을 지었는데, 컴퓨터에 능숙한 사람들에게는 쉽게 와닿는 용어지만 일반인들에게는 낯설고 기억하기도 쉽지 않은 말이다. '드롭박스(drop box)'는 원래 우체국이 문을 닫은 시간에도 소포를 접수할 수 있도록 우체국 앞에 설치해놓은 통을 의미한다. 그래서 사람들은 '드롭박스'라는 말을 듣는 순간 그 우체통을 떠올리고, 자신의 파일을 그 '드롭박스'에 던져놓는 장면까지 연상하게 된다.

다음으로는 투자회사 Y콤비네이터(Y Combinator)의 역할이 컸다. Y콤비네이터가 투자했다는 사실만으로도 많은 사람의 이목을 끌 수 있었다. 2012년 4월 기준으로, Y콤비네이터에서 투자한 회사들의 총 기업가치가 78억 달러(9조 원)라고 하니, 폴 그레이엄(Paul Graham)이 만든 이 스타트업 인큐베이터가 실리콘밸리에 미친 영향은 실로 대단한 것이다. 드루 휴스턴이 처음 회사를 시작할 때 Y콤비네이터에 투자를 신청했는데, 지금 드롭박스는 이 회사가 투자한 400개 이상의 스타트업들 중 가장 성공적인 회사로 꼽힌다.

2007년 4월 휴스턴이 제출한 투자신청서의 내용이 참 재미있다. 아래에 몇 부분을 인용한다.

Q 무엇을 만들려고 하는가?

A 드롭박스는 서로 다른 컴퓨터 간 파일들을 동기화합니다. 모든 것이

자동으로 이루어지며, 사용자가 작업하는 방법을 바꿀 필요가 없기 때문에 업로드하거나 이메일을 쓰는 것보다 낫습니다. 서브버전(Subversion), 트랙(Trac), 아르싱크를 모두 합쳐 가장 좋은 점만 뽑아서 일반인들이 쓸 수 있게 만든 제품입니다. 전문가들은 이런 도구들을 쓰고 있지만, 대부분의 사람들은 모르고 있지요.

Q 3개월 후에 매각 제의를 받는다면, 최소 얼마면 받아들이겠는가?
A 아이디어가 어디까지 발전해 나갈지 궁금하긴 하지만, 6개월 동안 작업한 것에 대해 누군가가 100만 달러(11억 원)를 주겠다고 하면 거절하기 힘들겠지요.

Q 재미있다고 생각하는 것 한 가지를 말해보라.
A 사람들이 문서 버전 관리를 위해서 'proposal v2 good revised NEW 11-15-06.doc'와 같이 복잡한 파일 이름을 붙이는 것을 보면 웃음이 나와요.

이 신청서는 스타트업을 만든 경험을 바탕으로 낸 것이었지만 폴 그레이엄은 만족하지 않았다. 그는 드루 휴스턴에게 반드시 공동창업자가 있어야 한다고 조언했다. 휴스턴은 친구의 추천을 받아 이란계 MIT 학생인 아라시 페르도시(Arash Ferdowsi)를 만났다. 두 번째 만남에서 그들은 소위 '결혼'을 했고, 아라시는 졸업을 6개월 남기고 학교를 중퇴했다. 폴은 두 사람에게 15,000달러(1,600만 원)를 투자했고, 그들은 실리콘밸리로 이사해 드롭박스를 시작했다.

드롭박스의 또 다른 성공 요인 중 하나는, 누군가에게 드롭박스를 추천하면 용량을 추가로 주는 마케팅이다. 보통 2기가바이트까지는 공짜고 그 이상을 쓰려면 돈을 내야 하는데, 다른 사람에게 드롭박스를 추천해서 가입하면 두 사람에게 250메가바이트를 추가로 주는 것이다. 나도 이 프로모션 때문에 몇 명에게 추천을 했고, 덕분에 무료로 쓸 수 있는 용량이 늘어났다. 고객들 스스로 판매사원이 된 것이다. 이 프로모션을 시작한 후 15개월이 지나자, 사용자 수는 1만 명에서 400만 명으로 늘어났다. 지금도 상당수의 사용자(30퍼센트 이상)가 이 프로모션을 통해 유입된다고 한다.

이 모든 것이 드루 휴스턴의 유머감각으로 만든 '최소 가능 제품(Minimal Viable Product, MVP)' 덕분이었다. 이와 관련해 재미있게 읽은 글이 하나 있다. 실리콘밸리에서는 바이블처럼 여겨지는 책 《린 스타트업*The Lean Startup*》의 저자 에릭 리스(Eric Ries)가 '드롭박스, 최소 가능 제품'이라는 제목으로 〈테크크런치〉에 기고한 것이다.

휴스턴은 벤처캐피털로부터 투자를 유치하기 위해 부단히 노력하며 어렵게 배워나갔다. 투자자들은 미팅을 할 때마다 시장이 이미 기존 제품들로 포화상태고, 그 제품들 중 돈을 많이 버는 회사는 없으며, 그 회사들이 해결하려는 문제도 사람들에게는 그다지 중요하지 않다고 했다. 드루는 물었다. "그 다른 제품들을 써봤나요?" "예"라고 대답하면 그는 또 물었다. "부드럽게 작동하던가요?" 그 대답은 항상 "아니오"였다. 그렇지만 벤처캐피털리스트들은 드루의 비전을 이해할 수 없었다. 드루는 소프트웨어가 '마법처럼 작동하면' 사람들이 몰려들 것이라고 믿었다.

그리고 나서 드루가 한 일은 비디오를 만드는 것이었다. 제품이 아직 완성되지 않은 상태라 프로토타입을 이용했다. 그는 드롭박스를 이용하면 왜 USB 드라이브가 필요없는지, 윈도PC와 매킨토시 사이에서 파일이 얼마나 부드럽게 동기화되는지를 보여주었다. 그가 직접 이야기를 하며 제품을 설명하는 이 비디오를 보고 있으면 정말 빨려들어가게 된다.

그는 비디오에 얼리어답터들만 이해할 수 있는 유머를 넣어서 소셜미디어 사이트인 디그(Digg.com)에 올렸다. 수십만 명이 방문했고 75,000명이 베타사용자가 되기 위해 이메일 주소를 남겼다. 이 사례는 '스타트업 교훈(startuplessonslearned.com)'에 소개되면서 더 널리 알려졌고, '린 스타트업' 원칙을 적용한 가장 훌륭한 사례 중 하나로 꼽혀, 지금도 수많은 스타트업이 이와 비슷한 방법을 쓰고 있다.

끝없는 경쟁에서 마지막까지 살아남는 법

영화 〈소셜네트워크〉만큼이나 흥미진진한 드롭박스의 탄생과 드루 휴스턴의 이야기는 2011년 10월 《포브스*Forbes*》의 커버스토리로 소개되면서 유명해졌다. 꽤 긴 기사지만 시간을 들여 읽어볼 만한 가치가 있다. 몇 단락만 소개해보겠다. 첫 번째는 스티브 잡스와 드루 휴스턴이 만난 장면이다.

스티브 잡스는 드롭박스가 애플에게 중요한 자산이 될 것임을 예지했다. 그러나 휴스턴은 잡스의 말을 끊었다. 그는 큰 회사를 만들겠다고 결심한 상태이며, 어떤 사람이 어떤 가격을 제시하든 팔지 않겠다고 했다. 심지어 제시 가격이 수조 원대라도. 이 일이 있은 후, 얼마 지나지 않아 애플은 아이클라우드(iCloud)를 발표했다. 드루 휴스턴은 바짝 긴장했을 것이다. 그로부터 1년이 지났지만, 드롭박스는 여전히 매우 빠르게 성장하고 있다.

다음은 2008년 드롭박스가 추가 투자를 받기로 결정했을 때의 일이다.

드루 휴스턴은 4일에 걸쳐 실리콘밸리의 엘리트 벤처캐피털 일곱 개를 드롭박스의 샌프란시스코 사무실로 초대했다. 그리고 그 다음 주 화요일까지 조건을 제시하라고 했다.
그중 한 곳만 바로 연락이 왔고, 나머지 회사들은 월요일 자정까지 소식이 없었다. 전에 벤처캐피털리스트로 일했던 드롭박스의 한 직원이, 좀

미루든지 취소하자고 했다. 휴스턴은 대답했다. "화요일이라고 했잖아요. 아직 화요일이 안 됐어요."

그 다음 날 아침, 일곱 회사 모두가 투자하겠다고 찾아왔다.

이렇게 해서 드롭박스는 실리콘밸리에서 가장 명성이 높은 회사들, 즉 인덱스벤처스(Index Ventures), 세콰이어(Sequoia), 그레이록(Greylock), 벤치마크(Benchmark), 액셀(Accel), 골드만삭스(Goldman Sachs), RIT캐피털 파트너스로부터 2억 5천만 달러(2,800억 원)의 투자를 받았다. 기업가치는 40억 달러(4조 4천억 원)였다.

어떤 제품이든 시장에 나가는 순간, 어쩌면 나가기 전부터 치열한 경쟁에 맞닥뜨린다. 비슷한 제품이 이미 수없이 나와 있을 수도 있고, 경쟁자가 재빨리 모방해서 시장을 잠식하기도 한다. 드롭박스의 사례를 보다 보면, 그런 상황에서 살아남아 승자가 되는 방법을 배우게 된다.

마이크로소프트, 구글, 아마존, 애플 모두 이 시장에 관심을 가지고 있고, 드롭박스를 모방한 제품들(구글의 지드라이브, 마이크로소프트의 스카이드라이브 등)이 나와 있지만, 드롭박스는 이미 1억 명의 고객으로부터 강한 신뢰를 구축하고 있다. 실제로 내가 드롭박스를 사용한 지난 3년 동안, 단 한 번도 문제가 생기거나 불편을 겪은 적이 없다.

어떤 한 가지를 정말 잘하고, 오직 그 한 가지를 누구보다도 잘하기 위해 집중하는 회사를 다른 회사가 이기기는 정말 어렵다. 설사 큰 회사들이 끊임없이 공격해온다고 해도 말이다. 어쩌면 이것이 치열한 경쟁 속에서 살아남을 수 있는 가장 단순하면서도 우아한 방법이 아닐까.

빈 방을 빌려주는 아이디어로
1조 원의 회사를 만들다

에어비엔비의 플랫폼 스토리

여행자와 빈 방을 연결해주는 서비스로 1조 원의 기업가치를 인정받은 회사가 있다. 바로 에어비엔비(Airbnb)다. 2008년 〈테크크런치〉에 기사가 실리면서 세상에 널리 알려진 회사인데, 3년 만에 1억 달러(1,100억 원)의 투자를 받으면서 1조 원의 가치를 평가받았다. 투자를 받은 후 2년 정도 지났으니, 지금의 가치는 그 이상일 것이다.

에어비엔비는 '에어 베드 앤드 브렉퍼스트(Air Bed and Breakfast)'를 줄여서 만든 이름이다. '에어 베드'란 평소에는 접어두었다가 필요할 때 바람을 넣어서 쓰는 침대를 말하고, '베드 앤드 브렉퍼스트'란 말 그대로 하룻밤 묵을 침대와 아침식사를 제공해주는 숙소를 의미한다. 에어비엔비는 그 이름처럼 자기 집의 일부 또는 방 하나를 여행자에게 빌려주는 개인과 이를 이용하고자 하는 여행자를 연결해 주는 사이트다.

세상의 모든 방을 경험하는 서비스

내가 에어비엔비를 알게 된 건 2011년 2월 〈테크크런치〉의 '에어비엔비를 통한 예약 100만 일 도달'이라는 기사를 통해서였다. 마침 아이폰 애플리케이션을 다운받아놓고 한번 활용해봐야지 하던 차였다. 뉴욕의 유명한 스파 위층에 있는 방 하나짜리 집에서부터 나무 위에 지어진 집, 유럽의 성, 보트, 그리고 개인 소유의 섬에 이르기까지 세상의 모든 방을 에어비엔비에서 예약할 수 있다.

작년에 처음 이 서비스를 이용해보았다. 아내와 함께 주말을 이용해서 몬터레이(Monterey)와 카멜(Carmel-by-the-sea)에 다녀오려고 호텔을 찾고 있었는데, 마음에 드는 호텔은 대개 300달러(33만 원)를 넘는데다 예약도 쉽지 않았다. 그때 에어비엔비가 떠올라서 검색을 해보았다. 정말 매력적인 곳이 많았다. 몇 개를 살펴보던 중 한 집이 눈에 띄었다. 바다에서 아주 가까운 곳에 위치한 집이었는데, 집주인이 자신에 대해 아주 자세히 설명해놓아 신뢰가 갔고, 무엇보다 40여 개의 리뷰 내용이 모두 좋았다.

예약을 했더니 즉시 집주인 에리카(Erica)로부터 간단한 이메일이

왔다. 자신들에 대한 간략한 소개와 함께 주차를 어떻게 하면 좋은
지 알려주는 내용이었다. 도착 당일에는 밝고 친절한 목소리의 에리
카가 직접 전화를 해서 별 문제가 없는지, 언제 도착하는지 물어왔
다. 6시쯤 도착한다고 말해두고 근처 식당에 가서 저녁을 먹었다. 식
사를 마칠 무렵, 와인 사는 걸 깜빡했다는 생각이 났다. 가는 길에
마켓에 들러서 사갈까 하다가, 밑져야 본전이라는 생각으로 에리카
에게 메시지를 보냈다.

나 : 집에 남는 와인이 있으면 제게 파실래요? 와인 가져오는 걸 깜빡했

　　는데 근처에서 와인 파는 곳을 찾을 수가 없네요

에리카 : 물론이죠. 어느 정도 가격대, 어떤 종류의 와인을 좋아하세요?

나 : 고마워요! 15~20달러면 적당할 것 같고, 멜롯 품종이 좋겠어요.

에리카 : 제가 하나 사다놓죠.

집에 도착하니 식탁 위에 내가 원하던 와인과 와인잔 두 개, 와인
따개가 놓여 있었다. 그리고 깨끗한 침대, 수건, 손님용 샴푸와 비누,
깨끗한 접시들…… 무엇 하나 나무랄 것이 없었다. 우리만의 정원이
있었고, 우리에게 빌려준 게스트룸이 에리카의 하우스와 꽤 떨어져
있어서(엄청나게 큰 집이었다) 프라이버시도 보장되었다. 집을 나와서
1분 정도 걸으니 아름다운 바다가 눈앞에 펼쳐졌다. 분명 특별한 경
험이었다.

또 한 번 우리를 감동시킨 것은 아침식사였다. 다음 날 아침 몇 시에, 무엇을 먹고 싶은지 적어서 밖에 걸어놓으면 준비해주겠다고 하기에 체크해놓고 잤는데, 정말 내가 원하는 시간에 정확히 토스트와 시리얼, 스크램블에그 그리고 자몽을 곁들인 아침식사를 가져다주었다 .

그렇게 기분 좋은 추억을 만들고 집에 돌아와서 보니 에리카로부터 이메일이 와 있었다. 나에 대해 호의적인 리뷰를 남긴 것이다. 나 역시 긍정적인 리뷰를 전달했다.

이런 서비스를 이용하려 할 때 제일 먼저 드는 생각이 있다. '집주인(또는 집을 빌리는 사람)이 나쁜 사람이면 어떡하지? 과연 안전할까?' 에어비엔비가 사람들에게 사랑받는 이유는 바로 이 문제를 해결했기 때문이다. 다음의 세 가지 시스템을 통해서.

우선, 집주인의 프로필을 공개한다. 집 소개 페이지 옆에는 항상 집주인의 프로필이 사진과 함께 올라와 있다. 예를 들어, 에리카는 자신이 졸업한 고등학교와 대학교도 공개했다. 물론 이것만으로 충분치는 않다. 그래서 두 가지 장치가 더 있다. 하나는 집을 이용했던 사람들의 리뷰로, 에어비엔비를 통해 거래를 한 실제 회원과 고객들만 올릴 수 있기 때문에 조작 가능성이 낮다.

또 한 가지는 페이스북 정보 연동이다. 집주인이 페이스북으로 로그인을 하면 페이스북의 프로필 정보가 에어비엔비로 옮겨지게 돼 있는데, 이 정보를 볼 수 있다. 반대 상황에서도 마찬가지다. 에어비엔비에서는 방을 찾는 사람 역시 페이스북 로그인을 하도록 권장해서 페이스북 프로필이 서로 공개되도록 유도하고 있다.

페이스북 프로필의 가장 중요하고 큰 힘은 정보의 정확도가 높다는 것이다. 페이스북에 친구가 한 명도 없는 사람이 아닌 이상, 프로필 페이지에 거짓 정보를 올릴 가능성은 아주 낮다. 에어비엔비에서는 바로 이 정보를 활용해서 '상호 신뢰 문제'를 해결한다. 이것이 '새로운 플랫폼'의 힘이다. 페이스북이 없던 시절에는 정말 해결하기 어려웠던 신뢰의 문제가 페이스북 플랫폼 덕분에 상당부분 해소된 것이다.

'라면 프로피터빌리티' 정신으로 이룬 성공

에어비엔비의 시작은 순탄치 않았다. 대부분의 투자자가 등을 돌렸고, 심지어 이 회사에 처음 투자했던 Y콤비네이터의 폴 그레이엄조차 아이디어를 마음에 들어하지 않았다고 한다. 그런데 어떻게 2010년 한 해 동안에만 800퍼센트의 성장을 이루고, 2012년 6월에는 누적 1천만 일의 예약을 중개할 수 있었을까?

에어비엔비에 대해 조사하면서 흥미로운 사실들을 발견했다. 창업자 브라이언 체스키(Brian Chesky)와 조 게비아(Joe Gebbia)는 미국에서 가장 유명한 디자인학교 중 하나인 로드아일랜드 디자인스쿨에서 만났다. 한국의 입학 연도로 치면 브라이언은 99학번, 조는 00학번이다. 조가 먼저 창업을 제안했고 브라이언이 뒤따랐다.

두 사람은 함께 디자인 컨퍼런스에 참석하기 위해 샌프란시스코로 갔는데, 호텔이 모두 동이 나 묵을 곳을 찾지 못했다. 게다가 돈도 없었다.

그때 돈을 조금이라도 벌어보자는 심산으로, 아파트를 빌린 후 위층 남는 공간에 '공기침대(air bed)'를 두고 다른 여행자에게 빌려주기로 했다. 그들은 며칠 만에 '에어베드 앤드 브렉퍼스트'라는 웹사이트를 만들어 컨퍼런스에 참석한 사람들에게 알리기 시작했다. 이 웹사이트가 유용하다고 생각했는지, 컨퍼런스 주최 측이 소식지를 통해 웹사이트를 홍보해주었다. 그들처럼 호텔을 못 구해 발을 동동 구르던 사람들에게서 연락이 오기 시작했다.

여행자들을 호스트하면서 돈도 벌었지만, 전세계에서 온 흥미로운 사람들을 만나 같이 이야기하며 정말 즐거운 시간을 보냈다. 기존의 '민박' 방식이 아닌, 집주인과 게스트가 '집'이라는 공간을 통해서 만나 친구가 될 수 있다면, 진짜 사업이 될 수도 있겠다는 생각이 들었다. 그래서 본격적으로 웹사이트를 보강하고 사업을 시작했다. 또 한 명의 공동창업자 네이선 블레차르지크(Nathan Blecharczyk)도 영입했다.

여기까지만 들으면 에어비엔비가 단시간에 성공한 회사 같지만, 실제로는 전혀 아니다. 막상 사업을 시작했지만 두 사람이 먹고살기에도 벅찬 상황이었기 때문에 발로 뛰어 홍보를 하는 수밖에 없었는데, 좀처럼 트래픽이 늘지 않았다. 심지어 2008년에는 〈월스트리트저널〉과 〈테크크런치〉에도 소개되었지만, 별로 반응이 없었다. 일시적으로 트래픽이 증가하다가 시간이 지나면 곧 떨어지는 패턴이 반복되었다.

마켓플레이스를 만든다는 것은 그만큼 어려운 일이다. 방을 빌려주는 사람이 없으면 빌리려는 사람이 왔다가도 금세 돌아가버리고, 또 빌리는 사람이 별로 없으면 빌려줄 방을 올리지도 않는다. 전형적인 '닭과 달걀의 문제' 상황이다.

투자는 받지 못했고, 사람들은 찾아오지 않았다. 사용자가 별로 없으니 할 일도 없었다. 그래서 집을 호스트하는 고객들에게 뭔가 특별한 선물을 하나씩 보내주기로 했다. 그것이 바로 '오바마와 매케인 시리얼'이었다. 시리얼 상자에 오바마와 매케인의 캐리커처를 인쇄하고, 광고 음악과 비디오도 만들었다. 사람들은 이 기발한 선물에 흥미를 느꼈고, 시리얼 소개 페이지를 각자의 SNS를 통해 다른 사람들에게 알리기 시작했다.

그때 이 시리얼을 1만 개쯤 팔면 돈을 벌 수도 있겠다는 생각이 들었다. 그러려면 시리얼 포장 박스를 대량으로 인쇄해야 하는데 돈이 없었다. 이미 한도가 5천 달러(550만 원)인 카드 네 개를 모두 사용해서 2만 달러(2,200만 원)를 쓴 상황이었다. 다행히 이 사정을 알게 된 인쇄소 주인이 오마바 500장, 매케인 500장을 무료로 인쇄해주겠다고 했다.

그들은 근처 슈퍼마켓에 가서 시리얼을 몽땅 샀다. 그리고 웹사이트를 통해 하나당 25달러에 팔기 시작했다. 오바마 시리얼은 순식간에 동이 났고, 매케인 시리얼도 금세 팔려나갔다.

이렇게 해서 그들은 25,000달러(2,800만 원)를 모았고, 그 돈으로 월세를 해결할 수 있었다. 이 이야기는 에어비엔비가 성공한 후 널리 인용되면서 유명해졌고, 그때 팔았던 시리얼은 지금도 이베이(ebay)에서 거래되고 있다.

이처럼 고군분투하던 두 젊은이를 구출한 사람은 폴 그레이엄이었다. 그는 아이디어는 탐탁지 않지만 '오바마 시리얼' 이야기가 무척 마음에 든다면서, 두 사람은 어떤 상황에서도 바퀴벌레처럼 살아남을 거라면서 투자를 결정했다(이 투자는 Y콤비네이터가 지금까지 해온 400개 이상의 투자 중 가장 성공한 사례의 하나로 꼽힌다).

폴이 해준 첫 조언은 "빨리 라면을 사먹을 수 있을 만큼의 돈을 벌어라"였다. 일주일에 1천 달러(110만 원)를 벌면 아파트에서 쫓겨나지 않고 라면을 사먹을 수 있다는 계산이 나왔다. 일주일에 1천 달러 벌기. 이것이 그들의 첫 번째 사명이었다.

'라면 프로피터빌리티(Ramen Profitability)'는 폴 그레이엄의 '스타트업을 위한 열세 가지 조언' 중 아홉 번째에 등장하는 말이다. 나이가 들수록, 부양할 가족이 늘어날수록 '라면 프로피터빌리티'를 위한 돈이 더 많이 필요하게 된다. 두 창업자는 아직 싱글이었고, 라면만 먹으면서도 살 수 있을 만큼 젊고 건강하고 자신감이 있었다. 그래서 무려 3년 동안 수입이 없어도 꿈을 믿고 자신들의 아이디어에 집중할 수 있었던 것이다.

어느 날 폴이 브라이언과 조에게 물었다.

수입이 없어 라면으로 끼니를 때우며 일하는 이들에게 뉴욕으로 가라니…… 그러나 두 사람은 폴의 조언에 따랐다.

뉴욕에서 그들은 두 가지 중요한 임무를 수행해야 했다. 하나는 뉴욕의 저명한 투자자 프레드 윌슨(Fred Wilson)을 만나는 것이었고, 또 하나는 고객을 만나 그들의 이야기를 듣는 것이었다. 고객들이 웹사이트를 어떻게 이용하고 있는지, 불편한 점은 무엇인지 물어보고, 그들의 제안을 즉시 받아들여 하루 만에 수정해서 보여주기도 했다

(브라이언과 조가 여행하는 동안 네이선은 샌프란시스코에서 코드를 고치고 있었다). 고객들은 열광했다.

한편 그들은 또 한 명의 중요한 사람을 만났다. 맨해튼에 멋진 아파트를 가진 그 사람은 에어비엔비의 아이디어를 마음에 들어했고, 곧 자신이 여행하는 동안 집 전체를 빌려주겠다고 사이트에 올렸다. 이것이 에어비엔비의 사업모델을 바꿔놓았다. 그 전에는 자신의 집 일부만 빌려주는 사람들이 이용하는 서비스였는데, 이제 집 전체를 빌려주는 사람도 이용하게 된 것이다.

이 집 덕분에 웹사이트의 트래픽이 급증하기 시작했다. 이어서 또 다른 사람들이 자신의 뉴욕 집을 사이트에 올렸다. 그리고 그 집을 이용했던 여행자들이 자신의 도시 또는 나라로 돌아가서 자기 집을 사이트에 올렸다. 유럽의 오래된 집과 성, 대저택 등이 올라오기 시작했고, 드디어 2010년 7월 〈뉴욕타임스〉에 기사가 실렸다. 본격적으로 주목을 받기 시작한 것이다.

자신의 삶을 개선하는 것에서 창업은 시작된다

1천 일 동안 '슬픔의 참호'를 견디고 마침내 주목을 받게 된 회사, 에어비엔비는 폴 그레이엄의 스타트업 조언 중 네 번째 항목인 '고객 이해하기'의 대표적인 사례라 할 수 있다.

스타트업에 의해 창출되는 부는 사각형으로 표현할 수 있다. 한 축은 사용자의 수고, 다른 한 축은 그들의 삶을 얼마나 개선했는가다. 두 번째 축이 바로 당신이 제어할 수 있는 영역이다. 사실 첫 번째 축은 당신이 두 번째 축에서 얼마나 잘했는가에 의해 좌우된다. 문제를 해결하는 것보다 더 어려운 것은 사용자들에게 부족한 것이 무엇인가를 아는 것이다. 그것을 더 잘 이해할수록 문제를 더 잘 해결할 수 있게 된다. 그것이 바로 많은 성공적인 스타트업이 창업자 자신들의 문제를 해결하는 과정에서 생겨난 이유다.

에어비엔비는 이렇게 고객의 수를 늘리는 동시에 그들의 삶도 개선해 나갔다. 그리고 고객들을 직접 만나 그들이 원하는 것이 무엇인지 정확히 이해하고자 애썼고, 그 결과 짧은 시간에 엄청난 새로운 가치를 창출해냈다.

회사에서 점심시간에 한 동료가 내 자리로 찾아왔다. 독립기념일 주말에 여행을 가려고 알아보던 그는 어린아이가 있어서 부엌과 세탁기가 있는 곳을 찾아야 했는데, 모텔에 전화해보니 부엌이 있긴 하지만 아이가 시끄럽게 하면 다른 손님에게 방해가 되므로 받아줄 수 없다고 했다. 그때 마침 나에게 들은 에어비엔비 경험담이 생각나서 사이트를 방문해 하루 100달러(11만 원) 정도에, 크고 멋진 집의 방 하나를 예약했다고 한다. 부엌과 세탁기를 마음껏 이용할 수 있는 조건으로.

민박은 수천 년 전부터 존재해온 사업이다. 즉, 에이비엔비의 비즈니스모델은 누구도 생각하지 못한 새로운 것이 아니었다. 하지만 기존의 서비스가 안고 있는 문제점을 새로운 기술과 플랫폼으로 해결해 나가고, 보다 많은 사람이 더 편리하고 안전하게 이용할 수 있도록 개선시킨 이들의 '고객 이해하기'는 정말 흥미롭다.

이제부터 휴가 때는 에어비엔비의 사이트를 방문해서 방을 예약해보시라. 당신의 특별한 휴가에 더 특별한 경험을 더해줄 것이다.

전세계에 '클라우드'라는 트렌드를 유행시키다

세일즈포스닷컴의 역발상 스토리

최근 기업용 소프트웨어 시장에서 가장 '핫(hot)한' 회사는 어디 일까? 클라우데라(Cloudera), 박스넷(Box.net), 아사나(Asana), 센차 (Sencha), 퀼트릭스(Qualtrics), 스퀘어(Square), 워크데이(Workday) 등 많은 회사가 거론될 것이다. 하지만 나는 주저없이 CRM 소프트웨 어 분야에서 세계 2위의 점유율을 차지하고 있는 세일즈포스닷컴 (Salesforce.com)을 꼽는다.

세일즈포스는 이 분야에서 가장 공격적이고 빠르게 성장하는 회 사이자, 가장 많은 사람의 주목을 받는 회사다. 개성이 강한 CEO 마크 베니오프(Marc Benioff)는 종종 스티브 잡스에 비견된다. 실제로 그는 "스티브 잡스가 언제나 비저너리(visionary)로서 나에게 미래를 그려준 것처럼, 세일즈포스닷컴은 기업 고객을 위해 스티브 잡스의 역할을 해야 합니다"라고 말하기도 했다.

2013년 세일즈포스닷컴은 애널리스트들의 예상치를 살짝 뛰어넘은 8억 3,500만 달러(9,300억 원)의 1분기 실적을 발표했다. 주가는 2013년 3월 13일 기준 180달러(20만 원)로 사상 최고치를 기록하며 기업가치가 무려 265억 달러(29조 원)로 상승했다.

몇몇 애널리스트는 주가 예상치를 315달러(35만 원)로 상향 조정했다. 2012년의 영업손실이 무려 2억 7천만 달러(3천억 원)나 발생했는데도 말이다. 그 손실 때문에 EPS(주당순이익)는 2013년 3월 13일 기준으로 -1.90이다. EPS가 마이너스인데 기업가치가 29조 원에 달한 회사는 아마도 아마존 말고는 없지 않을까 싶다. 소프트웨어 회사 중에서는 세계 5위에 해당하는 규모다.

이렇듯 과도한 주가 상승이 계속 유지될 수는 없을 거라며 우려하는 사람도 적지 않다. 그럼에도 불구하고, 투자자들은 세일즈포스의 지분을 소유하기 위해 베팅을 하고 있다. 언젠가 제2의 오라클이 되리라고 기대하는 사람들도 있다(오라클의 현재 기업가치는 1,680억 달러, 우리돈으로 180조 원이다). 세일즈의 귀재 래리 엘리슨(Larry Ellison)이 30여 년에 걸쳐 쌓아온 업적을 15년 역사의 세일즈포스닷컴이 쉽게 뛰어넘을 수는 없겠지만, 그 성장이 오라클에게 위협이 되고 있는 것만은 분명하다.

우선 세일즈포스닷컴이 보유한 제품 이야기를 해보자. 그 이름에서 알 수 있듯, 세일즈포스의 제품은 세일즈맨들을 위한 소프트웨어다. 영업하는 사람들에게 가장 유용한 기능은 무엇일까? 첫 번째는 고객 정보 저장하기, 두 번째는 고객과의 약속 관리하기, 세 번째는 고객과 만나서 했던 이야기와 통화 내용 등 정리하기, 마지막은 영업실적 한눈에 보기 기능이다. 이 기능들에 더해 분기별, 연간 예상 실적까지 계산해서 보여줄 수 있으면 금상첨화다. 세일즈맨들이 일상적으로 수행하는 이 모든 활동을 가리켜 고객관계관리, 즉 CRM(Customer Relationship Management)이라고 한다.

CRM을 잘하기 위해 반드시 소프트웨어가 필요한 것은 아니다. 그런 프로그램이 전혀 없었을 때도 세일즈맨들은 수첩으로 고객을 관리했고, 엑셀(Excel)이 등장한 후에는 이를 활용해서 보다 편리하고 체계적으로 고객관리를 했다. 1990년대부터는 CRM을 위한 전용 소프트웨어를 만드는 회사들이 생겨났다. 대표적인 회사로 시벨 시스템스(Siebel Systems)를 들 수 있다. 이 회사는 1993년에 설립되어 2002년에는 전체 CRM 시장의 45퍼센트를 차지했고, 2006년 오라클에 58억 달러(6조 4천억 원)에 인수되었다.

오라클은 CRM 소프트웨어 시장을 장악한 시벨시스템스를 소유함으로써 이 시장에서 최고의 점유율을 유지하고 있었다. 그러나

1999년에 설립된 세일즈포스닷컴이 부상하면서 상황이 달라지기 시작했다. 처음에는 오라클이나 SAP 등의 큰 회사들은 별로 신경을 쓰지 않았지만, 회사가 점차 커지기 시작하면서 위협적인 존재로 부상했다. 10여 년이 지난 지금은 오히려 전세가 역전되어, 기존의 강자들이 세일즈포스닷컴을 이기기 위해 고전하는 상황에 이르렀다. 가트너(Gartner)의 통계에 따르면, 2011년 세일즈포스는 연매출 2조 원 이상을 기록하면서, 오라클을 제치고 CRM 시장에서 SAP에 이어 2위로 등극했다.

클라우드 컴퓨팅이란 무엇인가

'클라우드 컴퓨팅(Cloud Computing)'이라는 말은 오래전부터 존재했다. 1982년 네 명의 스탠퍼드대학 졸업생이 선마이크로시스템스(Sun Microsystems)를 창업할 무렵, 그들이 품었던 비전이 바로 클라우드 컴퓨팅이었다. 공동창업자인 스콧 맥닐리(Scott McNealy)는 당시부터 '앞으로 모든 개인 단말기는 아주 단순해질 것이고 모든 정보가 서버에 저장될 것'이라고 주장하면서, 서버 개발에 집중 투자해 그에 필요한 기술을 만들어왔다. 그런 그가 세상에 퍼뜨린 말이 있다. "네트워크가 컴퓨터다(The Network is the Computer)!"

물론 세상은 그의 말대로 되지는 않았다. 지금의 랩탑과 스마트폰은 그 어느 때보다도 강력한 기능으로 무장하고 있다. 하지만 점점 더 많은 정보가 서버에 저장되고 있는 것 또한 사실이다.

이 개념 자체는 전혀 새로울 것이 없다. 원래 기업용 소프트웨어의 경우, 정보는 모두 기업 소유의 서버에 저장된다. 오라클과 SAP의 제품도 그런 모델이었다. 그런데 세일즈포스는 여기에서 더 나아가 모든 정보를 기업 소유의 서버가 아닌, 세일즈포스가 소유한 서버에 저장한다는 점에서 다르다. 그리고 바로 이 서버를 단순화시켜 '클라우드'라고 부른다. 일정 수준 이상의 속도를 보장하고 데이터 안정성을 높이기 위해, 이런 서버들을 세계 도처에 설치했다.

사실 '클라우드'라는 단어는 들을 때마다 애매하다. 구체적인 개념을 가리키는 말이 아니라, 구체적인 기술을 뭉뚱그린 상위개념이기 때문이다. 그보다는 서비스형 소프트웨어(SaaS, Software as a Service), 서비스형 플랫폼(PaaS, Platform as a Service), 서비스형 인프라(IaaS, Infrastructure as a Service) 같은 말들이 훨씬 구체적이다.

- SaaS : 이메일이나 게임 등의 소프트웨어를 개인 또는 기업이 소유권을 갖고 설치해서 쓰는 대신, 매월 또는 매년 일정 사용료를 내고 사용하도록 제공하는 방식. 구글 드라이브를 비롯해 우리가 알고 있는 대부분의 '클라우드' 제품이 이에 해당한다.
- PaaS : 데이터베이스와 웹서버 등 다른 소프트웨어를 구동하는 데 필요한 플랫폼을 사용료를 받고 제공하는 서비스다.

- IaaS : 소프트웨어나 플랫폼보다 더 하단에 있는 인프라를 제공하는 서비스. 웹호스팅 업체나 스토리지 서비스 업체들이 여기에 해당한다. 아마존이 이 분야의 강자다.

스타트업이 공룡기업을 공략한 방법

이야기가 다소 기술적으로 흘렀는데, '브라우저 기반' 소프트웨어를 클라우드 서비스라고 보면 간단하다. 개인들은 오래전부터 이런 서비스에 익숙했지만, 기업용 소프트웨어 시장에서 클라우드형 서비스는 그동안 몇 가지 이유로 도입되지 못하고 있었다.

첫째, 기업들은 원래 데이터를 외부 업체가 가지고 있는 것을 극도로 꺼려한다. 고객의 연락처 및 고객별 매출 정보, 직원 개개인의 연봉과 성과 정보를 다른 회사에 넘긴다는 것은 상상조차 할 수 없는 일이었다. 바로 이 점 때문에 대부분의 기업은 클라우드 서비스를 사용하는 대신 서버를 직접 소유하고, 거기에 필요한 소프트웨어를 구입해서 써왔다.

둘째, 속도와 안정성을 보장하기 어려웠다. 중요한 고객과의 미팅 후 결과를 바로 입력하려고 하는데 인터넷 연결이 안 되거나 속도가 느리다면, 월간 매출보고서를 확인하려고 하는데 브라우저가 버벅대 수십 초씩 기다려야 한다면 낭패가 아닐 수 없다.

이런 점들 때문에 나 역시도 세일즈포스닷컴의 비즈니스에 반신 반의했다. MBA 인턴십을 구하던 시절, 다른 학생들과 함께 샌프란 시스코의 세일즈포스닷컴 본사를 방문할 기회가 있었다. 그때 제품 을 보고 직원들로부터 자세한 설명을 들었지만, 내 머릿속에는 여전 히 '과연 될까?' 하는 의구심이 있었다.

하지만 세일즈포스닷컴은 결국 앞의 두 가지 문제를 해결했고, 세 계 5위의 소프트웨어 회사가 되었다. 첫 번째 문제는 오랜 시간에 걸 쳐 기업의 신뢰를 얻는 방식으로 해결했다. 자사의 정보를 절대로 외 부 업체에 보관하려고 하지 않던 기업들도 시간이 지나면서 아무런 문제가 발생하지 않자 조금씩 마음을 열기 시작했다. 두 번째 문제는 기술이 발전하면서 자연스럽게 해결되었다. 일단 인터넷 접속 속도 자체가 훨씬 빨라졌고, 브라우저의 성능도 크게 향상되었다. 그리고 에이잭스(Ajax) 기술의 발전 덕분에 브라우저에서도 마치 설치형 소 프트웨어를 쓰는 것처럼 느껴질 정도로 좋아졌다. 세일즈포스닷컴 은 이 기술에 더해 처음부터 다중공유(Multi-tenancy) 기반으로 설계 해 비용을 낮추고 성능을 높였다.

지금이야 이런 개념들이 친숙하고 쉽게 납득이 되지만, 1999년 당 시에 기업들을 대상으로 이를 설명하고 설득하기란 결코 쉽지 않았 을 것이다.

"소프트웨어가 아닙니다(No Software)."

창업자 마크 베니오프가 당시 기업들을 설득하기 위해 만들어낸 말이다. 소프트웨어 회사가 자신들의 제품은 소프트웨어가 아니라고 말하다니, 〈개그콘서트〉에서 갸루상이 "사람이 아니므니다"라고 말하는 것과 맞먹는 수준이다. 얼핏 들으면 무슨 말인지 알 수 없지만, 그 의미를 살펴보면 다음과 같다.

"당신들은 이제 더 이상 소프트웨어를 살 필요도, 설치할 필요도, 관리할 필요도 없습니다. 나아가 소프트웨어가 무엇인지조차 신경 쓰지 않아도 됩니다. 브라우저를 띄우고, 우리 제품을 사용하기 시작하는 순간 모든 일이 해결됩니다."

세일즈포스닷컴이 채택한 또 다른 전략은 규모가 큰 회사 대신 작은 회사들을 공략하는 것이었다. 큰 기업일수록 데이터를 외부 업체에 맡기는 것을 민감하게 생각해서 자체 전산실을 운영하기 마련이다. 하지만 직원이 50명 미만인 작은 회사들은 성장이 더 중요하기 때문에 상대적으로 '정보 보호'에 덜 민감하다. '성장'이 빠른 회사에서 정보는 한 달만 지나도 모두 무의미한 것이 되어버리기 때문이다. 게다가 그런 회사들은 전산실을 만들어 서버를 설치하고 소프트웨어를 구입하기가 쉽지 않았기 때문에 CRM 소프트웨어를 쓰기보다는 엑셀로 데이터를 관리하는 데 만족하는 상황이었다.

세일즈포스닷컴은 바로 이들에게 접근해서 직원 한 명당 월 60달러의 사용료만 내면 즉시 소프트웨어를 쓸 수 있고, 원하지 않으면 언제든 해지하면 그만이라고 홍보했다. 그리고 처음 한 달은 무료로 사용할 수 있게 했으며, 작은 회사들에게도 시간과 돈을 들여 고객 서비스를 제공했다.

직원 50명 미만의 작은 회사들은 SAP와 오라클 같은 거대기업에게는 잘 보이지 않는 시장이다. 세일즈포스닷컴은 이 시장을 차지하면서 성장하기 시작했고, CRM 분야에서 2위를 차지한 지금은 직원이 수십만 명에 달하는 큰 회사도 고객으로 삼고 있다.

그 전에도 '클라우드'를 외친 회사는 수없이 많았지만 그것으로 돈을 번 회사는 많지 않았다. 더군다나 조 단위의 연매출을 올린 회사는 없었다. 세일즈포스닷컴의 화려한 성장과 함께 '클라우드'는 시대의 유행어가 되었다.

마크 베니오프와 세일즈포스닷컴에 주목해야 하는 이유

이쯤에서 드라마보다 재미있는 세일즈포스닷컴의 창업자 마크 베니오프의 이야기를 살펴보자. 그는 원래 오라클의 직원이었다. 그것도 초창기 직원으로 가장 성과가 좋은 세일즈맨이었으며, 당시 연봉이 30만 달러(3억 3천만 원)에 달했던 오라클 역사상 최연소(26세) 임원이었다. 당연히 오라클 창업자 래리 엘리슨과 같이 지중해 요트 여행을 하고, 추수감사절을 함께 보냈으며, 더블데이트를 할 정도로 사이가 좋았다. CNN 기사로도 소개된 그의 이야기는 아주 흥미롭다.

마크는 열네 살 때 라디오색(RadioShack, 미국의 전자기기 소매체인점)

에서 시간을 보내며 컴퓨터 다루는 법을 배웠다. 고등학교 때는 컴퓨터 게임을 제작해서 팔았고, 그렇게 번 돈으로 도요타 자동차를 사고 대학(USC)에도 입학했다.

대학 졸업 후 첫 직장이 오라클이었다. 입사해서 처음 맡은 일은 무료 전화번호로 들어온 주문을 처리하는 것이었는데, 그의 실력은 금세 두각을 나타냈고 얼마 지나지 않아 래리 엘리슨이 아끼는 사람이 되었다. 스물세 살 때 '올해의 신입사원(Rookie of the Year)' 상을 받았고 3년 후에는 임원(VP)이 되었다. 도요타 대신 래리 엘리슨의 페라리보다 더 비싼 버전의 페라리를 타고 다녔다.

마크는 오라클에 있는 동안 프레젠테이션에서 탁월한 자질을 발휘했으며, 애플 스타일의 제품시연회를 열어 수많은 사람의 관심을 샀다. 하지만 워낙 튀는 스타일이라서 회사 내에 반대파가 많았다. "말만 잘하고 제품을 만들어 돈을 벌 줄은 모른다"는 비판을 받기도 했다. 그는 옆으로 밀려났고, 오라클의 주요 건물이 아닌 길 건너편 빌딩에서 곁다리 프로젝트를 맡아 진행했다. 물론 제대로 될 리 없었다. 그가 맡았던 프로젝트 중 하나가 오라클 브라우저였는데, 지금은 아무도 그 존재를 모르는 제품이 되었다.

불과 서른한 살에 부와 명성을 모두 거머쥔 그는 이내 방향을 잃고 말았다. 회사에서 6개월 간의 휴가를 얻어 하와이와 인도로 여행을 떠났다. 그곳에서 요가와 동양의 종교를 배운 그는 여행에서 돌아온 후 회사를 만들기로 결심했다. 그를 여전히 신뢰했던 래리 엘리슨은 새로운 회사에 200만 달러(22억 원)를 투자한 후 그 회사의 사외 이사가 되었다. 회사가 점점 모양을 갖추고 첫 고객이 생기자, 마크는 오라클에서 완전히 나와 자신의 회사에 전념했다.

이렇게 시작된 회사가 세일즈포스닷컴이다. 1999년에 출범한 이 회사는 2000년 500만 달러(55억 원)의 매출을 올렸으며, 2002년에는 5,200만 달러(580억 원)로 증가했다. 2004년에는 기업공개(IPO)에 성공하면서 기업가치가 1억 1천만 달러(1,200억 원)에 이르렀고, 2012년 말 기준 연매출은 20억 달러(2조 2천억 원)로 늘어났으며, 마크의 개인 재산은 22억 달러(2조 4천억 원)가 되었다.

래리 엘리슨이 캘리포니아에 1천억 원짜리 일본식 집을 지어 살고, 요트경기에 900억 원이 넘는 돈을 쏟아붓고, 지난해에는 수천억 원짜리 하와이 섬을 산 데 이어 이번에는 그 섬으로 비행기를 운항하는 항공사까지 사는 등 자신이 번 돈을 마음껏 쓰고 즐기는 것과 마찬가지로, 마크 베니오프도 자신이 원하는 곳에 돈 쓰기를 두려워하지 않는다. 얼마 전에는 페이스북의 초대사장이었던 숀 파커(Sean Parker)와 함께 다보스 포럼 참석자들을 위한 성대한 파티를 개최하기도 했다. 또한 오랜 시간에 걸쳐 자선단체에 큰돈을 기부해온 것으로도 유명한데, 2010년에는 자신의 아이가 태어난 샌프란시스코의 한 소아병원에 1천억 원을 기부했다.

세일즈포스닷컴은 세계에서 가장 빠르게 성장하는 회사 중 하나고, 많은 투자자가 장밋빛 미래를 예견하며 베팅하고 있지만, 위험 요소가 없는 것은 아니다. 무엇보다 기존 강자들의 움직임이 만만치 않다. 오라클은 세일즈포스닷컴에 CRM 분야 점유율 2위 자리를 내주었지만, CRM의 클라우드 버전을 내놓았다. 게다가 오라클의 기업 가치는 세일즈포스닷컴의 일곱 배인 1,720억 달러(190조 원)이며, 현금 보유액이 수십조 원에 달해 엘로콰(Eloqua) 등 세일즈포스를 위협할 만한 회사들을 끊임없이 사들이고 있다. 마이크로소프트와 SAP도 클라우드 기반 소프트웨어의 성장을 넋놓고 지켜보고 있지만은 않을 것이다.

게다가 세일즈포스닷컴의 주가는 거품이라고 할 정도로 많이 올랐다. 바로 여기에 위험 요소가 있다. 세일즈포스는 임원들에게 상당량의 주식으로 보상을 하고 있는데, 주가가 빠지기 시작하면 임원들의 연간 보수액이 큰 폭으로 줄어들 것이고, 그러면 주요 인재들이 이탈할 가능성이 있다. 좀더 두고봐야 알겠지만, 투자자들은 세일즈포스닷컴이 당분간은 지속적인 성장을 이룰 거라고 믿는 것 같다.

어쨌거나 세일즈포스닷컴의 성공은 스타트업이 SAP, 마이크로소프트, 오라클과 같은 거대 공룡기업을 효과적으로 공략하는 전략을 보여준다.

한국에서는 아직 클라우드 기반의 기업용 소프트웨어가 그다지 인기를 끌지 못하고 있지만, 클라우드 소프트웨어의 장점이 너무나 분명한 만큼, 시간이 지남에 따라 점차 바뀌어갈 것으로 보인다.

실패를 축하하는 게임 회사,
하루에 27억 원을 벌다

슈퍼셀의 준비된 성공 스토리

최근 《포브스》가 "역사상 가장 빨리 성장하는 게임 회사"라고 평가한 곳이 있다. 바로 핀란드의 게임 회사 슈퍼셀(Supercell)이다. 2013년 4월 인덱스벤처스 등으로부터 1억 3천만 달러(1,450억 원)의 투자를 받은 슈퍼셀의 기업가치는 7억 7천만 달러(8,600억 원)에 달한다. 투자 결정을 내린 인덱스벤처스의 닐 라이머(Neil Rimer)는 슈퍼셀이 곧 수조 원의 가치를 지닌 회사가 될 것으로 믿고 있다. 놀라운 건 이 회사가 출시한 게임이 딱 두 개뿐이라는 사실이다. 〈클래시오브클랜*Clash of Clans*〉과 〈헤이데이*Hay Day*〉.

전체 직원이 100명에 불과한 이 회사가 2013년 1분기에만 1억 7,900만 달러(2천억 원)의 매출을 올렸으며, 애플에 30퍼센트의 수수료를 준 후의 순이익은 1억 달러(1,100억 원)에 달한다. 직원 수를 유지한 채로 연매출 6천억 원을 달성한다고 가정하면 직원 일인당 연간 60억 원을 버는 셈이다. 이 정도로 일인당 매출이 높은 회사가 전 세계에 과연 몇이나 될까? 한 애널리스트가 계산한 바에 따르면, 일인당 매출이 가장 높은 인터넷 회사는 페이스북으로 연평균 10억 원 정도 된다고 하니, 그보다 무려 여섯 배에 달하는 셈이다. 한편 하루 매출은 240만 달러(27억 원)라고 한다. 직원 일인당 하루에 2,700만 원의 매출을 올린다는 이야기다.

직원 100명으로 연매출 6천억 원을 올리는 비결

〈클래시오브클랜〉과 〈헤이데이〉 모두 내가 중독될 만큼 즐겼던 게임이다. 사실 나에게 이런 경우는 매우 이례적이다. 게임 만드는 일을 직업으로 삼은 후, 게임을 어떻게 만드는지 훤히 알게 되자 게임이 만든 세계에 온전히 빠질 수 없게 되었고, 어떤 게임이든 어느 정도 해보고 나면 시시해져서 이내 흥미를 잃곤 했다(어린 시절 나는 게임 중독에 빠져 있었다. 그 때문에 어머니는 눈물을 흘리셨고, 선생님의 조언대로 나를 아예 컴퓨터학원에 등록시켜 프로그램언어까지 배우게 하셨다).

아이폰과 아이패드에서 다양한 게임을 다운받아 해봤는데, 대부분 너무 단순하거나 이전에 해본 게임과 너무 비슷해서 더 이상 게임을 즐길 수 없겠다 싶었다. 하지만 이 두 게임을 하면서는 다시 게임에 중독된 게 아닌가 걱정이 될 만큼 몰입했다.

두 게임 모두 자원을 채취하고, 그것을 이용해서 뭔가를 만들어 더 큰 일을 한다는 점에서 비슷하지만 차이점도 있다. 〈클래시오브클랜〉은 자원을 이용해서 무기와 병사를 만들고 고블린 나라나 다른 플레이어가 만든 제국을 침략한다. 〈스타크래프트〉와 다소 비슷한 형식인데, 이 게임이 중독성이 강한 이유는 내가 게임을 하지 않는 동안에도 계속해서 일이 발생한다는 점 때문이다. 또 클랜에 가입하면 클랜들로부터 도움을 받을 수 있고 자신도 다른 멤버들에게 도움을 줄 수 있다. 클랜들끼리 서로 친해져서 오프라인 모임을 갖기도 한다. 우승하는 클랜에게는 어마어마한 상금이 기다린다.

〈헤이데이〉는 자원을 이용해서 곡식을 만들고, 그 곡식으로 소·닭·돼지·양 등을 키우는 게임이다. 여기서 나오는 유제품을 가공해서 빵·버터·피자 등의 3차제품을 만들어 팔아서 돈을 번다. 게임이 진행될수록 재배할 수 있는 곡식의 종류와 키울 수 있는 동물의 종류가 늘어난다.

이런 요소들은 징가(Zynga)의 게임들에서도 발견할 수 있지만 그보다 훨씬 더 재미있는 것은 정교한 디자인 덕분이다. 캐릭터 디자인이 좋고, 건물 디자인도 매우 섬세하다. 아이패드에서 최대한 확대해서 보면 그 정교한 그래픽과 움직임, 나무가 흔들리는 미세한 모습등을 볼 수 있는데 반하지 않을 수 없다.

준비된 성공은 실패 경험에서 비롯된다

두 게임에 한창 빠져 있던 시절, 도대체 어떤 사람들이 만들었을까 궁금해서 조사를 해보다가 아주 흥미로운 사실을 발견했다. 가장 놀라웠던 것은 창업자 일카 파나넨(Ilkka Paananen)의 이야기였다.

일카 파나넨은 2000년에 핀란드에서 수미아(Sumea)라는 모바일 게임 회사를 만들었다. 기억을 더듬어보니, 그때 마침 게임빌도 막 창업한 무렵이었다. 2002년 모바일 게임 전시회에 갔을 때 수미아 직원들을 만나 그들의 게임을 구경하면서 그 정교함에 감탄하기도 했었다. '유럽 사람들은 우리보다 디테일에 더 많이 신경을 쓰는구나' 하고 생각했었는데, 지금 보니 당시 CEO였던 일카의 꼼꼼함 덕분이었던 모양이다.

일카는 수미아를 2004년 디지털초콜릿(Digital Chocolate)이라는 미국 회사에 1,800만 달러(200억 원)에 매각한 후 한동안 거기서 일했다. 대표이사 자리까지 올랐으나 게임보다는 사업에 치중하는 회사 분위기가 마음에 들지 않아 그만두고 2011년에 슈퍼셀을 창업했다(훌륭한 회사에 대해 조사하다 보면, 이처럼 창업자가 회사를 성공시켜 다른 회사에 매각한 후 그간 쌓아온 경험과 탄탄한 자금을 기반으로 또 다른 훌륭한 회사를 만드는 사례가 참 많다. 이런 면에서 나는 기업 인수가 경제 발전에 중요한 역할을 담당한다고 믿는다).

그가 새로운 회사를 만들면서 가장 신경 쓴 부분은 '팀'이었다. 팀

멤버들 모두 업계에서 10년 이상 경력이 있었고, 다섯 명의 창업멤버는 165개의 게임을 열두 개의 다른 플랫폼에 출시한 경험이 있었다. 이런 화려한 경력의 멤버들 덕분이었는지, 슈퍼셀은 첫 제품을 내놓기도 전에 〈앵그리버드〉를 만든 로비오(Rovio)에 투자한 적이 있는 액셀파트너스로부터 1,200만 달러(130억 원)의 투자를 받았다. 이런 배경이 있으니, 게임의 품질이 놀라울 정도로 뛰어난 건 결코 우연이 아니다.

이 회사의 성공 방정식은 《포브스》의 기사에 잘 설명되어 있다.

대부분의 게임 스튜디오는 디자이너와 개발자들이 만들면 프로듀서가 승인하는 방식으로 운영된다. 슈퍼셀의 개발자들은 5~7명의 셀(cell)로 이루어져 있다. 각각의 셀이 자신의 게임 아이디어를 내고 게임을 만든다. 게임이 재미있으면 팀 전체가 같이 해본다. 팀 전체가 좋아하면, 캐나다의 앱스토어에 올린다. 여기서 성공하면 전세계 앱스토어에 올린다. 이런 과정을 통해 네 개의 게임은 시장에 내놓지 않았다. 그럴 때면 직원들은 실패를 축하하는 샴페인을 터뜨린다. 일카 파나넨은 이렇게 설명한다. "실패 자체를 축하한다기보다는 실패로부터 배우는 것을 축하하는 것이지요."

그래서 회사의 이름이 슈퍼셀이다. '슈퍼(super)' 파워를 지닌 각각의 '세포(cell)'들이 모여 만든 회사라는 뜻이다. 지금의 철학을 잃지 않는다면 몇 년 내에 수조 원짜리 회사가 되는 것도 결코 이루지 못할 꿈은 아닐 것이다.

위대한 회사의 성공 방정식

넷플릭스의 사례에서도 보았듯이, 이렇게 위대한 회사를 만드는 사람들은 해당 업계에서 어느 정도 경력을 쌓은 경우가 많고, 특히 창업자에게 엑싯(exit, 기업의 상장이나 매각을 통해 창업자나 투자자가 수익을 남기는 것) 경험이 있는 경우가 많다. 이에 대해서는 타파스미디어 김창원 대표도 자신의 블로그에서 간략히 언급한 적이 있다. 한국의 다양한 기관에서 '제2의 마크 저커버그'를 만든다고 대학생 창업을 비롯해 청년 창업에 많은 돈을 쏟아붓고, 중소기업청에서는 '아이돌 창업스타 발굴'이라는 프로그램까지 만들어 자금을 지원하고 있는데, 취지와 의도는 좋지만 우려스러운 면도 없지 않다.

페이스북의 마크 저커버그는 사실 전세계에서도 유례를 찾기 힘든 독특한 경우다. 정부가 지원정책을 쏟아붓는다고 한국에서 명문대를 다니는 학생이 학교를 중퇴하고 창업하는 것도 쉬운 일이 아니고, 게다가 제2의 마크 저커버그가 될 확률은 지극히 낮다. 특히 고등학교를 졸업할 때까지 오로지 명문대 진학만을 꿈꾸며 영어와 수학, 과학 등을 공부하느라 다른 세상을 접해볼 기회가 전혀 없는 한국의 교육현실에서는 더더욱 그러하다.

그동안 한국에서 샌프란시스코를 방문하기 위해 온 창업가들을 많이 만나보았지만, 대학생이나 대학원생 또는 업계 경험이 없는 사람들이 만든 제품을 보면 마음이 끌리는 경우가 많지 않았다. 너무 사소한 문제를 해결하려고 했거나, 아이디어는 재미있지만 사람들이 그다지 원하지 않는 제품을 만들었거나, 기술의 난이도가 너무 낮아서 사업적 가치 또한 작았기 때문이다. 그런 만큼 가끔 '진짜 문제'를 '좋은 팀'과 '확실한 기술'로 해결하려는 회사를 보면 눈이 번쩍 뜬다. 슈퍼셀과 같은 진지한 회사가 더 많아졌으면 좋겠다.

SPIN IT

사람들은 궁금해했다.

필 리빈은 왜 회사를 '엑싯'하지 않는지.

회사를 팔면 백만장자가 될 수도 있을 텐데 말이다.

나는 알고 있다.

리빈은 돈을 버는 것보다

세상을 '스핀'하고 싶어 한다는 것을.

"저는 제 인생의 꿈을 좇고 있습니다.

이제는 누가 우리 회사를 사줄 것인가에 대해 이야기하는 대신,

우리가 어떤 회사를 사야 할지를 이야기해보기로 했어요."

_ 필 리빈(에버노트 CEO)

SPIN IT 3장

무슨 일을 하고 있든
실리콘밸리 창업가 마인드를 가져라

'보스'가 아닌 '리더'가 되라

실리콘밸리형 리더의 조건

"사업은 하고 싶은데, 한국에서 중소기업 경영하는 사장님들 만나보면 제가 닮고 싶은 모델은 아니었어요. 그런 사람이 되어야만 사장이 될 수 있나요? 아니면 사장이 되면 그런 사람이 되는 건가요?"

사업가를 꿈꾸는, 아직 대학에 다니는 후배와 이야기하다가 이런 질문을 받았다. 소위 전형적인 한국의 중소기업을 생각하니 무슨 말인지 짐작이 갔고, 나도 한때는 그런 생각을 했던 기억이 났다. 씁쓸했다.

그 후 얼마 지나지 않아 안랩 커뮤니케이션 블로그에서 '안철수가 신입사원과 나눈 대화 10문 10답'을 읽으면서 리더의 전형에 대해 새로운 생각을 갖게 되었다. 다음은 그중 일부다.

안철수 전 대표는 황무지 같았던 한국의 소프트웨어 산업에서 소신 있는 철학으로 '안철수연구소'라는 건실한 회사를 만들어 키우고 지켜낸 사람이다. 한두 사람도 아니고 주변 사람 100퍼센트가 사업가 기질이 아니라고 했지만, 그는 훌륭한 기업을 만들어냈고 존경받는 기업인이 되었다. 이것은 무엇을 의미할까?

우리나라 사람들이 일반적으로 생각하는 것처럼 '카리스마 있고, 외향적이고, 사기성도 있는' 사람만이 사장이 되어야 하는 것일까? 가만히 생각해보면 나도 그런 인식을 갖고 있었던 것 같다. 그래서 한때 나는 사장 재목이 못 된다고 생각했다. 무릇 '사장'이라면 술도 잘 마시고, 다른 사람 비위도 잘 맞추고, 가진 게 없어도 있는 것처럼 큰소리 뻥뻥 칠 줄도 알고, 가끔은 회사의 이익을 위해 부정직한 행위도 할 수 있어야 한다고 생각했다. 실제로 주변의 소위 '사장'들을 보면 그런 모습인 경우가 많았기 때문이다.

어떤 사람이 리더가 되어야 할까?

지금 돌이켜보면 그것이 얼마나 왜곡된 생각이었는지 깨닫게 된다. '회사를 위해 가정도 등한시하며 술 잘 먹는 사장님'은 1950년 한국 전쟁으로 인해 파산한 경제상황 속에서 나라를 일으키고 경제의 규모를 키우는 데 필요했던 '사장'의 모델이 아니었을까. 지금 그리고 앞으로도 계속 그런 리더십이 필요할까? 페이스북을 창업해 7년 만에 100조 원의 기업가치를 지닌 회사로 성장시킨 마크 저커버그가 그런 모습인가? 마크를 직접 본 사람의 이야기를 들어보면, 그는 오히려 정반대의 모습인 것 같다. 날마다 모자티만 입는 너드(nerd, 공부만 해서 사회성이 좀 부족한 사람을 놀리는 속어), 항상 무언가에 몰두해 있는 열정적인 젊은 청년의 이미지가 강하다.

그럼 어떤 스타일의 사람이 창업해서 성공할까? 어떤 성격을 가진 사람이 기업의 리더가 되어야 하는 것일까? 예전부터 리더십에 대해 궁금한 것이 많아서 관련 책 중 눈에 띄는 게 있으면 그냥 지나치지 못하고 읽어보곤 했다. 그중 하버드비즈니스리뷰에서 출간한 《무엇이 위대한 리더를 만드는가 *What Makes a Great Leader*》와 짐 콜린스의 《좋은 기업을 넘어 위대한 기업으로 *Good To Great*》는 각별히 귀하게 여기는 책이다.

《무엇이 위대한 리더를 만드는가》의 지은이 대니얼 골먼(Daniel Goleman)은 리더에게는 '감성지능(emotional intelligence)'이 중요하다면서 그 예로 다음 다섯 가지를 들었다.

- 자기지각(Self-Awareness) : 자신이 어떤 사람인지 잘 이해하고 있는가? 자신의 강점과 약점을 알고 있는가?
- 자기조절(Self-Regulation) : 자기 자신을 잘 통제할 수 있는가? 행동으로 옮기기에 앞서 먼저 생각을 하는가?
- 동기부여(Motivation) : 단순히 돈이나 지위가 아닌, 그 이상을 추구할 동기가 있는가?
- 공감(Empathy) : 다른 사람의 감정을 느낄 수 있는 능력이 있는가?
- 사회적 기술(Social Skill) : 사람들과 자연스럽게 대화하고 상황을 파악해서 대처하는 능력이 있는가?

참 간결한 정리다. 이 다섯 가지를 모두 갖추어야 리더가 될 수 있는 것은 아닐지 몰라도, 적어도 우리가 생각하는 위대한 리더들은 모두 이 요소를 잘 갖춘 사람이라고 생각한다. 꼭 리더가 아니더라도 주변 사람들로부터 인정받고 사랑받는 사람들은 이 요소들을 갖추고 있다.

골먼의 책과는 또 다른 면에서 리더십에 관한 나의 상식을 크게 흔든 책이 짐 콜린스의 《좋은 기업을 넘어 위대한 기업으로》다.

신문기사의 헤드라인을 장식하고 유명인사가 되고자 하는 고위층 인사들과는 달리, 우리가 관찰한 위대한 리더들은 꼭 화성에서 온 사람들 같다. 남의 시선 끄는 것을 싫어하고, 조용하고 과묵하며, 심지어 수줍어하기까지 한다. 이것은 겸손함과 의지의 모순적 조합이다. 그들은 패튼 장군이나 율리우스 카이사르 같은 사람이라기보다는 링컨이나 소크라테스 같은 사람이다.

이 글을 읽었을 때 나는 충격을 받았다. 그동안 내가 생각해온 '리더'의 정의와는 너무나 달랐기 때문이다. 미국 대기업의 CEO들이 모두 잭 웰치 같지는 않다는 이야기다. 즉, '리더는 ~해야 한다'고 단정 짓는 것은 위험한 발상이라는 것이다.

물론 소위 '전형적인' 리더도 분명히 있다. 바로 지금 내가 속한 조직 오라클의 창업자이자 CEO인 래리 엘리슨이 거기에 속한다. 적어도 겉으로 보이는 그의 모습은 '강한 장수'다. 직원들을 위해 다른 회사를 기꺼이 깎아내리고, 어디서나 자신감 넘치는 모습을 보여주는 그는 '거만한 CEO형'이다. 게다가 유머감각도 있어서 적들까지도 웃게 만드는 능력을 지녔다. 하지만 요즘 실리콘밸리에는 그와 반대되는 성향의 CEO가 더 많다.

내가 생각하는 진정한 리더들

자포스를 아마존에 1조 3천억 원에 매각해 일약 유명인사가 된 토니

셰이가 쓴《딜리버링 해피니스》를 보면, 그는 남들 위에 군림하고 비
즈니스를 위해서는 도덕적 정당성을 포기할 줄도 아는 그런 사람이
아니다. 글에서 느껴지는 그의 인상은 '커뮤니케이터'이고 '뜻을 이
루고 싶어 하는 사람'이다. 자신의 생각을 사람들과 솔직하게 공유할
수 있는 용기, 그리고 돈이나 명예 이상의 것을 추구하기 위해 그것
을 기꺼이 포기할 수 있는 용기를 가진 사람 같다.

　게임빌의 송병준 사장도 그랬다. 대학교 4학년 때 처음 만난 그는
매우 겸손한 대학원생이었다. 단정한 갈색 재킷에 안경을 썼고, 말수
가 적었다. 창백해 보이기까지 하는 하얗고 뽀얀 얼굴은 내가 평소에
생각하던 전형적인 사장의 모습이 아니었다. 그러나 7년 반 동안 같
이 일하면서 그가 얼마나 뛰어난 리더인지 자연스럽게 알게 되었다.
겸손하지만 강한 내면을 가졌고, 돈이나 지위 이상의 것을 추구했다.
다른 사람의 감정을 이해하려고 애썼고, 이해할 줄도 알았다. 또 잘
못되었다고 판단한 일은 가차없이 중단시키고 다시 시작하는 용기가
있었다. 그런 리더십이 연매출 700억 원, 시가 총액 6천억 원에 이르
는 회사를 만들어낸 것이다.

　엔비디아(NVidia)의 사장 젠센 황(Jen Hsun Hwang)은 비저너리
(visionary)다. 그의 강의를 들어보면, 그가 다른 사람보다 앞서 미래
를 볼 줄 알고, 그 미래에 달성하고자 하는 목표 한 가지에 집중하는
사람임을 알 수 있다. 그의 개인적인 생활은 알 수 없지만, 나는 그가
'카리스마 있고, 외향적이고, 사기성도 있는' 사람일 거라고는 생각하

지 않는다.

그렇다면 지금 시대의 리더는 어떻게 정의할 수 있을까? 〈월스트리트저널〉의 앨런 머리(Alan Murray)가 '리더'에 대해 내린 정의가 오늘날 리더의 모습이라 할 만하다.

위대한 리더는 모순돼 보이는 두 가지 특질, 즉 거만함과 겸손함을 동시에 갖추고 있다. 리더는 다른 사람들이 추종하기에 충분할 만큼 거만해야 하며, 동시에 자기보다 다른 사람들이 더 훌륭한 결정을 내릴 수도 있다는 것을 알 만큼 겸손해야 한다.

나는 여기에 덧붙여, 위대한 회사를 만들기 위해서는 적어도 자기확신과 스토리텔링 능력을 갖춰야 한다고 생각한다.

자기확신은 현재의 문제를 해결하거나 지금보다 나은 삶을 만들어나가고 싶은 마음, 즉 세상을 변화시키고자 하는 욕구를 말한다. 이것이 강해야 상황이 어려워지거나, 반대로 유혹이 왔을 때(회사를 거액에 팔라는 등) 이를 물리치고 자신의 길을 추구할 수 있다.

스토리텔링은 회사의 상황을 설명하고 비전을 전달할 때 강요나 설득이 아니라 감화시킬 수 있는 능력이다. 리더가 내성적이고 수줍음이 많은 것은 문제가 되지 않는다. 남들 앞에서 연설하는 것이 불편하다면 글을 통해서라도 커뮤니케이션하면 된다.

이런 자기확신과 스토리텔링 능력이 없는 리더는 오늘날과 같은 비즈니스환경에서는 결코 영향력 있는 리더가 될 수 없다.

리더에 대한 전형적인 편견 때문에 사업을 시작하거나 리더가 되기를 주저하는 사람이 없기를 진심으로 바란다. 문제를 해결하고자 하는 강렬한 의지와 다른 사람들에게 자신의 뜻을 설명할 수 있는 능력이 있다면 누구나 뛰어난 사업가, 위대한 리더가 될 수 있다.

우주의 역사를 통틀어
'지금'이 가장 창업하기 좋은 때다

내 회사 차리는 법

2012년 5월 3일, 에버노트(Evernote)가 7천만 달러(770억 원)의 투자를 유치했다고 발표했다. 이 투자로 회사의 가치는 10억 달러(1조 1천억 원)가 되었다. 하지만 인스타그램의 회사가치 역시 10억 달러인 것을 생각하면, 에버노트의 가치는 오히려 저평가되었다고 할 수 있다.

에버노트는 내 삶에 없어서는 안 될 가장 중요한 애플리케이션 중 하나다. 노트 정리를 위한 소프트웨어는 셀 수 없이 많지만, 에버노트처럼 노트 정리에 필요한 기능들을 최적화시킨 소프트웨어는 없다. 스마트폰과 동기화가 가능하고, 손으로 쓴 후 사진을 찍어서 올리면 인식되어 검색할 수 있을 뿐 아니라, 보이스 메모도 쉽게 남길 수 있다. 이런 장점들 때문에 사용자가 무려 2,500만 명이며, 그중

100만 명은 유료 버전을 사용하고 있다(2012년 기준).

영어권 국가에서 먼저 큰 성공을 거둔 에버노트는 이후 아시아 국가 중에서는 일본에 진출했고 현재 한국에 본격적으로 진출하기 위해 준비하고 있다. 2012년 5월 6일자 〈월스트리트저널〉에 따르면, 에버노트 전체 사용자 중 중국인이 4퍼센트인데, 곧 중국에 서버를 설치해서 중국 시장을 확장할 계획이라고 한다.

원하는 것을 좇아라

에버노트 본사는 우리집에서 5분 정도 거리에 있어 퇴근할 때 가끔 지나치곤 한다. 평소 즐겨 쓰는 제품을 만든 회사가 바로 근처에 있어 반가우면서도 이렇게 유용한 제품을 무료로 사용하고 있다는 생각에 미안한 마음이 들기도 한다(에버노트 무료 제품은 월간 메모량 제한이 60메가바이트인데, 텍스트 위주로만 쓰면 대개 그 선을 넘지 않아 무료 사용이 가능하다).

그래서 2010년 겨울 크리스마스가 다가올 때쯤 와인 몇 병을 사 들고 무작정 찾아갔다. 회사 문 앞의 한 직원에게 "저는 에버노트를 아주 유용하게 사용하고 있는데 무료로 써서 늘 미안한 마음에 이렇게 와인으로나마 보답하려고 합니다"라고 말하면서 와인을 건넸더니, 활짝 웃으며 마침 사무실에 있던 임원들을 불러 소개해주었다.

여러 사람으로부터 명함을 받았는데 알렉스(Alex)라는 이름이 유난히 많아 물어보니, 러시아 사람이 많아서 그렇다고 했다. 알렉산더에서 따온 알렉스는 러시아에서 아주 흔하게 만날 수 있는 이름이다.

창업자이자 CEO인 필 리빈(Phil Libin)은 러시아에서 태어나 여덟 살 때 미국으로 이민했다. 어린 시절 필은 친구들과 잘 어울리지 못하는 괴짜, 즉 '너드'였다. 그때 유일하게 그를 상대해준 건 컴퓨터 클럽 친구들이었고, 그 무렵 다양한 책을 읽으면서 '세상의 종말은 무엇 때문에 올까? 바이러스? 은하계의 파괴?' 같은 생각도 하게 되었다고 한다.

그렇게 조금은 엉뚱한 아이였던 필은 세상의 종말을 걱정하며 어른이 되었다. 그리고 '인류가 혜성에 의해 멸망하는 것은 어쩔 수 없지만, 어리석은 행동으로 종말을 자초하는 건 막을 수 있지 않을까? 인류가 살아남을 수 있도록 돕자'는 큰 꿈을 품었다. 얼핏 들으면 어느 괴짜의 행복한 망상 같지만, 그는 자기 방식으로 그 꿈을 실현해 나가기 시작했다.

창업 초창기 노키아로부터 프로젝트를 맡았을 때의 에피소드를 들으면, 인류의 종말을 막겠다는 그의 허무맹랑한 꿈이 '세상에 존재하는 무지함을 줄여나가자'라는 구체적인 비전으로 조금씩 실현되어 왔음을 알 수 있다.

당시 노키아는 비네트(Vignette)라는 회사에서 만든 스토리지서버(storage server)를 이용했는데, 필의 회사는 그 서버를 위한 소프트웨어 만드는 일을 했다. 그런데 10억 원이 넘는 그 서버는 비싸기만 한 무용지물 같았다(노키아 CEO가 비네트 사람들과 골프를 쳤다는 소문도 있었다). 어쨌든 어렵게 프로젝트를 끝내고 나서 동료 한 명이 비네트에 메일을 한 통 쓰자고 했다. '우리가 소프트웨어를 만들어 이제 작동을 하게 되었지만 당신들의 제품은 정말 후지다'고 말이다. 필은 처음에는 웃어넘겼지만 그런 말을 하지 못할 이유도 없다는 생각이 들어 급기야 편지를 써서 보냈다. 물론 좀 완곡한 표현으로.

그로부터 3주 후, 비네트로부터 연락이 왔다. 필의 회사를 사고 싶다는 내용이었다. 직원이 고작 열두 명인 회사를 2,570만 달러(287억 원)에 사겠다는 제안이었다. 비네트도 자사 제품의 문제점을 알았지만 잘 팔리니 품질 개선에 신경 쓸 겨를이 없었던 것이다. 이 매각으로 그들은 모두 부자가 되었다.

우리에게 '엑싯 전략'이란 없다

비네트에 회사를 매각한 후 필 리빈은 동료들과 보안 소프트웨어 회사를 만들었지만 이내 흥미를 잃었다. 그 회사 최고의 시나리오는 '아무런 보안사고도 일어나지 않아 고객들이 쓸데없이 돈을 낭비했다고 후회하는 것'이었다. 필로서는 그야말로 '흥미 없는' 회사였다. 그래서 사람들이 사랑에 빠질 수 있는 제품을 만들자고 결심하고는 실리콘밸리로 왔다.

동료들과 함께 아이디어를 논의하다가 어느 누구도 현재 존재하는 노트 정리 소프트웨어에 만족하지 못하고 있다는 데 착안해서 에버노트를 만들게 되었다. 사람들이 아이디어를 더 잘 정리할 수 있도록, 사람들이 덜 무지해지도록, 그로 인해 인류의 멸망이 늦춰지도록 말이다.

그는 자기 자신을 위한 제품을 만들고, 그것을 다른 사람들도 유용하게 쓸 수 있다면 충분히 흥분되고 사랑에 빠질 만한 일이라고 생각했다. 그렇기 때문에 엑싯할 필요가 없었던 것이다. 그는 100년 가는 회사를 만들겠다고 결심했다.

저는 제 인생의 꿈을 좇고 있습니다. 훨씬 재미있지요. 당신이 회사를 팔고 싶어 한다면, 뭔가 잘못되었다는 거예요. 회사와 사랑에 빠져 있지 않다는 이야기니까요. 이제는 누가 우리 회사를 사줄 것인가에 대해 이야기하는 대신, 우리가 어떤 회사를 사야 할지를 이야기해보기로 했어요.

그 결과, 스키치(Skitch)라는 회사를 찾아냈다. 스키치는 매킨토시에서 아주 간편하게 화면을 캡처하고 그 위에 설명을 단 후 사람들과 쉽게 공유할 수 있도록 하는 툴인데, 에버노트와 함께 내 삶에 없어서는 안 될 소프트웨어 중 하나다.

만일 필 리빈이 첫 번째 회사를 매각한 후 새로운 도전을 하지 않았다면 오늘날의 에버노트는 없을 것이다. '엑싯하지 않는 것이 나의 전략'이라는 그의 말은 실리콘밸리 창업자들의 기업가정신을 상징적으로 보여주는 셈이다.

트위터 창업자 에번 윌리엄스(Evan Williams), 유튜브를 창업한 스티브 첸(Steve Chen)과 채드 헐리(Chad Hurley) 등 수많은 미국 창업자가 바로 필 리빈과 같은 '연쇄 창업가(serial entrepreneur)'다. 이런 젊은 창업가가 많을수록 혁신적인 회사가 많아지고, 세상은 좀더 편리해지고, 사람들은 덜 무지해지고…… 결국 인류의 멸망이 늦춰질 것이다. 필 리빈의 어린 시절 꿈처럼 말이다.

세상을 바꾸고 싶다면, 지금 당장 창업하라

필 리빈은 창업가가 되고 싶어 하는 이들에게 단순히 창업자가 되는 것이 목적이 되어서는 안 된다고 말한다.

돈을 많이 벌고 싶어서 창업한다고요? 그럼 당신은 계산을 잘못 하고 있는 겁니다. 회사의 95퍼센트는 망합니다. 은행가나 좋은 회사의 엔지니어가 되는 편이 기댓값으로 따지면 더 많은 돈을 법니다. 힘을 가지고 싶어서라고요? 조직도에서 가장 위에 있기 위해서요? 웃기는 거죠. 사장은 사실 제일 밑바닥에 있는 사람이에요. 미디어, 직원, 투자자, 고객이 모두

보스가 됩니다. 시간을 좀더 자유롭게 활용하고 싶어서라고요? 9시부터 5시까지 회사에 매달려 있어야 하는 게 싫어서요? 예, 창업을 하게 되면 당신이 시간을 조절할 수 있습니다. 즉, 하루 24시간 내내 일을 하게 되지요.

그리고 스탠퍼드대학교 강연에서는 바로 '지금'이 역사상 가장 창업하기 좋은 때라고 주장했다.

세상을 바꾸는 것이 당신의 목표라면, 창업을 하십시오. 지금보다 더 좋은 때는 없습니다. 지금은 기크(Geek, 괴짜)들이 돈을 버는 시대입니다. 그리고 앱스토어 덕분에, 예전과는 달리 좋은 제품을 만드는 데 당신 시간의 95퍼센트를 할애할 수 있습니다. 정말 멋진 애플리케이션을 만들어 올리면, 내일 바로 전세계 사람들이 당신의 제품을 구매할 수도 있습니다. 스마트폰과 컴퓨터는 전세계 어디에나 있습니다. 사회기반시설도 잘 되어 있고, 많은 오픈소스를 이용해 아주 저렴한 비용으로 제품을 만들 수 있습니다. 저는 우주의 역사를 통틀어 지금이 가장 창업하기 좋은 때라고 생각합니다.

그의 말대로, 우주의 역사를 통틀어 정말 지금이 가장 창업하기 좋은 시기일까? 자신의 성공에 힘입어 좀 과장되게 표현한 듯하지만, 분명 과거에 비해 창업 환경이 좋아졌다는 생각은 든다. 무엇보다 필 리빈이 진짜 하고 싶었던 말은, 꿈을 이루기 위한 첫발을 내딛기에 가장 좋은 시기는 창업 여건이 좋은 때일 수도 있지만, 그보다는 스스로 원하는 바로 그때가 가장 최적기라는 것 아닐까.

그는 자신이 원하는 것을 좇아 회사를 만들었고, 1조 원 이상의 가치를 지닌 회사로 키웠다. 하지만 초심을 잃지 않기 위해 부단히 노력하고 있다. 에버노트에는 대표를 위한 별도의 사무실이 없다. 임원들도 직원들과 똑같은 책상을 쓴다. 불필요한 장벽을 없애고 직급에 따라 결정이 달라지는 것을 막기 위해서인데, 이 역시 필 리빈다운 경영방침이다.

에버노트에는 또 마케팅 및 홍보 조직이 거의 없다시피 하다. 실제로 광고를 하거나 마케팅 캠페인을 벌인 적이 없다고 한다. 필은 고객들끼리 이런 대화를 주고받길 원한다. "아니, 도대체 왜 아직도 에버노트를 안 쓰고 있는 거야? 당장 받아서 써봐, 끝내줘!"

취업도, 창업도
스토리 없이는 불가능하다

나만의 스토리 만드는 법

"실리콘밸리에서 투자를 받으려면 어떻게 해야 하나요?"

내가 이곳에서 일하며 가장 많이 받은 질문 중 하나다. 그 답은 실리콘밸리의 투자자들이 지금까지 어떤 사람들에게, 왜 투자했는지를 살펴보면 알 수 있다.

실리콘밸리의 투자자 벤 호로위츠(Ben Horowitz)의 투자 사례에서도 답을 찾을 수 있다. 그는 실리콘밸리에서 가장 규모가 크고 명성이 높은 벤처캐피털 중 하나인 안드레센 호로위츠(Andreessen Horowitz)의 공동창업자이자 글을 잘 쓰기로 유명한 벤처캐피털리스트 중 한 명이다. 그가 무려 1천만 명이 읽는 자신의 블로그에 크리스티안 게오르게(Christian Gheorghe)라는 사업가에게 투자한 에피소드를 소개했다. 벤 호로위츠는 그로부터 사업모델에 대한 설명을 듣기도 전에 투자를 결심했는데, 그 이유는 다음과 같다.

몇 달 전, 아닐 부스리(Aneel Bhusri)가 자신이 가장 좋아하는 창업가 한 명을 소개해주었다. 나는 즉시 수락했고, 아닐은 날 실망시키지 않았다. 그는 크리스티안 게오르게라는 티안소프트웨어(TIAN Software)의 창업자였는데, 회사를 아웃룩소프트(OutlookSoft)에 매각한 후 CTO로서 혁신적인 소프트웨어를 만들었으며, 아웃룩소프트는 최종적으로 SAP에 매각되었다. (……)

크리스티안은 공산주의 국가인 루마니아에서 자랐다. 그는 1989년 미국에 처음 왔을 때 영어를 한 마디도 못했으며, 자본주의에 대해서도 전혀 알지 못했고, 주머니에는 27달러밖에 없었다. 공사장에서 일을 시작한 그는 곧 리무진 운전기사가 되었다. 그렇게 번 돈으로 영어를 배운 후 컴퓨터과학을 공부했다. 결국 그는 자신의 회사를 만들었고, 공산주의 국가에서 태어나 자본주의 국가의 창업가로 성공하는 놀라운 인생여정을 만들어냈다.

나는 크리스티안의 새로운 사업 아이디어에 대한 설명을 듣기도 전에, 그의 백그라운드 이야기를 듣고는 이미 그에게 투자할 마음을 굳혔다.

크리스티안이 벤의 뇌리에 각인시킨 것은 무엇이었을까? 그것은 바로 듣는 사람의 감탄을 자아내는 그의 인생 스토리였다. 벤에게 강렬한 인상을 남기고 투자를 받은 크리스티안이 만든 회사는 타이드마크(Tidemark)로, 이후 추가 펀딩에 성공하면서 지속적으로 성장해 나가고 있다.

고객과 투자자의 마음을 움직이는 무기, 스토리텔링

이제는 누구나 이 스토리텔링의 중요성을 인식하고 있다. 하지만 인식하는 만큼 비즈니스 커뮤니케이션의 도구로 적극적이고 구체적으로 활용하고 있는 것 같지는 않다.

소니픽처스(Sony Pictures)의 CEO였고, 현재는 만달레이 엔터테인먼트 그룹의 CEO인 피터 구버(Peter Guber)는 자신의 책 《성공하는 사람은 스토리로 말한다 *Tell to Win*》에서, 엔지니어들이 아직도 에피소드를 커뮤니케이션을 강화하는 방법으로 여기지 않고 잡다한 이야기쯤으로 치부하는 경향이 있다고 지적했다.

그는 스토리텔링이 비즈니스 커뮤니케이션에서 얼마나 막강한 위력을 발휘하는지, 구체적인 사례와 과학적 근거를 바탕으로 증명해 보인다. 특히 사실적 근거와 수치 등 이성적 논리만으로 무장할 것이 아니라, 그 안에 스토리를 녹여내야만 감동을 주고 결국 설득시킬 수 있음을 자신의 경험담을 예로 들어 설명하고 있다.

또 한 가지, 스토리는 자신의 취약점을 자연스럽게 드러낼 수 있는 기회이므로 절대로 놓치지 말라고 당부한다. 크리스티안의 스토리가 벤 호로위츠의 관심을 끈 주요한 이유도 바로 여기에 있다. 자신의 약점을 감추거나 포장하지 않고 솔직히 드러냄으로써 친밀감과 신뢰를 얻어 오히려 기회로 만든 것이다.

크리스티안의 사례 외에도, 벤의 블로그를 보면 CEO가 가져야 할 주요한 자질 중 하나가 바로 스토리텔링임을 알 수 있다. 벤은 블로그에 자신의 회사가 투자를 받기 위해 찾아온 CEO를 어떻게 평가하는지에 대해서도 자세하게 썼다.

직원들은 CEO가 정해놓은 콘텍스트 안에서 움직인다. 이 콘텍스트는 사람들이 하는 일에 의미를 부여하고, 관심을 하나로 집중시키고, 의사 결정을 이끌어내고, 동기를 부여한다. 잘 정리된 목표와 목적이 있으면 도움이 되지만, 그것들이 스토리를 제공하지는 않는다. 꼬집어 이야기하면, 목표와 목적은 스토리가 아니다. 회사의 스토리는 분기 또는 연간 목표를 넘어 "왜?"라는 질문에 도달하게 만든다. 왜 이 회사에 합류해야 하는가? 왜 여기서 일하면 재미있을까? 왜 당신의 제품을 사야 하는가? 왜 내가 당신의 회사에 투자해야 하는가? 왜 이 회사가 존재함으로써 세상이 더 나아지는가? 스토리가 없는 회사는 대개 전략이 없는 회사다.

나는 이 말에 전적으로 동감한다. "스토리가 없는 회사는 전략이 없는 회사다." 초기에 창업자가 아무리 좋은 비전과 큰 목표를 가지고 시작하더라도, 비전이나 목표는 너무 원대해서 현실감이 떨어질 수 있고 회사의 성장과 함께 계속 변하기 마련이다. 하지만 '왜 이 회사를 만들었는가'에 대한 스토리는 변하지 않는다. 그 스토리는 생생하게 살아서 직원들에게, 투자자들에게, 고객들에게 계속 퍼져나간다. 그리고 무엇보다도 사람들의 머릿속에 '스티커 메시지'처럼 강하게 각인된다.

나는 TV쇼 〈샤크탱크*Shark Tank*〉를 보면서 스토리의 위력을 실감하곤 한다. 수많은 창업자가 다섯 명의 백만장자 앞에서 자신의 아이디어를 소개하고 투자를 요청하는 프로그램이다. 가만히 들여다보면, 투자자를 움직이는 것은 제품의 우수성이나 매출 규모가 아닌 스토리다. 창업자들은 왜, 무엇 때문에 그런 아이템을 만들었는지와 개발 과정을 설명한다. 투자자들은 창업자들의 스토리가 얼마나 설득력 있느냐에 따라 투자를 하려다가 그만두기도 하고, 투자하지 않겠다고 했다가 투자하기로 마음을 바꾸기도 한다. 그들이 투자 결정을 내리기 전에 가장 자주 하는 말이 "당신이 마음에 들어요. 그리고 그 스토리가 정말 좋았어요"다.

한 가지 에피소드(시즌4, 에피소드6)를 예로 들어보겠다. 단백질 에너지 드링크를 만든 뉴저지 출신의 한 여성이, 슈퍼볼 챔피언이었으며 샌프란시스코 포티나이너스(49ers, 미국의 프로미식축구팀) 소속의 선수 브랜던 제이컵스(Brandon Jacobs)와 함께 등장했다. 그녀는 자신의 에너지 드링크가 왜 마시기 편한지, 얼마만큼 발군의 제품인지, 얼마나 많은 상점을 통해 배급되고 있는지 한참 이야기했다.

그동안 가만히 듣고만 있던 브랜던은 한 샤크가 "이 제품을 선수들이 좋아하던가요?"라고 묻자 비로소 자신의 경험담을 이야기하기 시작했다.

"저는 샌프란시스코 포티나이너스에서 활동하고 있습니다. 하프타임에 로커룸에서 선수들에게 이 드링크를 주니 다들 좋아했어요. 단지 그것 때문에 두 번째 경기가 더 잘 풀렸다고 말할 수는 없지만, 아무튼 다들 기분이 좋아졌다는 걸 느낄 수 있었습니다."

브랜던의 이야기를 들은 후 샤크들의 표정이 변했다. 투자에 회의적이던 그들의 얼굴에 미소가 돌기 시작한 것이다. 푸부(Fubu)의 창업자 데이먼드 존(Daymond John)은 "난 그 이야기를 믿어요. 마음에 듭니다"라고 말했다. 그러나 투자자 바버라 코코란(Barbara Corcoran)은 투자 요청을 거절하겠다면서 다음과 같이 충고했다.

"타냐, 당신은 상품에 대해 명확하게 설명하는 데 실패했어요. 그리고 당신은 브랜던을 잘 활용하지 못하고 있어요. 처음으로 그의 말이 흥미로워진 순간은 그가 로커룸 이야기를 할 때였어요. 앞으로 누군가에게 제품을 피치할 때는 반드시 브랜던이 먼저 이야기를 시작하게 하세요. '제가 로커룸에 있을 때였습니다' 하는 식으로요."

베테랑 투자자의 따끔한 조언에서 알 수 있듯이, 마케팅 피치를 할 때는 개인화된 스토리로 시작하는 게 좋다. 그래야 투자자들의 마음을 움직이고 고객을 설득할 수 있다.

"사실을 말하되, 스토리로 팔아라(Fact tells, but story sells)"라는 말이 있다. '사실'은 사람들에게 정보를 제공하는 데 그치지만 '스토리'는 사람들의 지갑을 열게 한다는 뜻이다. 마케팅 컨설턴트 대니얼 레비스(Daniel Levis)의 글 〈사실을 말하고 스토리로 팔아야 하는 열한 가지 이유 *11 Reasons Why Facts Tell and Stories Sell*〉를 읽어보면 더 공감이 된다.

레비스는 스토리가 왜 강력한 무기인지, 왜 스토리가 사람들의 경계심을 허물어 쉽게 구매를 결정하도록 도와주는지 열한 가지 이유를 들어 설명한다. "구매자들은 평소에 방어자세를 취한 채 마음을 닫고 있다. 그들은 새로운 것에 대해 생각하거나, 바가지를 쓰거나 잘못된 구매 결정을 내려 사람들 앞에서 바보가 될까 봐 두려워한다. 그들은 어떻게 해서든 당신의 물건을 사지 않으려고 저항하고 있다. 그러나 스토리를 전달하면 저항은 훨씬 줄어든다. 당신은 사람들에게 강요해서는 안 된다. 단순히 그들이 처한 상황과 비슷한 조건에서 무슨 일이 일어났는가를 보여준 후, 그들이 직접 결정을 내리도록 만들면 된다."

세계적인 마케팅 구루 세스 고딘(Seth Godin)도 〈위대한 스토리를 이야기하는 방법 *How to tell a great story*〉이라는 블로그 글을 통해 스토리텔링의 위력을 설명했다.

"무엇보다도, 위대한 스토리는 우리의 세계관과 일치한다. 최고의 스토리는 사람들에게 뭔가 새로운 것을 가르치려고 하지 않는다. 그

대신, 청중들이 이미 믿고 있는 것을 이야기함으로써 그들이 스스로 똑똑하다고 느끼게 하며, 그들이 처음부터 옳았다는 것을 각인시켜 줌으로써 안도감을 느끼게 한다."

그의 조언은 대니얼 레비스의 주장과도 일맥상통한다.

그렇다면 가장 강력한 스토리는 무엇인가?

다시 '실리콘밸리에서 투자받는 방법'에 대해 살펴보자. 투자자들은 당연히 매출이 얼마나 되는지, 한국에서 얼마나 많은 고객이 쓰는 제품인지, 얼마나 기술력이 좋은지 등에 관심이 많다. 하지만 그들의 마음이 궁극적으로는 '스토리'에 의해 움직인다고 가정한다면, 그들에게 어떤 스토리로 접근할지를 고민해야 한다.

여기서 중요한 건 그들이 공감할 수 있는 스토리여야 한다는 것이다. 자신의 꿈과 야망, 그리고 목표를 파워포인트나 스프레드시트에 끼워맞춰 도식화시키지 말고 진짜 '나의 이야기'를 준비해야 한다. 《이야기하는 동물*The Storytelling Animal*》의 저자 조너선 고트샬(Jonathan Gottschall)의 "다른 사람들에게 내 생각을 전달하는 가장 효과적인 방법은 '옛날 옛적에'로 시작하는 스토리다"라는 조언에 귀를 기울여야 한다.

제품을 홍보하는 스토리 중 가장 강력한 것은 자신의 스토리다.

그것을 '왜' 만들기로 결심했는지를 보여주는 스토리 말이다. 미국에서 성공한 많은 회사가 이런 자신만의 스토리를 가지고 있다. 넷플릭스는 창업자가 블록버스터에서 비디오를 빌렸다가 연체료를 잔뜩 문후 짜증이 나서 만든 회사고, 에어비엔비는 창업자들이 컨퍼런스에 참석했다가 방을 구하기가 힘들어 만든 회사다.

그중 가장 널리 알려진 것은 유튜브를 창업한 이야기로, 그 스토리가 여러 매체에서 끊임없이 반복되었다. 그 강력한 한 줄의 스토리는 투자자, 직원 그리고 고객들을 사로잡았다. 위키피디아의 '유튜브' 페이지에도 이렇게 씌어 있다. "미디어에 반복적으로 등장한 스토리에 따르면, 채드 헐리는 샌프란시스코에 있는 스티브 첸의 집에서 저녁 파티를 하며 동영상을 찍었는데 그것을 공유하기가 어려워 2005년 초 유튜브 아이디어를 내게 되었다."

사실 또 다른 공동창업자 자웨드 카림(Jawed Karim)은 그 파티에 참가하지 않았고 그런 일도 없었다고 부인했지만, 이 스토리가 사실이고 아니고를 떠나서, 중요한 것은 사람들이 그 스토리를 바로 이해하고 공감할 수 있었다는 것이다. 2005년 당시 사람들에게 그런 불편한 경험이 분명히 있었던 것이다.

이처럼 스토리는 한 기업의 출발점이자, 지속 가능한 발전의 원동력이다. 수많은 한국 회사가 미국에 진출하지만 대부분 투자자나 고객의 마음을 얻지 못하고 실패하는데, 그 이유 중 하나가 그들에게 쉽게 전달되고 기억되어 다른 사람들에게 또다시 전파될 수 있는 스토리의 부족이 아닐까 싶다. 그렇다면 그런 스토리를 만들기 위해서는 어떤 노력이 필요할까.

커뮤니케이션의 기준좌표계를 맞춰라

물리학에 '기준좌표계(frame of reference)'라는 용어가 있다. 두 물체의 상대적인 거리나 속도를 계산할 때, 기준좌표를 정해 두 물체를 같은 좌표계에 놓아야만 계산이 가능하다는 것이다. 이 개념을 커뮤니케이션에도 적용할 수 있다. 즉, 기준좌표가 다르면 상호 공감이 어렵다. 미국에서 자라 미국에서 교육받은 사람들에게 한국의 비즈니스환경이나 한국의 고객에 대해 이야기하면 공감을 끌어낼 수 없다. 물론 한국이 빠르게 성장해왔고, 기술이 많이 발전해서 실리콘밸리에서도 최근 관심이 높아졌지만 여전히 '바다 건너 이야기'일 뿐이다. 창업자가 한국의 명문대를 졸업했다는 사실은 하버드나 MIT, 스탠퍼드를 졸업했다고 했을 때만큼 투자자들의 머릿속에 연상될 만한 이미지가 없다.

2010년에 미국의 올스타 벤처캐피털(찰스 리버 벤처스, 리드 호프먼, 그레이록 파트너스 등) 및 투자자들로부터 500만 달러(55억 원)의 시리즈A 투자를 받고, 현재는 페이스북에서 무려 470만 명의 팬을 가진 서비스 비키(Viki.com)를 창업한 호창성·문지원 대표. 그들이 이런 대규모 투자를 받게 된 비결은 CEO 영입, 가파른 사용자 증가 추세, 그리고 라이선스 계약의 성공 덕분이기도 하지만, 무엇보다 미국의 투자자들이 공감할 만한 스토리가 있었기 때문이다.

호창성 대표는 스탠퍼드대학에서 MBA를, 문지원 대표는 하버드대학에서 교육학 석사를 마쳤다. 비키의 아이디어는 문지원 대표가 하버드대 재학중에 구상했고, 호창성 대표는 MBA과정중에 사업을 시작하면서 그 아이디어를 많은 사람에게 피치하며 다듬었다. 그 과정에서 미국 유명 벤처캐피털로부터 엔젤투자를 받기도 했다. 〈테크크런치〉에 나온 기사를 보면, 비키는 "하버드에서 시작되었고, 싱가포르에 본사가 있으며, 팔로알토에 사무실을 둔 회사"라고 소개된다. 어찌 보면 이 자체도 하나의 스토리인 것이다.

나와 회사만의 바이오그래피를 만들어라

가만히 보면 미국의 회사와 사람들은 스토리 전달에 유난히 신경을 많이 쓴다. 특히 '바이오그래피(biography)'에 관심이 많다. 줄여서 '바이오'라고 하는데, 예를 들어 누군가를 소개할 때 한국에서는 학력과 약력만 강조하는 반면, 미국에서는 반드시 스토리가 포함된 바이오를 강조한다.

바이오에는 어떤 학교를 졸업했고 어느 회사를 다니고 있다는 식의 피상적인 정보가 아니라, 어떤 일을 했으며 어떤 업적을 이루었는지 등에 대한 구체적인 정보와 때로는 어디에 사는지, 취미가 무엇인지 등의 사적인 정보까지 담겨 있다. 바이오가 워낙 중요하기 때문에 대부분의 사람들은 이를 지속적으로 업데이트해 나간다. 나 역시 자주 사용하는 바이오를 만들어두고 종종 업데이트한다.

어떤 학교를 나왔는지, 어느 회사에 다니는지, 무슨 역할을 맡고 있는지 등의 정보만으로는 그 사람의 이미지를 떠올리기 힘들지만 관심사를 구체적으로 반영한 스토리 위주의 바이오를 읽으면 그 사람에 대해 상상할 수 있다.

한국과 미국의 차이를 극명하게 보여주는 것 가운데 또 하나는 회사 소개 페이지다. 나는 어떤 회사의 웹사이트를 방문하면 반드시 '경영진(Management)' 페이지를 살펴본다. 어떤 경력을 가진 사람이 회사를 만들었고, 어떤 사람들이 경영진의 주요 멤버인지를 보면, 그 회사에 대해 감을 잡을 수 있다.

그런데 한국 회사 중에서는 경영진을 제대로 소개한 웹사이트를 거의 보지 못했다. 대부분의 '회사 소개' 페이지에는 식상하고 진부한 'CEO 인사말'과 도대체 누가 무슨 일을 하는지 알 수 없는 '조직도'가 공통적으로 올라와 있다. 개인적으로는 그런 '사실'보다 경영진에 대한 '스토리'를 상세히 소개하는 것이 훨씬 의미있다고 생각한다. 특히 회사의 성장에 따라 주기적으로 바뀌는 조직도는 굳이 넣을 필요가 없다. 조직도가 전달하는 스토리는 아주 미미하고, 외부인에게는 거의 무의미한 정보이기 때문이다. 조직도만 봐서는 CEO 이외의 인물들은 마치 부속품 같아 보이고, 번호로만 표시된 개발팀은 무슨 일을 하는지 도무지 알 수가 없다.

반면, 미국의 회사들은 항상 '경영진 소개' 페이지가 따로 있고,

이 페이지에 상당히 정성을 들인다. 이것은 배울 점이라고 생각한다. 이와 관련해서 구글의 경영진 소개 페이지가 좋은 예로 소개되고 있는데, 그 외에도 샌프란시스코에 위치한 중소기업 클라이밋(Climate. com)의 '리더십(Leadership)' 페이지도 참고할 만하다. CEO를 비롯해서 회사의 경영을 담당하는 사람들을 한 명씩 아주 자세히 소개해 놓았다.

결국 내가 강조하고 싶은 것은 '스토리'를 전달하려는 노력은 개인뿐 아니라 회사 차원에서도 중요하다는 것이다. 투자자와 고객이 그 무엇보다 스토리를 중요하게 생각하기 때문이다.

나의 경우도 마찬가지다. 자전거로 운동할 때 그 경로를 기록해주는 GPS 트래킹 애플리케이션을 예로 들어보자. 아이폰 앱스토어에서 이런 역할을 하는 애플리케이션은 열 개도 넘는다. 그중 내가 쓰는 것은 스트라바(Strava)다. 내가 이 애플리케이션을 쓰는 이유는 무엇일까? 친구의 추천을 받기도 했고, 써보니까 인터페이스가 깔끔하고 속도도 빨라서 계속 사용하고 있지만, 또 다른 중요한 이유는 이 애플리케이션을 만든 사람들의 스토리가 좋았기 때문이다. 홈페이지에서 '어바웃(about)'을 클릭하면 다음과 같은 말이 나온다.

"스트라바는 운동을 좋아하는 우리 자신의 필요에서 만들어졌습니다. 바쁜 일상 속에서 혼자 운동을 하는 경우가 많은데, 그러다 보니 다른 사람과 우호적인 경쟁을 할 때만큼 최선을 다해서 운동하기가 힘듭니다. 그래서 우리는 혼자 운동할 때의 정보를 다른 사람들의 정보와 비교할 수 있도록 스트라바를 만들었습니다. 우리는 그것을 '소셜피트니스'라고 부릅니다."

그 아래에는 이 애플리케이션을 만드는 사람들의 사진이 올려져 있다. 마우스를 사진 위에 올리면 그들의 이름과 가장 좋아하는 스포츠가 나온다. 이런 '스토리'를 통해 스트라바는 아웃도어 스포츠를 좋아하는 사람들이 만든 회사임을 강조하고 있다. 이것이 바로 회사가 전하고자 하는 스토리이며, 고객들은 이를 통해 제품에 대한 신뢰와 친밀감을 갖게 된다. 이렇게 해서 확보된 신뢰는 웬만해서는 사라지지 않는다.

무엇이 되었든 나만의 스토리를 만들어낼 수 있는 일을 하라

"선배님이 제 나이로 돌아간다면 무슨 일을 하시겠어요?" 내가 후배들에게 "실리콘밸리에서 투자를 받으려면 어떻게 해야 하나요?" 다음으로 종종 받는 질문이다. 사실 쉽게 대답할 수 없는 난감한 질문인데, 그때마다 내 대답은 비슷하다. "무엇이 되었든 자신만의 스토리를 만들어낼 수 있는 일을 하라"는 것이다. '삶(SARM, Start A Real Movement)'이라는 사회적기업을 만든 백운용 씨처럼 말이다.

그는 이 회사를 만들기 위해 미국과 캐나다의 명망있는 사회적기업들을 탐방하면서 그 탐방기를 블로그에 올렸다. 작년 6월 처음 만났을 때 그는 메릴린치에서 일하고 있었고, 사회적기업을 만들고 싶다는 꿈을 이루기 위해 세계여행을 계획하고 있었다. 나는 그에게 "스토리는 자기만의 색깔이며, 자신에게만 남는 것이고, 궁극적으로 큰 가치를 가질 것"이라고 조언해주었다. 얼마 후 그는 회사를 그만두고 '삶'을 시작했으며, 오직 자신만이 가질 수 있는 강력한 스토리를 만들어가고 있다. 그 스토리는 계속해서 퍼져나갈 것이고, 더 많은 사람에게 감동을 줄 것이며, 무엇으로도 대체할 수 없는 브랜드를 만들어줄 것이다.

피터 구버는 스토리의 힘을 《성공하는 사람은 스토리로 말한다》에 이렇게 정의했다.

트로이 목마가 군사를 숨긴 것처럼, 목적이 있는 스토리도 마찬가지다. 그런 스토리는 말하는 사람이 듣는 사람의 머리와 마음에 심어주고 싶은 정보, 아이디어, 감정적 촉발, 상품의 핵심 가치 등을 교묘하게 숨기고 있다. 스토리가 가진 마법적인 힘 덕분에, 청중들은 숨겨진 메시지를 듣고 있다는 사실조차 깨닫지 못한다. 스토리를 모두 듣고 나서, 말하는 사람이 뭔가 액션을 취하도록 유도하면 그제야 그 사실을 깨닫는다.

이것이 바로 스토리가 가진 가장 큰 힘이다. 스토리 속에 상대방을 움직이고 생각을 바꾸려는 의도가 숨어 있어도 상대방은 그 스토리를 들으며 '선물'이라고 느낄 것이다. 스토리를 잘 만들고 전달하는 능력이 그래서 중요한 것이다.

　그런데 이 스토리는 반드시 자신만의 스토리여야 한다. 그래야 강력하게 오랫동안 힘을 발휘할 수 있다. 실리콘밸리에서 새로운 역사를 쓰고 싶다면, 아니 무슨 일을 하든 성공을 꿈꾼다면, 그 시작은 자신만의 스토리를 만들어나가는 것이어야 한다.

혁신의 원동력 엔젤투자자, 그들은 누구인가

거물급 엔젤투자자의 투자 원칙

게임빌 창업 직후인 2000년, 자신을 '엔젤투자자'라고 소개한 사람으로부터 연락을 받았다. 게임빌에 관심이 있다면서 투자할 수 있느냐고 물었다. 시작한 지도 얼마 안 됐는데 누군가 우리 회사에 투자하겠다니, 기분 좋은 일이었다. 하지만 신뢰할 수 없는 사람의 투자를 받았다가 곤란한 상황에 처한 사례를 들은 적이 있어서 제안을 정중히 거절했다. 이후 우리는 현대증권으로부터 7억 원의 투자를 유치했다.

실리콘밸리에서는 유능한 엔젤투자자들이 창업 인프라에서 핵심적인 역할을 담당하고 있다. 《비즈니스위크》와 스타트업의 기록을 모으는 유누들(YouNoodle)에서 2010년에 실시한 공동조사에 따르면,

이들이 투자한 740개의 신생 회사는 30만 개가 넘는 일자리를 창출했으며, 벤처캐피털로부터 약 18조 원의 투자를 유치했다고 한다.

실리콘밸리의 수많은 엔젤투자자 중에서도 전설적인 투자자로 꼽히는 사람이 있다. 바로 론 콘웨이(Ron Conway), 페이스북·트위터·구글·페이팔 등에 투자한 인물이다.

컴퓨터업계에서 영업직으로 커리어를 시작한 그는 훗날 퍼스널 트레이닝 시스템(Personal Training Systems)이라는 회사의 CEO가 되었다. 이 회사를 팔아 번 돈으로 실리콘밸리의 회사들에 투자하기 시작했는데, 투자한 회사 가운데 상당수가 크게 성공해서, 그야말로 '미다스의 손'이 되었다. 그가 투자한 회사는 무려 500개가 넘는데, 최근까지도 순수하게 자신의 돈만으로 투자를 해왔다. 실리콘밸리에서는 그가 안목을 갖고 투자한 회사들의 성공 여부를 지켜보는 것만으로도 흥미로울 정도다.

실리콘밸리의 거물급 엔젤투자자들, 그들만의 투자 원칙

이런 엔젤투자자로부터 투자를 받으려면 어떻게 해야 할까? 그들이 창업자를 만났을 때 어떤 점을 가장 눈여겨보는지, 그들이 원하는 것이 무엇인지 알아야 한다. 실리콘밸리의 두 거물급 엔젤투자자, 론 콘웨이와 마이크 메이플스(Mike Maples)가 스탠퍼드대학의 티나 실리그(Tina Seelig) 교수와 나눈 대화는 엔젤투자의 핵심 내용을 모두 다루고 있다고 해도 과언이 아니다. 대가들의 투자 습관과 투자를 결정하는 그들만의 관점을 파악할 수 있다.

Q 창업자들이 엔젤투자자를 원하는 이유가 뭐지요?

마이크·론 : 네 가지로 요약할 수 있습니다. 물론 돈이 첫째겠지요. 그 다음은 인맥입니다. 엔젤투자자들은 대개 인맥이 좋거든요. 즉, 사람들을 찾아줍니다. 사업을 개발할 사람이 필요하면 그런 사람을 찾아주고, 엔지니어가 필요하면 좋은 엔지니어들을 구해줍니다. 세 번째는 조언을 듣기 위해서입니다. 많은 엔젤투자자는 전에 사업을 시작해서 성공하거나 실패한 경험이 있지요. 마지막으로, 좋은 엔젤투자자들은 더 많은 '엑싯 옵션'을 제공할 수 있습니다. 우리가 그 회사에 관심을 보일 벤처캐피털리스트를 찾아서 소개해줄 수 있지요.

Q 어떤 창업자가 당신을 찾아오면 무엇을 가장 먼저 살펴보나요?

마이크 : 우선, 투자액으로 봤을 때 100만 달러(11억 원) 이상을 필요로 하는 사람들을 관심있게 봅니다. 제가 50만 달러 정도 투자하고 나머지는 다른 사람들에게 연락해서 투자를 받도록 하죠. 둘째, 많은 창업자가 아이디어만 가지고 찾아오는데, 사실 아이디어는 매우 값싸고 흔합니다. 요즘처럼 테스트에 돈도 별로 안 드는 때에 만들어보지도 않고 찾아오는건 확신이 부족하다는 증거라고 생각해요. 결국 그 상품

을 살 사람은 고객들입니다. 저는 고객이 아닌데 제가 평가할 수는 없어요. 고객이 있어야 좋은 아이디어임이 입증되는 거지요.

 제안이 몇 개나 들어오고, 그중 몇 개에 투자하고, 몇 개가 성공했나요?

론 : 하루에 약 다섯 개가 들어오고, 그중 세 개를 거절하고 두 개를 검토합니다. 괜찮으면 백그라운드를 체크하죠. 맘에 들면 만나봅니다. 한 달에 약 하나씩 투자하니까, 월 150개의 제안서 중 한 개에 투자한다고 보면 됩니다. 지난 2년간 125개의 회사에 투자했는데, 두세 개가 록스타가 됩니다. 페이스북이 그중 하나죠. 저는 3분의 1씩 나눠 투자하는데, 그중 3분의 1은 망하고, 3분의 1은 원금을 돌려받고, 나머지 3분의 1이 세 배, 다섯 배, 열 배의 수익을 냅니다. 여기서 남긴 수익이 전체 손실을 감당하죠. 운 좋게도 저는 그런 게 매번 하나씩 있었어요. 결국 우리는 그 하나의 '히트'를 찾는 겁니다.

 실패한 후 되돌아오는 창업자에게 투자하겠습니까?

마이크 : 물론이죠. 좋은 예가 하나 있어요. 제가 전에 오데오(Odeo)라는 회사에 투자한 적이 있습니다. 창업자 에번 윌리엄스가 팟캐스트를 하겠다는 아이디어를 들고 저를 찾아왔어요. 애플이 팟캐스트를 시작하기 전이었죠. 저는 에번을 믿었고, 팟캐스트가 좋은 아이디어라고 생각했습니다. 그런데 일주일 후 애플에서 팟캐스트 서비스를 발표했어요. 몇 달 후에 에번이 돈을 돌려주겠다며 찾아왔습니다. 그래

서 제가 얘기했어요. "나는 그 돈을 돌려받을 생각이 없습니다. 뭘 하든 신경 쓰지 않을 테니 그냥 그 사업에 쓰세요." 그러자 에번이 말했습니다. "사실 요즘 재미있는 사이드 프로젝트가 있어요. 트위터라고……." "트위터? 이름이 재밌네요. 거기에 투자할게요." 그 다음 이야기는 잘 아시겠죠? 창업자가 실패하는 게 아니라 사업이 실패하는 겁니다. 저는 그걸 개인의 잘못이라고 생각하지 않아요. 뭐든 다 성공할 수는 없죠.

론 : 저는 창업자의 유연성을 매우 중요하게 생각합니다. 실패하는 창업자는 사업이 초기 아이디어와는 완전히 다른 방향으로 흘러갈 수 있다는 걸 받아들이지 못해요. 그걸 정확히 알고 상황에 맞게 바꿔야 하는데…… 그걸 모르는 사람한테는 투자 안 합니다. 저는 이걸 정말 중요하게 생각해요.

Q (마지막으로 티나가 질문한다.) 실리콘밸리에 없는 사람은 어떻게 하면 될까요?

론 : 비행기를 타고 날아오세요. 마크 저커버그를 보세요. 하버드에서 시작했지만 실리콘밸리로 왔고, 여기서 성공했습니다. 자원이 모두 여기에 있어요.

티나 : 누구나 비행기를 탈 수 있는 건 아니잖아요.

론 : 그럼 사업을 시작하지 마세요.

티나 : 하하하…… 다른 곳에서 실리콘밸리와 같은 환경을 조성하려면

어떻게 하면 될까요?

론 : 힘들어요. 유럽에도 비슷한 게 있긴 하지만, 실리콘밸리와는 비교도 안 됩니다. 최고의 창업자들이 여기 와서 사업을 시작합니다. 정말 성공적인 회사들을 보면 캘리포니아 출신이 만든 경우는 별로 없어요. 다른 곳에서 온 사람들이 여기서 경합을 벌이는 거죠.

좀더 구체적으로 엔젤투자자들이 중시하는 것들을 살펴보자. 마크 서스터(Mark Suster)는 자신의 블로그에 워낙 훌륭한 글을 많이 올려서 유명해진 벤처캐피털리스트다. 나는 그를 2009년 MBA 수업 시간에 만났다. '사업계획서 개발'이라는 수업이었는데, 우리가 한 학기 동안 발전시켜온 사업 아이디어와 계획서를 최종 발표하는 마지막 시간에 마크가 와서 심사를 했다. 한 팀 한 팀 발표가 끝날 때마다 평을 해주었는데, 날카롭고 명쾌한 지적을 들으며 감탄했던 기억이 난다. 당시 그는 비즈니스플랜은 다음과 같은 순서가 되어야 한다고 강조했다.

1. 무엇이 문제인가?
2. 현재 솔루션(또는 경쟁자들의 제품)들은 그 문제를 어떤 방법으로 해결하고 있는가?
3. 당신은 어떻게 해결할 것인가?
4. 당신이 이 문제를 기존의 회사들보다 더 잘 해결할 수 있는 이유는 무

5. 해결할 경우, 시장은 얼마나 큰가? 수백억 원짜리 시장인가, 수십조 원
   짜리 시장인가? 프로젝션해보라.

정말 간단하지만, 사업의 핵심적인 요소를 짚을 수 있는 중요한 리스트다. 그 수업 이후 내가 사업계획을 발표할 때나 다른 사람들의 사업 아이디어를 평가할 때 항상 이 순서에 따른다.

실리콘밸리의 엔젤투자자는 어떤 사람들인가?

엔젤투자자는 실리콘밸리가 창업하기 좋은 환경을 갖춘 이유를 설명할 때 빠지지 않는 한 축이다. 그렇다면 미국에서 어떤 사람들이 엔젤투자자로 활동하고 있을까? 통계가 따로 나와 있지 않아 정확히 알 수는 없지만, 대략 다음과 같은 프로필을 가지고 있는 것 같다.

첫째, 과거에 창업을 해서 회사를 성공적으로 매각한 경험이 있는 사람들이다. 2010년 2월, 《비즈니스위크》에서 조사해 발표한 '미국에서 가장 성공한 25명의 엔젤투자자'를 보자. 1위인 크리스 딕슨(Chris Dixon)은 스카이프(Skype)에 투자했는데, 전에 헌치(Hunch)의 공동창업자였다. 3위인 리드 호프먼(Reid Hoffman)은 링크드인(LinkedIn)을, 마크 안드레센(Mark Andreessen)은 넷스케이프(Netscape)를 창업했다.

7위인 제프 베저스(Jeff Bezos)는 설명이 필요없는 미국의 가장 인기있는 온라인 쇼핑 기업 아마존을 창업했다. 앞서 살펴본 론 콘웨이 역시 이 그룹에 속한다.

이들의 특징은, 자신이 창업했던 경험이 있기 때문에 통찰력과 직감으로 투자할 회사를 선택하고, 후배 창업자들에게 실질적인 조언을 해줄 수 있다는 것이다. 또 다른 많은 창업자들과 좋은 인맥을 맺고 있기 때문에, 이들을 자신이 투자한 회사에 연결해줄 수도 있다. 내가 보기에 가장 이상적인 엔젤투자자의 프로필인 것 같다.

둘째, 회사 초기에 참여해서 회사가 상장 또는 매각되면서 큰돈을 번 사람들이다. 성장 가능성이 높은 비상장 기업에 입사했다가 회사가 상장하면 입사 당시 받은 주식으로 적게는 수십억, 많게는 수천억, 드물게는 수조 원의 돈을 벌게 된다. 그렇게 번 돈으로 새로운 사업을 하는 사람도 있지만, 다른 스타트업에 투자를 하기도 한다.

《비즈니스위크》는 '구글의 진짜 힘, 엔젤투자자들'이라는 제목의 기사에서, 구글 초기에 입사해 돈을 번 사람들 중 상당수가 투자자가 되었다고 밝혔다. 지난 6년간 구글이 상장하면서 부자가 된 사람들 중 약 50명이 엔젤투자가가 되어 지금까지 400개의 회사에 투자했다고 한다. 잘 알려진 사람만 50명이고, 작은 규모로 스타트업에 투자하고 있는 사람은 그보다 훨씬 많을 것이다. 작년에 페이스북이 상장하면서 실력 있는 엔젤투자자가 많이 생겨났고, 앞으로 더 많은 회사가 매각되거나 상장되면 그 수는 더 늘어날 것이다.

셋째, 대기업 중역 또는 은퇴한 사람들이다. 전에 우리 회사에서 일했던 한 임원은 엔젤투자자로 활동하며 자문 역할을 하기도 했다. 또 지인 중에 미국의 한 대기업에서 중역으로 근무했던 사람이 있는데, 그에게 트위터 초기에 창업자가 투자를 해달라며 찾아왔다고 한다. 주변 친구들에게 수소문해봤으나 투자하겠다는 사람이 아무도 없어 결국 자기만 투자했는데, 트위터의 눈부신 성장 덕분에 그는 지금 가장 행복한 사람 중 한 명이 되었다.

내가 한때 활동했던 멘로파크(Menlo Park) 장로교회 성가대에는 엔지니어, 대기업 임원 등으로 근무하다가 은퇴한 미국인이 많았다. 그들에게 무슨 일을 하느냐고 물어보면 스타트업에 투자한 후 이사로 활동하면서 회사를 돕고 있다고 대답하는 이가 적지 않았다.

한국에 뛰어난 엔젤투자자가 아직 많지 않은 이유

실리콘밸리에서 혁신적인 기업이 탄생하는 데 핵심적인 역할을 하는 엔젤투자자들. 한국에도 그런 엔젤투자자가 많아지고 있지만 아직 그 양이나 질에서 많이 부족하다. 몇몇 선구적인 투자자는 물론 있다. 네오위즈를 공동창업했으며, 검색엔진 '첫눈'을 개발해서 NHN에 350억 원에 매각했고, 최근 본엔젤스를 공동창업해 투자자로 활동하고 있는 장병규 대표가 대표적이다. 또 프라이머의 권도균 대표는 대학생들의 창업을 지원하는 프로그램을 시작했다. 하지만 여전히 전문성을 갖춘 엔젤투자자는 손에 꼽을 정도다. 왜일까?

첫째, 엑싯의 차이 때문이다. 실리콘밸리에서는 기업이 자신만의 기술과 서비스로 고객들이 만족하는 제품을 개발하면, 즉시 대기업들의 인수·합병 레이더에 감지된다. 마이크로소프트, 시스코, 오라클, 구글…… 이들의 공통점은 인수·합병을 통해 새로운 기술을 계속 편입시켜 성장해왔다는 것이다. 거의 한 달에 하나씩 기업을 인수하는 경우도 있다. 오라클에서 회사 인수는 늘 논의되는 주제다. 이들뿐만이 아니다. 디즈니는 2010년 '탭탭리벤지(Tap Tap Revenge)'를 만들어 유명해진 아이폰·아이패드 게임 개발사 태퓰러스(Tapulous)를 인수해 화제가 되기도 했다.

〈테크크런치〉의 기사를 보면, 거의 매일 하나의 회사가 매각되는 것 같다. 일반적으로 상장보다는 매각이 훨씬 요구조건이 낮고 가능성이 높다. 기업 매각이 이렇게 자주 일어난다는 것은 그만큼 투자자들이 투자액을 쉽게 회수할 수 있다는 뜻이고, 곧 엔젤투자자들이 더 쉽게 투자 결정을 내릴 수 있다는 의미다.

반면, 한국에서는 엑싯 모델로 매각을 생각하는 경우가 많지 않다. 상장되기 전에는 투자액을 회수하기가 힘들다. 비상장 주식을 팔수는 있겠지만, 상장 가능성이 낮은 기업의 경우 (비록 돈을 잘 벌고 있다 하더라도) 주가가 낮기 때문에 팔기도 힘들뿐더러 팔아봤자 별 이득을 보기 어렵다. 한편, 그동안 대기업들은 중소기업에 정당한 대가를 지불하고 뛰어난 기술을 사가기보다는 복제한 후 해당 중소기업을 시장에서 퇴출시키는 경우가 많았다. 이런 이유들 때문에 엑싯이 아예 불가능하거나 시간이 너무 오래 걸린다.

둘째, 투자 인프라의 차이 때문이다. 엔젤투자와 벤처캐피털 사이에 존재하는 연결고리에서 차이가 난다. 네 명의 엔젤투자자가 5천만 원씩 2억 원을 투자했다고 가정해보자. 그 돈으로 회사가 제품 개발에 성공해서 고객을 모으기 시작하면, 창업자와 엔젤투자자들은 벤처캐피털리스트를 찾아나선다. 론 코웨이 같은 유명한 엔젤투자자들이 투자했다면, 100퍼센트 벤처캐피털의 관심을 받게 된다. 이후 벤처캐피털들이 A라운드·B라운드·C라운드로 이어지는 투자를 하고, 결국에는 기업 매각이 이루어질 수 있도록 도와준다. 그 결과 엔젤투자자와 벤처캐피털 모두 투자금을 회수한다.

물론 이런 제도의 부작용도 있다. 엔젤투자자와 관계가 좋은 창업자들이 계속해서 기회를 가져간다는 점이다. 그럼에도 불구하고, 투자를 통해 돈이 활발하게 순환하도록 만들어준다는 점에서는 긍정적인 면이 더 크다고 생각한다.

셋째, 한국에는 연쇄 창업가가 많지 않다. 창업에 성공한 후 회사를 매각하거나 다른 사람에게 넘기고 또 다른 회사를 창업하는 경우가 적다. 또 실패한 사람이 계속 도전하는 경우도 드물다. 반면, 미국에는 실패를 무릅쓰고 계속해서 회사를 만드는 사람이 정말 많다. 트위터 창업자 에번 윌리엄스가 그랬고, 유튜브를 창업한 스티브 첸과 채드 헐리는 페이팔의 초기 멤버였으며, 넷플릭스의 창업자 리드 헤이스팅스도 마찬가지다. 모두 회사를 창업해 매각하거나 실패한 경험을 가지고 있다. 이들은 회사를 만들어 투자를 받은 후 매각하고, 또 다른 회사를 만들어 매각하는 과정을 반복하면서 더 크고 혁신적인 회사를 만들어낸다. .

앞으로 한국에서도 기업 인수·합병·매각이 지금보다 활성화될 것이고, 전문성을 갖춘 엔젤투자자의 역할 또한 커질 것이다. 나 역시 지금까지 한국과 미국의 여섯 회사에 투자했고, 앞으로도 기회가 있으면 계속 투자할 생각이다. 실력 있는 벤처사업가가 창업을 거듭하는 창조적인 생태계가 구축되려면 엔젤투자는 필수적이다. 새 정부의 경제 슬로건인 '창조경제' 활성화도 이런 창업의 선순환에 기반해야 할 것이다.

투자자와 포커플레이어의 공통점은 무엇인가

엔젤투자자로 성공하는 법

엔젤투자라는 말은 1930년대 할리우드 영화에 투자하는 사람들을 '엔젤(angel)'이라고 부른 데서 유래되었다. 전설적인 투자자 론 콘웨이는 엔젤투자자를 '리스크를 사랑하는 사람'이라고 정의했다. 대체로 IT산업에 대한 전문성을 가지고 50만 달러(5억 5천만 원) 미만의 돈을 투자하는 사람으로, 실리콘밸리의 혁신적인 창업 인프라에 큰 역할을 하고 있다.

한국에서도 엔젤투자에 대한 관심이 점점 커져가고 있다. '창조경제'의 근간이 될 벤처기업에 투자하는 엔젤투자자들의 움직임이 더 활발해졌고, 정부에서는 금융세제 혜택안 마련을 서두르고 있다. 엔젤투자자가 벤처의 선순환 생태계에 기여하는 바가 크기 때문이다.

전문성과 안목을 갖춘 성공적인 투자자이자 벤처 발전에 기여하는 좋은 투자자가 되기 위해 알아야 할 것은 무엇인지 살펴보자.

성공적인 엔젤투자자의 다섯 가지 조건

마크 서스터는 벤처캐피털리스트가 된 창업가다. 그는 미국 벤처캐피털업계에서 상당한 유명인사로, 남부 캘리포니아(LA, 샌디에이고 및 오렌지카운티 지역)에서 가장 큰 벤처캐피털인 업프론트벤처스(Upfront Ventures)의 파트너다. 벤처캐피털리스트가 되기 전에 회사를 만들어서 매각한 경험이 있어(빌드온라인은 프랑스 회사에, 코랄은 세일즈포스닷컴에 매각했다), 사업가와 벤처캐피털리스트 양쪽의 경험을 바탕으로 '테이블의 양면(Both Sides of the Table)'이라는 블로그도 운영하고 있다.

그의 블로그에는 엔젤투자자와 창업가들에게 도움이 되는 내용이 많다. 특히 '좋은 엔젤투자자의 조건'이라는 시리즈는 엔젤투자자를 꿈꾸는 사람이라면 누구나 읽어야 하는 글이다. 그는 엔젤투자자를 포커플레이어에 비교하면서, 좋은 엔젤투자자가 되기 위해서는 다섯 가지 조건을 갖춰야 한다고 말한다.

첫 번째 조건은 딜플로(Dealflow) 접근법이다. 포커에서 으레 그렇듯이, 몇 명의 프로가 돈을 벌고 나머지 대부분은 잃는다. 투자자의 세계도 마찬가지라는 것이다. 우리는 모두 공평한 테이블에 앉아 있고 성공할 확률이 비슷하다고 생각하지만, 이는 사실 틀린 생각이다. 포커테이블에서 이기는 사람은 '딜플로 액세스(Dealflow Access)'의 특성을 가지고 있다. 모든 투자자가 뛰어난 사업가들을 접촉할 수 있을 거라고 기대하지만, 실상은 그렇지 않다. 마크는 다음과 같은 예를 들어 설명한다.

크리스 사카(Chris Sacca)는 XG벤처스에서 일한다. XG는 엑스-구글러, 즉 한때 구글에서 일했던 사람들을 의미한다. 에번 윌리엄스가 창업한 트위터의 초기 투자자가 한때 구글에서 에번과 같이 일했던 크리스라는 것은 놀랄 일이 아니다.
많은 위대한 회사가 이미 성공적인 벤처를 창업한 경험이 있는 사람들에 의해 만들어지는데, 이들은 가장 먼저 어떤 투자자들을 찾아갈까? 마크 안드레센(넷스케이프 창업자), 제프 클래비어, 마이크 메이플스(Motive Inc.의 공동창업자) 등의 성공적인 초기 단계 벤처투자자들이다.

마크는 두 번째 조건으로 전문 분야의 지식을 꼽았다. 그러면서 제품에 대해 잘 알고, 기술 저널을 주기적으로 읽고, 트위터나 페이스북에서 일하는 몇 사람을 알고 있다고 해서 그 분야의 전문지식을 갖게 되는 것은 아니라고 못박았다.

경제칼럼니스트 마이클 루이스(Michael Lewis)가 이야기한 대로, 글로 뭔가를 읽고 있다면 이미 한 발 늦은 것이다. 결국 주말 포커플레이어인가, 프로페셔널 포커플레이어인가의 차이이기도 하다. 주말에만 포커를 하는 경우, 질 걸 알면서도 그냥 베팅을 한다. 처음에는 몇 번 이길 수도 있지만, 그것 때문에 나중에 많이 잃는다. 프로페셔널들은 오랫동안 거의 매일 플레이하기 때문에 언제 돈을 걸어야 할지 그 타이밍을 알고, 카드를 세고, 결과를 통제한다.

세 번째 조건은 벤처캐피털리스트들과의 인맥이다. 벤처캐피털은 기술 생태계에서 중요한 역할을 한다. 초기 단계에 투자하는 투자자들은 이 사실을 안다. 그래서 마크는 좋은 엔젤투자자가 되기 위해서는 벤처캐피털리스트들에게 트윗을 보내거나 그들이 게으르다며 욕할 게 아니라, 좋은 딜에 접근할 수 있도록 그들과 인맥을 쌓으라고 조언한다.

엑싯까지 오래 걸리면 엔젤투자자가 돈을 벌기는 더 어렵다. 그러므로 잇따라 투자할 벤처캐피털리스트들을 찾느냐 못 찾느냐가 전략적 차별성이 된다. 당신이 엔젤투자자라면 시간을 쪼개서라도 그 사람들과 친분을 쌓아라.

네 번째 조건은 두툼한 주머니다. 즉, 확률게임에서 이길 수 있을 정도의 자금력이 필요하다.

포커에서 이기려면 좋은 카드가 나올 때까지 기다릴 수 있어야 한다. 일단 첫 두 장의 카드가 좋다면, 다음 카드를 보기 위해 계속 따라가야 한다. 세 번째, 네 번째 카드가 나오면서 상황이 더 명확해지고 이길 확률을 더 잘 계산할 수 있게 된다. 카드가 유리하게 나온다면 더 용기있게 투자해야 하는데, 만약 테이블에 칩이 충분하지 않으면 그렇게 하기는 쉽지 않다. (……)

때로는 가지고 있는 카드가 좋지 않아서 게임을 포기해야 할 때도 있다. 그것도 괜찮다. 다음 경기를 위해 돈을 아껴두는 것이다. 포커에서 모든 경기를 다 이기려고 하는 건 지는 전략이듯이, 모든 투자가 다 잘되도록 하는 것도 지는 전략이다.

다섯 번째 조건은 바이어(buyer)와의 인맥, 즉 투자한 회사를 사줄 회사와 좋은 관계를 맺는 것이다. 마크는 최고의 투자자가 되기 위해서는 제대로 된 딜을 찾아내고 어려울 때 팀을 도와주는 것은 기본이고, 자신이 투자한 회사를 살 회사들과 좋은 관계를 맺고 그들에게 영향을 미칠 수 있어야 한다고 강조한다.

론 콘웨이가 계속해서 투자실적이 좋은 것은 놀랄 일이 아니다. 그는 실리콘밸리의 수많은 젊은 창업가를 지원해왔다. 그들이 아직 어리고 접근

가능할 때 '아는 사이'가 되었고, 투자를 했다. 그러면 사람들은 잊지 않는다. 그들이 특정 회사를 사려고 할 때, 론은 충분히 연결시켜줄 수 있을 것이다. 유명한 벤처캐피털들도 마찬가지다. 세쿼이어캐피털은 구글과 유튜브 양쪽에 투자했고, 그 결과 유튜브가 구글에 인수되었다.

마크 서스터는 엔젤투자자들에게 "당신이 투자한 회사를 바이어의 상품 담당 부사장 또는 CEO에게 직접 소개할 수 있는가?"라고 묻는다. 투자 성과가 좋은 엔젤들은 그런 제안을 직접 하기 때문이다. 투자란 결국 돈을 모으고, 코칭하고, 투자하고, 마지막으로 엑싯해야 성공하는 것인데, 그러기 위해서는 투자한 회사를 살 회사에게 적극적으로 제안할 수 있는 실력과 인맥을 갖춰야 한다는 것이다.

투자자는 사업가의 친구가 되어야 한다

마크 서스터가 제시한 '성공적인 엔젤투자자의 다섯 가지 조건'을 모두 갖춘 투자자로 생각나는 사람이 있다. 바로 아이딘 센커트(Aydin Senkut)다. 그는 펠리시스벤처스(Felicis Ventures)의 설립자이자 매니징디렉터다. 50개가 넘는 회사에 투자했고, 이들 중 많은 회사가 4~44개월 만에 구글, 인튜이트, 트위터, AT&T, 마이크로소프트 등에 팔렸다.

아이딘은 벤처투자회사를 시작하기 전에는 구글의 초기 멤버이자 (1999년 입사) 시니어매니저였다. 보스턴에서 경영학을 전공했고, 와튼스쿨에서 MBA를 마쳤다. 펠리시스벤처스의 팀 소개 페이지에서 다음과 같은 인상적인 문구를 발견했다. 민트(Mint.com)의 창업자 아론 패처(Aaron Patzer)가 아이딘 센커트에 대해 한 말이다.

민트의 엔젤투자자로서 아이딘은 제품에 대해 피드백을 많이 주었고 추가 투자를 받을 수 있도록 사람들을 소개해주었습니다. 아이딘은 실제로 우리를 시리즈A 투자자에게 연결해줬어요. 어찌 보면 우리는 그를 안 덕분에 지금 430만 달러(48억 원)의 돈을 더 번 셈이죠. 개인적으로 그는 내가 아는 가장 진실한 사람 중 한 명입니다. 제품과 투자 전략뿐 아니라 심지어 창업자가 겪는 스트레스에도 관심을 갖고 도와줬어요.

엔젤투자자를 자처하는 사람은 많지만 성공한 사람은 많지 않다. 사실 엔젤투자에 들어간 돈은 모두 잃은 것으로 간주해야 한다는 의견도 있다. 회사가 성장해서 투자금이 회수되기까지는 시간도 많이 걸릴뿐더러 확률도 매우 낮기 때문이다. 그래서 '엔젤'이라는 단어가 참 어울린다고 생각한다. 투자금을 모두 잃을 각오로 뛰어난 창업가들을 도와주고, 그들의 성공을 진심으로 함께 기뻐하는 사람들이기 때문이다.

페이팔 창업자들은 왜 실리콘밸리에서 '마피아'로 불리는가

창조경제를 위한 제언

2012년 5월 22일, 혁신적인 전기자동차 회사인 테슬라(Tesla)의 창업자 엘론 머스크(Elon Musk)가 또 한 번 미국 역사에 기록될 만한 업적을 남겼다. 그는 자신의 돈을 1억 달러(1,100억 원)나 투자해서 '스페이스-X'라는 민간 우주선 회사를 만들었는데, 그 회사에서 만들어진 우주선이 마침내 성공적으로 발사되어 우주기지에 도착한 것이다. 수많은 미국인은 이 역사적인 순간을 트위터와 방송을 통해 감격스럽게 지켜보았다.

그런데 이 엘론 머스크는 '페이팔 마피아' 중 한 명이다. 페이팔 마피아(PayPal Mafia)는 수많은 언론과 책에서 이미 다뤘지만, 이곳 실리콘밸리에서 일하다 보면 그들에 얽힌 흥미진진한 이야기가 꼬리에

꼬리를 물고 이어지기 때문에 관심을 갖지 않을 수 없다. 오늘날의 실리콘밸리 역사에서 그들은 그만큼 중요한 역할을 하고 있다.

페이팔 마피아의 탄생 배경

페이팔 마피아의 탄생 스토리 중 가장 재미있는 대목은 그들이 만나게 된 과정이다. 이야기는 창업자인 맥스 레브친(Max Levchin)이 일리노이공대를 졸업하고 실리콘밸리로 이사오면서 시작된다. 보안기술에 관심이 많았던 그는 대학 때 이미 세 번이나 창업을 했다. 졸업 후 그는 대학원에 진학하는 대신 또 다른 창업을 위해 스탠퍼드대학 인근 팔로알토에 사는 친구 집으로 이사한다. 뭔가 재미있는 일을 찾을 수 있을 것 같고, 누군가 자신의 창업에 도움을 줄 것 같은 기대감에 차 있었을 것이다.

스탠퍼드대학에서 이런저런 강의를 듣던 그는 피터 티엘(Peter Thiel)을 만난다. 당시 헤지펀드 매니저였던 피터는 스탠퍼드에서 여름학기 강의를 하고 있었는데, 별로 인기가 없어서 수강생이 고작 여섯 명뿐이었다. 하지만 이 수업은 훗날 페이팔을 만든 두 공동창업자가 만나게 된 역사적인 계기가 되었다.

내가 즐겨 듣는 팟캐스트 '스탠퍼드의 사업가적인 사고의 리더들' 강연에서 피터와 맥스가 대담을 한 적이 있다. 당시 피터는 실리콘밸리에서 태동하고 있는 움직임을 감지하고, 그 물결 속에서 자신만의 기회를 찾고자 했다. 그런 피터에게 러시아에서 태어나 시카고에서 교육받은 똑똑하고 예리한, 무엇보다도 창업을 위해 실리콘밸리로 이사까지 온 맥스 레브친은 매우 흥미롭게 느껴졌을 것이다.

맥스는 피터를 따로 만나 자신이 생각해온 두 가지 사업 아이디어에 대해 이야기했다. 이메일을 이용해서 돈을 보내는 오늘날의 페이팔을 탄생시킨 아이디어와는 거리가 먼, 기업용 보안기술에 관한 두 가지 아이디어였다. 이를 들은 피터는 그중 한 가지에 관심을 보이며, 자신의 헤지펀드를 통해 맥스의 회사에 몇십만 달러 정도 투자할 수 있을 거라고 말했다. 맥스는 용기를 얻어 회사를 설립했다. 그러나 마땅한 CEO를 찾을 수 없자 다시 피터에게 가서 자신은 코드를 만들고 코딩할 사람을 찾는 일만 하고 싶다고 했다. 그러자 피터가 말했다.

"내가 당신 회사의 CEO가 될 수도 있을 것 같은데요?"

그렇게 해서 피터는 훗날 이베이(eBay)에 15억 달러(1조 7천억 원)에 매각된 회사 페이팔의 CEO가 되었다. 설립 당시의 회사명은 컨피니티(Confinity)였는데, 나중에 엘론 머스크가 만든 인터넷은행 엑스닷컴(X.com)과 합병하면서 이름을 '페이팔'로 바꿨다.

그런데 피터 티엘은 어떤 이력을 가진 인물일까? 소위 '실리콘밸리스러운' 이력은 아니다. 스탠퍼드대학에서 철학을 전공한 후 법학대학원을 졸업했다. 이후 크레디트스위스(Credit Suisse)에서 트레이더로 일했으며, 전 교육부장관 윌리엄 버넷(William Bennett)의 연설문작가로 일하기도 했다.

그는 또 1996년에 발간된 책《다양성의 미신*The Diversity Myth*》의 공동저자이기도 하다. 스탠퍼드대학에서 추구했던 '다문화주의'로 인한 문제점들을 비판한 내용이었는데, 초판에서 그친 걸 보니 그다지 영향력이 있지는 않았던 것 같다. 그가 맥스 레브친을 만난 것은 이 책을 출판하고 2년이 지난 후였다. 똑똑하고 야심도 있었기 때문에 맥스 레브친이 아니더라도 다른 훌륭한 창업가를 만나 기회를 얻었을 테지만, 그 순간에 맥스를 만난 것은 그에게도 분명 큰 행운이었다.

어쨌든 그들이 공동창업한 회사의 첫 제품은 16메가헤르츠(Mhz)밖에 안 되는 프로세서를 가진 팜파일럿(Palm Pilot)에 정보를 안전하게 저장할 수 있도록 하는 소프트웨어였다. 그들은 팜파일럿과 같은 모바일 기기가 곧 미국 기업들 사이에서 큰 인기를 끌 것이고, 그렇게 되면 자신들의 소프트웨어가 기업의 민감한 정보를 안전하게 저장하는 데 유용하게 쓰일 것이라고 기대했다.

하지만 그런 일은 일어나지 않았다. 기업들의 모바일 기기 도입 속도가 너무 느렸다. 그래서 아이디어를 바꾸고 또 바꿨다. 기업 대신 소비자들이 암호나 신용카드 번호 같은 중요한 정보를 팜파일럿에 저장할 수 있도록 새로운 소프트웨어를 만들다가 '돈'을 저장할 수도 있겠다는 아이디어에 다다랐다. '돈을 안전하게 저장하고 전송하기',

그들의 미래를 바꾼 중대한 전환이었다.

그 후의 이야기는 실리콘밸리의 '역사'가 되었다. 그들은 이 새로운 아이디어를 실리콘밸리 투자자들에게 설명했고, 팜파일럿을 이용해 돈을 주고받는 것이 미래의 일상이 될 거라고 생각한 투자자들은 실제로 자신들의 팜파일럿에서 맥스와 피터의 팜파일럿으로 450만 달러(50억 원)를 보냈다. 흥미롭게도, 아이폰과 페이팔 애플리케이션을 이용해 쉽게 돈을 주고받게 된 지금도 이 방법을 이용하는 사람은 많지 않다.

어쨌든 당시 그들은 이 돈으로 자신들의 인맥 가운데 똑똑한 사람들을 불러모았다. 훗날 실리콘밸리의 전설이 될 '페이팔 마피아' 멤버들은 이렇게 해서 모였다. 특정 회사 출신들이 나와서 창업하고 투자하고 성공하는 케이스는 많지만(마이크로소프트, 구글, 야후 출신들도 많이 창업했다), 페이팔 출신 중 유난히 눈에 띄게 성공한 사람이 많고, 그 성공에 페이팔 출신들의 긴밀한 관계가 큰 역할을 했기 때문에 이들의 스토리가 더 유명해졌다.

실리콘밸리의 미래가 궁금하다면, 이들의 움직임을 주시하라

페이팔 마피아 주요 멤버의 면면과 그들이 투자하고 창업한 과정을 살펴보면 실리콘밸리의 현재를 이해하는 데 도움이 된다. 페이팔 마피아뿐 아니라 페이스북 마피아, 엑스-구글러 등은 실리콘밸리를 전세계의 IT 중심지로 만드는 데 중요한 역할을 담당하고 있다. 이들이 서로 동료와 투자자로 끊임없이 관계를 이어가며 노하우와 '촉(觸)'을 공유하는 과정에서 핵심적인 역할을 하고 있기 때문이다. 창업에 성공한 이들은 새로운 투자에 앞장서고, 실패한 이들은 또 다른 아이템으로 도전하면서 선순환이 일어나고 있다.

피터 티엘, 페이팔 마피아의 대부

페이팔의 공동창업자이자 CEO였으며, 페이팔이 이베이에 매각된 시점에 6,800만 달러(760억 원)를 벌었다(이 금액 자체가 큰 액수는 아니다). 그동안 그가 해온 중요한 역할 덕분에 마피아의 '대부'라 불린다. 2004년 8월 마크 저커버그가 투자를 받기 위해 찾아왔을 때 50만 달러(5억 6천만 원)를 투자해서 당시 10퍼센트의 지분을 확보했는데, 그 주식은 현재 시가로 2조 원어치가 넘는다. 또 파운더스펀드(The Founders Fund)라는 스타트업 투자회사를 만들어, 퀀트캐스트(Quantcast), 옐프(Yelp), 슬라이드(Slide), 링크드인(LinkedIn), 팰런티어(Palantir) 등 실리콘밸리의 수많은 회사에 투자했다. 지금은 자산 규모가 2조 2천억 원에 달하는 헤지펀드도 운영하고 있다.

그가 관여하고 있는 프로젝트 중 가장 흥미로운 것은 '20 언더(under) 20'이라는 티엘 펠로십 프로젝트다. 대학생들만 지원할 수 있으며, 선정되면 다니던 학교를 중퇴하고 창업하는 조건으로 10만 달러(1억 1천만 원)를 투자받는다. 2011년에 선정된 1기 중 한 명이 만든 회사는 이미 성공적으로 엑싯했다고 한다.

맥스 레브친, 페이팔의 핵심 기술을 만든 천재 엔지니어

일리노이공대 출신으로 페이팔 매각 후 회사를 나와 슬라이드를 만들었고, 이를 구글에 1억 8,200만 달러(2천억 원)에 매각했다(이는 구글의 실패한 인수 사례로 인용되기도 한다). 또 옐프에 100만 달러(11억 원)를 투자했는데, 훗날 옐프가 상장하면서 큰 이익을 남겼다. 그 외에도 핀터레스트(Pinterest), 유누들, 위페이(WePay) 등 열 개 이상의 회사에 투자했다. 현재는 대용량 데이터 분석 회사인 캐글(Kaggle)의 회장이다.

엘론 머스크, 꿈을 현실로 바꾸는 사나이

엘론 머스크처럼 자신의 꿈을 이루기 위해 '무식할 정도로' 매진하는 사람도 흔치 않다. 사실 그는 페이팔에서 밀려난 인물이다. 페이팔의 CEO가 된 후 그는 페이팔이 윈도 시스템을 써야 한다고 주장하면서 맥스와 크게 충돌했다. 결국 맥스의 의견이 받아들여지자 페이팔을 떠났다. 맥스 또한 당시의 갈등 때문에 회사를 떠날 생각까지 했다고 한다.

페이팔을 떠난 후 그는 전기자동차 회사 테슬라모터스를 세웠다. 10만 달러짜리 전기자동차 테슬라를 내놓았을 때 사람들은 모두 군

침을 흘렸지만, 비싼 가격과 부족한 전기충전소 때문에 실제로 소유한 사람은 많지 않았다. 이후 테슬라는 보다 저렴한 '모델-S'를 출시했고, 지금은 여기저기서 전기충전소를 쉽게 찾을 수 있어(샌프란시스코 시내 전역과 주차장에 충전 스테이션이 있다) 초창기보다는 나아졌지만, 경기 하강과 함께 엄청난 적자가 나서 큰 위기를 겪었다(파산 직전까지 갔다가 다임러의 투자와 주식 상장 그리고 미국 정부의 대출 덕분에 살아났다). 어쨌든 지금의 테슬라는 전기자동차의 대명사가 되었고, 미국의 주요 도시에서 전시장을 흔히 볼 수 있다.

최근 그의 이름이 다시 회자된 것은 거대한 민간 우주선 스페이스-X 때문이다. 그의 프로젝트는 멋지게 성공했고, 미국 우주선 개발 역사에 새로운 획을 그었다. 한때 전인류에게 꿈을 안겨주었던 나사(NASA)의 시대가 저물고 있다는 생각이 들 정도다. 머스크의 트위터 계정 프로필 사진은 자신의 어린 시절 모습이다. 마치 '나는 어린 시절의 꿈을 이루며 살고 있습니다'라고 말하는 것 같다.

스티브 첸과 채드 헐리, 유튜브 창업자

별다른 설명이 필요없는 실리콘밸리의 스타다. 페이팔의 엔지니어였던 두 사람은 회사를 나와 유튜브를 만들었고, 훗날 구글에 16억 5천만 달러(1조 8천억 원)에 매각했다.

페이스북 초기의 이야기를 다룬 《페이스북 이펙트 *The Facebook Effect*》에 따르면, 스티브 첸은 유튜브를 창업하기 직전 페이스북의 엔지니어로도 일했다고 한다. 그는 최근 뇌종양수술 후 조용히 지내다가 아보스(AVOS)를 설립했다. 이 회사는 사람들이 힘을 합쳐 창의적인 스토리와 제품을 쉽게 만들 수 있도록 돕는 제품을 만들고 있다.

채드 헐리는 최근 한 행사장에서 동영상을 기반으로 사람들이 공동으로 콘텐츠를 제작할 수 있는 협업 플랫폼을 공개했는데, 아직 구체적인 비즈니스플랜은 발표하지 않았다.

리드 호프먼, 실리콘밸리의 파워맨

리드 호프먼을 빼놓고 실리콘밸리를 이야기할 수는 없다. 실리콘밸리에서 가장 넓고 깊은 네트워크를 가진 사람으로 꼽히는 그는 링크드인 창업자이기 전에 페이팔의 고위임원(Executive Vice President, 부사장급)이자 투자자였다.

그가 지금까지 투자한 회사는 일일이 열거할 수조차 없이 많다. 피터 티엘과 함께 아주 초기에 페이스북에 투자하면서 그 성공에 결정적인 역할을 한 것은 대표적인 사례다. 그가 실리콘밸리의 파워맨이자 존경받는 투자자인 이유는 자신뿐 아니라 주변 사람들도 성공하게 만들기 때문이다.

그의 저서 《당신이라는 스타트업_The Startup of You_》을 보면, 2004년 페이스북에 투자할 수 있는 기회가 찾아오자(아마 페이스북에 이미 투자한 피터의 소개를 받은 듯하다) 당시 친하게 지내던 마크 핀커스

(Mark Pincus)에게 자신의 지분 절반을 떼어주었다. 그래서 그와 마크가 각각 5만 달러(5,500만 원)씩 투자했는데, 현재 그 가치는 수천억 원에 이른다. 2007년에는 마크 핀커스가 징가(Zynga)를 설립하자 즉시 투자했는데, 나중에 징가가 나스닥에 상장하면서 또 큰돈을 벌었다.

제러미 스토플먼, 옐프의 CEO

페이팔의 엔지니어였던 제러미 스토플먼(Jeremy Stoppleman)은 회사를 나온 후 옐프를 창업했다. 2003년 여름 페이팔이 이베이에 매각된 후 하버드대학 MBA과정에 진학했으나 1학년만 마치고, 이듬해 페이팔 마피아 멤버인 러셀 사이먼스(Russel Simmons)와 함께 옐프를 만들었다. 옐프의 초기 투자는 페이팔의 공동창업자 맥스 레브친이 운영하는 인큐베이터에 의해 이루어졌고, 현재 나스닥에 상장되었다.

슈퍼엔젤, 데이브 매클루어

데이브 매클루어(Dave McClure)는 페이팔의 마케팅디렉터였으며, 현재 '500스타트업'의 CEO다. 500스타트업은 미국의 창업 액셀러레이터 프로그램으로, 지금까지 100개 이상의 스타트업 회사가 이 인큐베이션 프로그램을 거쳐갔다.

한국의 페이팔 마피아, 그들이 창조경제의 주인공이다

한국에도 '페이팔 마피아'라고 불릴 만한 사례가 있다. 바로 '태터앤 컴퍼니'다. 노정석 대표가 창업한 이 회사는 2008년 구글에 인수된 후 다섯 명의 창업자를 배출했다. 그중 김창원 대표는 구글 본사에서 나와 타파스미디어를 설립했으며, 지금까지 140만 달러(15억 5천만 원)의 투자를 받았다.

게임빌에서도 창업자가 많이 나왔는데, 돌이켜보면 창업 시기와 상황이 페이팔 초기와 비슷했다. 페이팔은 1999년 1월 1일, 게임빌은 2000년 1월 10일에 창업했다. 게임빌이 2000년 4월 첫 게임을 출시한 후, '서울대 벤처동아리 초대회장' 출신 송병준 대표가 만든 회사라는 사실이 각종 언론에 보도되자 수많은 서울대생이 게임빌의 문을 두드렸다. 그렇게 해서 게임빌에 합류한 사람 중 몇몇은 게임빌에 남아 회사를 성장시켰고, 떠난 이들은 다른 회사에 가거나 창업했다.

제2, 제3의 페이팔 마피아는 미국에서도, 한국에서도 계속 만들어질 것이다. 비전 있는 사람 주변에는 똑똑한 이들이 모여들기 마련이고, 이들은 새로운 성공신화를 쓴 후 또 다른 역사를 만들어낼 것이다. 이처럼 도전을 두려워하지 않는 인재들의 연쇄 창업이 활성화되고 벤처 생태계가 건강해져야 '창조경제'가 이 시대 젊은이들에게 공감을 불러일으키고 한국 경제의 신성장 동력으로 작용할 것이다.

SPIN IT

사람들은 알고 싶어 한다.

실리콘밸리가 그 어느 곳보다 빨리 변화하며

세상의 중심이 된 이유를.

나는 알고 있다.

이곳은 세상을 '스핀'하고 싶어 하는

기크(괴짜)들을 위한 꿈의 도시임을.

"실리콘밸리가 세상을 '스핀'할 수 있는 이유는

모든 사람이 기획자가 되어 제품을 만들고,

그들의 실패를 용인하는 문화 때문이다." _조성문(《스핀 잇》 저자)

SPIN IT 4장

IT 비즈니스 지식 속에서
최신 경영 트렌드를 읽어라

미국 기업이
M&A에 목숨을 거는 이유

한국과 미국의 M&A 문화 차이

2013년 4월, 구글이 메신저 애플리케이션의 원조라고 할 수 있는 왓츠앱(WhatsApp)을 10억 달러(1조 1천억 원)에 인수하기 위해 협상중이라는 소문이 돌았다. 왓츠앱은 IT 전문매체 〈올싱스디 *AllThingsD*〉를 통해 매각 계획이 없다고 밝혔지만, 어쩌면 더 높은 가격을 받기 위해 언론플레이를 하고 있는 것일 수도 있다. 어쨌든 왓츠앱이 거둔 성공을 생각하면, 구글뿐 아니라 페이스북이나 야후 등 많은 인터넷 회사가 탐을 내는 것은 당연한 일이다.

이렇게 실리콘밸리에서는 끊임없이 회사 인수설이 나돈다. 이곳에서 일하면서 가장 인상적이었던 것 중 하나가 바로 활발한 기업 인수 문화였다. 인수·합병이 매일같이 일어나는데다 7~10조 원 규모

의 굵직한 건도 많고, 페이스북의 인스타그램 인수처럼 충격적인 건
도 많았다.

내가 몸담고 있는 오라클은 1994년부터 지금까지 100여 개의 회
사를 인수했다. 그중에는 조 단위의 대규모 건도 상당수 있었다. HP,
마이크로소프트, 시스코, 애플, 페이스북, 구글 등 미국의 대형 소프
트웨어·하드웨어 회사들은 기업 인수를 통해 성장해왔고 지금도 끊
임없이 다른 기업을 사들이고 있다. 오라클도 2012년 한 해에만 열
한 개의 회사를 인수했으며, 그중에는 인수가가 19억 달러(2조 1천억
원)에 달하는 것도 있다. 2013년 2월에도 통신장비업체 애크미패킷
(Acme Packet)을 17억 달러(1조 9천억 원)에 인수했다.

오라클이 지금까지 인수한 회사 중 가장 큰 규모는 피플소프트
(Peoplesoft)로, 인수액이 103억 달러(11조 5천억 원)에 달한다. 상상을
초월하는 액수다. 오라클은 이 회사 인수를 통해 기업용 소프트웨어
시장에 성공적으로 진입함으로써 '데이터베이스 회사'에서 '엔터프라
이즈 소프트웨어 회사'로 탈바꿈했고, 11조 원이라는 돈이 아깝지
않을 만큼 해당 시장에서 큰 이익을 거두고 있다.

마이크로소프트도 마찬가지다. 2012년 85억 달러(9조 5천억 원)에
사들인 스카이프를 비롯해, 지금까지 150개가 넘는 회사를 인수했
다. 시스코의 인수 리스트 역시 150개가 넘는다. 구글은 앞에서 예로
든 회사들보다 역사가 짧지만 2001년부터 지금까지 124개의 회사를
인수했다.

회사명	인수한 회사	인수 총액
HP	102	72,192,378,000달러 (81조 원)
시스코	158	68,480,650,000달러 (77조 원)
오라클	90	47,753,000,000달러 (54조 원)
마이크로소프트	158	26,085,364,000달러 (29조 원)
구글	124	22,256,640,000달러 (25조 원)
애플	40	2,446,926,000달러 (2조 8천억 원)
페이스북	37	1,372,700,000달러 (1조 5천억 원)

출처 : 위키피디아

21세기 시장경쟁에서 승자가 되는 법

'오라클'이라는 대기업이 지속적으로 다른 회사들을 인수해 흡수하는 과정을 가까이에서 지켜보니, 왜 미국의 대기업들이 기업 인수에 적극적일 수밖에 없는지 그 이유를 알 것 같다. 먼저 떠오르는 건 다음 세 가지다.

첫째, 미국은 표절(plagiarism)을 엄단하고 다른 사람의 지적재산을 적극적으로 인정하기 때문이다. 한국에서 교육받고 회사생활을 하다가 미국 학교에 와서 가장 다르게 느낀 것이기도 하다. 미국의 학교 및 기관이 견지하고 있는 표절 기준은 한국과는 달리 상당히 엄격하다. 표절이 발각되면 퇴학이고, 이미 학위를 받은 경우에는 취소된다.

경영대학원에서는 '케이스'를 많이 사용하는데, 그 비용이 상당히 비싸다. 겨우 다섯 장짜리 하버드 케이스는 하나당 7달러(8천 원) 가까이 지불해야 한다. 하지만 어느 누구도 복사해서 쓰지 않는다. 표절을 죄악시하는 문화 때문에 미국에서 정상적인 교육을 받은 사람이라면 누구나 저작권에 대한 개념이 철저하다.

이는 소프트웨어에 대해서도 마찬가지다. 따라서 다른 회사가 개발한 기술을 복제해서 쓰기보다는 인수를 통해 정당한 대가를 지불하는 문화가 너무나도 당연하다. 섣불리 복제했다가 소송이라도 당해서 지게 되면 천문학적인 금전적 손해와 더불어 불명예를 떠안게 되기 때문이기도 하다.

둘째, 엔지니어들의 비싼 인건비 때문이다. 실리콘밸리에서 일하는 웬만한 엔지니어들의 연봉은 10만 달러(1억 1천만 원)다. 고급기술을 가진 엔지니어를 채용하려면 연봉에 의료보험과 세금을 포함해서 1년에 대략 20만 달러(2억 2천만 원)의 비용이 소요된다. 10명의 고급 엔지니어가 1년간 일해야 한다면 200만 달러(22억 원)가 든다. 그렇게 3년을 노력해서 비슷한 제품을 만들려면 600만 달러(66억 원)가 든다는 단순계산이 나온다. 그래서 제품을 새로 만드는 것보다 회사를 사는 편이 더 경제적이라고 생각할 수 있는 것이다.

셋째, 발전된 금융시스템 때문이다. 이는 간접적인 영향이라고 할 수 있는데, 미국의 벤처캐피털들은 기술력 있는 회사에 투자하고 나면 그 회사를 인수할 가능성이 있는 기업을 찾기 시작한다. 증시 상장(IPO)으로도 투자금을 회수할 수 있지만 시간이 오래 걸린다. 빨리 투자금을 회수해야 또 새로운 회사에 투자할 수 있다.

프라이빗에퀴티(private equity)들도 마찬가지다. 이들의 목적은 레버리지(leverage), 즉 은행 융자를 이용해 회사를 사서 구조와 모양을 좋게 만든 다음 되팔아 차익을 남기는 것이다. 되팔기 위해서는 누군가 회사를 사야 하는데, 주로 현금을 많이 가진 대기업들이 그 주체가 된다.

투자은행들의 역할도 상당하다. 이들에게는 증시 상장과 기업 매각이 아주 좋은 수익원이다. 즉, 기업 매각이 자주 일어나야 좋은 것이다. 투자은행가(investment banker)들은 기업 매각 및 매입을 부추기고 성사시켜서 수수료를 번다.

앞의 세 가지도 중요한 요소지만, 내가 보기에 진짜 이유는 '경쟁'에서 이기기 위해서다. 경쟁이 없는 시장은 없다. 오라클이 진출해 있는 기업용 소프트웨어 시장에는 마이크로소프트와 IBM 그리고 SAP라는 강력한 경쟁자가 있다. 내가 지금 속한 팀에서는 세일즈포스닷컴, 워크데이 같은 회사들과 경쟁하고 있는데, 세 회사 모두 강력한 세일즈 조직을 가지고 있어서 경쟁이 엄청나게 치열하다. 이 거대기업들이 싸우는 곳은 흡사 전쟁터와 같다.

매일 새로운 전략으로 공격해오는 적에게 대항하기 위해서는 새로운 방법과 무기로 무장해야 한다. 그런데 군인들이 죽어가는 마당에 무기를 연구하고 개발하고 주조할 시간이 있을 리 없다. 이럴 때는 강력한 무기를 사서 빨리 전쟁터로 보내야 한다. 즉, 새로운 기술과 제품 그리고 회사를 '인수'해야 한다. 또 다른 경우도 생각할 수 있다. 두 나라가 싸우고 있는 동안 최신식 무기로 무장한 제3의 국가가 등장해 전쟁의 양상과 지형도까지 바뀐다면, 새로운 적과 전쟁터에 맞는 무기를 들여와 자국 군인들의 죽음을 막아야 한다.

구글의 왓츠앱 인수설이 여기에 해당한다. 구글은 검색과 이메일 그리고 모바일OS 시장을 장악했지만 메신저 분야에서는 영역이 거의 전무했다. 카카오톡의 인상적인 성공, 뒤이어 라인이 2년 만에 무려 1억 3천 명의 사용자를 확보한 사례 등을 보면, 누구나 메신저 시장이 빠르게 성장하고 있음을 알 수 있다.

구글은 사람들이 무슨 이야기를 하는지, 어떤 생각을 하는지, 그 정보를 이용해서 광고수입을 올리는 회사다. 사람들이 이메일과 웹 검색 그리고 구글플러스를 떠나 메신저에서 대화를 주고받고 메신저를 통해 생각을 공유하기 시작하면 타격을 입을 수밖에 없다. 이는 페이스북이나 야후도 마찬가지다. 따라서 기존의 인터넷 회사들은 직접 메신저를 만들거나, 이미 인기를 끌고 있는 메신저를 인수해야만 한다.

한편, 자원을 먼저 차지해서 상대방의 자원을 고갈시키기 위한 인수도 있다. 〈스타크래프트〉에서 주인 없는 땅(자원)을 누가 먼저 차지해서 방어하느냐에 따라 승패가 결정되는 것과 같다. 그만큼 적절한 시기의 자원 확보가 절대적으로 중요하다.

인스타그램이 이런 예다. 페이스북은 오래전부터 사람들의 '소셜 행위'에서 사진 공유가 가장 큰 영역을 차지한다는 것을 알고 있었다. 그런데 사람들이, 특히 젊은 세대들이 페이스북이 아닌 인스타그램에 사진을 올리고 공유하기 시작한 것이다. 인스타그램의 규모가 커지자 페이스북뿐 아니라 구글과 트위터까지 관심을 보이지 않을 수 없었다.

이 사실을 인스타그램 창업자들은 너무나 잘 알고 있었을 것이다. 그들은 아주 현명하게 협상했고, 회사가치를 일주일 만에 5,500억 원에서 1조 1천억 원으로 끌어올렸다. 페이스북의 마크 저커버그는 구글이나 트위터에 빼앗길 것을 우려했는지, 주말 동안 모든 결정을 내리고 인수협상을 타결한 후에야 이사회에 인수 사실을 알렸다.

기업 인수가 회사의 이미지를 크게 개선하는 경우도 있다. 야후는 열일곱 살 소년이 만든 '섬리(Summly)'라는 애플리케이션을 3천만 달러(330억 원)라는 거액에 인수했다. 매출도 없고, 사용자가 많지도 않고, 고등학교도 졸업하지 않은 학생이 만든 애플리케이션을 인수했다는 점에서 전세계의 이목이 쏠렸다. 사실 진짜 인수 이유는 아이폰의 시리(Siri)와 비슷한 서비스를 만들기 위해 원천기술을 가진 SRI인터내셔널과 계약하는 과정에서 같이 딸려온 것으로 밝혀졌지만, 어쨌거나 야후는 홍보효과를 톡톡히 누렸고 기업 이미지도 크게 향상되었다.

한편, 어떤 회사를 인수할 것인가는 그 자체가 회사의 성장전략과 밀접한 관련이 있기 때문에 투자자들이 관심을 갖고 인수를 압박하는 경우도 있다. 해당 분야에서 세계 1위를 한 세일즈포스닷컴도 가장 최근의 분기 투자설명회에서 공격적인 성장을 위해 크고 작은 회사들을 인수할 계획이 있음을 밝혔다. 세일즈포스닷컴을 가장 혁신적인 회사로 선정한 《포브스》도 세일즈포스닷컴이 그동안은 내부 개발에 의존했으나, 이제 래디언6(Radian6)와 버디미디어(Buddy Media)를 사기 위해 10억 달러(1조 1천억 원)를 썼다고 밝혔다.

기업 인수가 어려운 이유

물론 새로운 분야에 진출하기 위해서 꼭 다른 회사를 인수해야 하는 것은 아니다. 소프트웨어는 워낙 특허로 보호하기가 어렵고 과학기술 분야에 비해 특허를 피해가기도 쉽기 때문에, 베껴서 만드는 방법도 있다. 그러나 미국처럼 '창의적'인 제품에 높은 점수를 주고 베끼는 행위에 대해 비판적인 나라에서는, 섣불리 따라 만들었다간 망신만 당하고 재미를 못 볼 가능성이 크다. 따라서 직접 만드는 게 더 싸고 쉽더라도 인수하는 편이 유리한 경우가 많다.

페이스북이 10대들 사이에서 크게 유행한 스냅챗(Snapchat)을 보고 그대로 베껴서 12일 만에 포크(Poke)라는 애플리케이션을 만든 사례가 있다. 페이스북씩이나 되는 회사가 만든 애플리케이션이니 스냅챗이 형성해놓은 시장을 쉽게 잠식했을 거라고 생각하기 쉽지만, 결과는 그렇지 않았다. 사람들은 포크와 스냅챗의 차이가 별로 크지 않다고 생각했고, 포크가 스냅챗을 그대로 베낀 제품이라는 것을 알고 있었다. 시간이 지난 지금, 페이스북은 결국 재미를 보지 못했고, 오히려 스냅챗 광고만 해준 셈이 되고 말았다. 돈이 들더라도 스냅챗을 인수하는 편이 낫지 않았을까.

하루가 멀다 하고 기업 인수 소식이 발표되고 있지만, 야심찬 의도와 달리 실패로 끝나는 경우도 많다. 역사상 최악의 합병으로 언급되는 AOL과 타임워너의 경우가 그러했으며, HP의 오토노미(Autonomy) 인수는 가장 최근에 있었던 대참사로 꼽힌다.

HP의 CEO였던 마크 허드(Mark Hurd)가 이사회로부터 불명예스럽게 해고된 후 새 CEO를 맡은 SAP 출신의 독일계 임원 레오 아포테커(Leo Apotheker)는 회사에 새로운 기운을 불어넣고 싶었던 모양이다. 그는 회사를 컴퓨터와 프린터 제조업에서 벗어나 소프트웨어 중심으로 변화시키기 위해 103억 달러(11조 원)를 주고 영국계 빅데이터 회사인 오토노미를 인수했다. 하지만 1년 후 HP는 그중 88억 달러(9조 9천억 원)를 손실 처리한다고 발표했다. 레오 아포테커가 이미 해고되고 이베이의 CEO였던 멕 휘트먼(Meg Whitman)이 CEO가 된 후였다.

인재 유출 문제도 있다. 인수당하는 회사에서 가장 중요한 사람은 창업자와 임원들로, 인수 후 가장 큰돈을 버는 사람들이기도 하다. 때로는 말단직원들까지도 백만장자가 된다. 회사생활을 하다가 돈방석에 앉으면 가장 먼저 하고 싶은 일이 무엇이겠는가. 세계일주를 한 후 자신의 회사를 만드는 것이다. 이를 막기 위해서 계약서에 2년 또는 4년 후에야 주식을 모두 처분할 수 있다는 규정을 만들어놓았지만, 인재 유출을 막기는 어렵다. 또 몸은 회사에 속해 있더라도 이미 마음이 떠났을 가능성이 크다.

문화 차이로 인해 발생하는 문제도 있다. 나는 선마이크로시스템스가 오라클에 인수되는 과정을 가까이에서 지켜봤는데, 엔지니어에게 최대한 자율성을 부여하는 선마이크로시스템스와는 달리 항상 사업 타당성을 검토한 후 결정을 내리는 오라클의 문화를 견디지 못하고 떠나는 사람이 많았다. 이런 문화충돌을 방지하기 위해 최대한 조심하지만, 결국은 한 방향으로 통합해야 하므로 인재들을 온전히 지켜내기란 쉽지 않은 일이다.

또 기업의 성장을 인수에 의존할 경우 내부 혁신이 더뎌질 수 있다는 점도 간과해서는 안 된다. 직접 팔 걷어붙이고 나서서 밤을 새워 신제품을 개발하는 대신, 혁신적인 회사들을 인수하면 그만이기 때문이다. 이런저런 이유로 이 방식이 오래가기는 힘들겠지만, 아직은 꽤 많은 회사가 돈을 이용해 수명을 연장하고 있다.

한국에서는 왜 M&A가 어려운가

한국에서도 기업 인수가 꽤 활발하게 일어나고 있다. 〈블룸버그〉는 2013년 한국의 M&A 시장 규모가 7퍼센트 증가한 63조 원에 달할 것으로 전망하고 있다. 2013년 1분기에는 코웨이, 아르셀로미탈광산, 네파(NEPA), 인천터미널부지, STX OSV 등이 6천억~1조 2천억 원 규모로 인수되었다. 한국 기업이 외국 기업을 인수하는 사례도 많다. 필라코리아가 컨소시엄을 만들어 타이틀리스트를 인수한 것이 대표적이다. 하지만 투자은행 측에서는 '먹잇감'만 많아 보일 뿐 실속이 없다고 한다.

한국의 경제 규모에 비해 M&A 비중은 여전히 매우 낮은 편이다. 대기업이 많음에도 불구하고 말이다. 왜 그럴까? 미국에 비해 인건비가 낮고, 제품 표절에 대해 보다 관대하며, 금융시스템이 미국만큼 발전하지 않았다는 점 등의 이유가 있을 것이다. 하지만 나는 또 다른 이유로, 한국의 대기업들이 대부분 재벌 형태를 띠고 있기 때문이라고 생각한다.

'재벌'은 그 정의대로 매우 다양한 분야에서 사업활동을 한다. 기업용 소프트웨어를 일례로 살펴보자. 삼성그룹이 쓰는 기업용 소프트웨어는 삼성 SDS에서, LG그룹의 소프트웨어는 LG CNS에서, SK그룹의 소프트웨어는 SK C&C에서 만들고 있을 것이다. 예를 들어, 삼성의 사내메신저인 '삼성메신저', 인트라넷인 '마이싱글', 지식관리 시스템인 '아리샘'은 모두 삼성 SDS에서 만들었다. 이런 상황에서, SK C&C의 소프트웨어가 아무리 품질이 좋다고 한들 삼성에서 그 것을 도입해 쓰는 경우를 상상하기는 어렵다. 기업용 소프트웨어를 만드는 다른 회사들이 이처럼 다른 재벌의 산하 기업이면 문화 차이가 상당하기 때문에 그 회사를 인수하기는 더더욱 어려울 것이다. 이렇게 '직접 만들어서 쓰는' 데 익숙하다 보니 다른 회사를 인수하는 사례가 외국에 비해 적을 수밖에 없다.

이런 어려움에도 불구하고 나는 기업 인수가 더 많아져야 한다고 생각한다. 기업 인수에는 다음과 같은 긍정적인 효과가 있고, 그런 작용들이 실리콘밸리 경쟁력의 원동력이기 때문이다.

첫째, 엑싯 기회다. 기술력 위주의 회사들이 증시에 상장하지 않고도 큰돈을 벌 수 있는 기회가 있다는 것은 창업가들에게 좋은 동기부여가 된다. 당장 돈이 되지 않더라도 뛰어난 기술을 갖추면 대기업이 인수해줄 거라는 희망을 가질 수 있다. 미국 기업이 유럽 기업을 인수할 때 대부분은 기술 때문에 사들인다.

둘째, 연속 창업이 가능하다. 뛰어난 아이디어와 열정을 가진 창업가가 회사를 팔고 나서 더 혁신적인 회사를 만든 사례는 셀 수 없이 많다. 두 번째 창업에서는 실패하지만 세 번째 창업에서 성공을 거둔 경우도 많다. 이런 과정에서 위대한 회사가 탄생한다.

셋째, 금융 생태계가 발전한다. 초기 투자자들은 회사가 인수될 경우 단기간에 큰 수익을 낼 수 있다. 그렇지 않더라도 인수될 가능성이 높은 회사는 큰 투자를 받을 확률이 높다. 이는 엔젤투자자들이 자금을 회수할 수 있는 기회를 의미한다. 이런 기회가 많아지면 더 많은 투자자가 가능성 높은 초기 기업에 투자할 것이고, 이는 창업 생태계가 원활히 돌아가는 원동력이 된다.

한편, 케이큐브벤처스 이동표 심사역의 견해에도 충분히 공감이 간다. 그는 '한국 소프트웨어 벤처 시장에는 왜 M&A가 일어나지 않을까'라는 글에서, 대기업이 인수해주지 않는 것이 문제의 원인이 아니라, 애초에 M&A할 만한 기술 기반 회사의 수가 적고 대기업의 주목을 받을 만큼 스타트업이 성장하기에는 한국 시장의 크기가 작은 것이 문제라고 지적했다.

어쨌거나 경제 규모가 커지고 기업문화가 선진화됨에 따라 한국에서도 기업 인수·합병 시장은 분명 커질 것이다. 그러기 위해서는 기업을 둘러싼 금융시스템이 선진화되고, 무엇보다 남이 만든 무형자산의 가치를 진정으로 이해하고 그 대가를 정당하게 지불하는 문화가 먼저 정착되어야 할 것이다.

실리콘밸리에는 기획자가 없다

메이커스의 시대가 왔다

최근 들어 실리콘밸리를 찾는 한국 방문객이 부쩍 늘었다. 이곳의 기업들을 견학하면서 실리콘밸리의 기업문화를 벤치마킹하고자 하는 사람, 실리콘밸리의 회사들만큼이나 혁신적인 회사를 만들겠다는 사람, 실리콘밸리 취업을 꿈꾸는 대학생과 사회인 등 그 부류와 목적도 다양하다. 나 역시 이런 사람들을 만날 기회가 많아졌다.

얼마 전에는 한국의 어느 대기업 임원들이 실리콘밸리의 혁신적인 회사들이 만들어가고 있는 성공 스토리를 직접 듣기 위해 방문했다. 마침 빅데이터에 관심이 있다기에 팰런티어테크놀로지스(Palantir Technologies)를 소개했다. '페이팔 마피아'의 '두목'으로 알려진 실리콘밸리의 전설적인 인물 피터 티엘이 만든 회사인데, 첫 투자를 미국 중앙정보부(CIA)에서 받았고, 스탠퍼드와 MIT 등 명문대 출신들만 뽑는다고 알려질 정도로 뛰어난 인재를 많이 보유하고 있다. CIA가 투자할 정도로 해결하기 어려운 빅데이터의 문제를 소프트웨어와 뛰어난 사용자 인터페이스를 통해 해결하면서 빠른 속도로 성장하고 있는 회사다.

혁신을 원한다면 '기획자'의 정의부터 바꿔라

나 또한 이 회사에 관심이 많아 한국 기업의 임원들과 함께 미팅에 참석했다. 팰런티어의 엔지니어 한 명이 새로 만든 빅데이터 분석 제품 중 하나를 보여주면서 설명을 했다. 팰런티어는 전직원(1,200명)의 평균연령이 30세에 불과한 만큼, 그 엔지니어 역시 젊고 자신감이 넘쳐 보였다. 역시나 팰런티어의 명성에 걸맞은 인재라는 생각이 들었다. 데모 역시 참석자들에게 깊은 인상을 주었다.

시연이 끝나자 한국에서 온 한 임원이 물었다.

"인상적인 제품이네요. 그런데 주로 어떤 고객들을 대상으로 이 제품을 만들고 있는 건가요?"

그런데 질문과 답변을 통역하던 A과장이 중간에 말을 끊으며 그 임원에게 이야기했다.

"그 질문은 이분이 대답할 수 있는 내용이 아닌 것 같은데요?"

나는 너무 놀라서 거의 반사적으로 끼어들었다.

"아닙니다! 당연히 이분이 대답할 수 있습니다."

그러고는 그 질문을 대신 통역해서 엔지니어에게 전달했고, 그는 어떤 고객들을 생각하면서 제품을 만들었는지 그리고 어떻게 팔아야 하는지까지 아주 구체적으로 설명했다. 만족스러운 대답이었다. 계속해서 임원들은 더 깊이 있는 질문을 했고, 그 엔지니어는 거침없이 답해주었다.

미팅이 끝난 후 A과장에게 중간에 끼어들어서 미안하다고 사과하면서 말했다.

"데모를 보여주고 설명하던 그 엔지니어가 한국계 미국인일 수도 있는데, '이 사람은 그런 질문에 대답할 수 없다'는 말을 알아듣는다면 큰 실례가 될 것 같아서 끼어들었습니다."

그랬더니 A과장은 오히려 고맙다고 했다.

"아닙니다. 제가 잘 몰라서 그랬죠."

나는 이참에 조금 더 설명을 해주는 게 좋을 것 같아서 대화를 이어갔다.

"이곳 실리콘밸리에서는 엔지니어들이 제품에 관한 가장 중요한 결정을 내리고, 기업에서 가장 핵심적인 역할을 담당해요. 그만큼 높은 대우를 받고 승진도 빨리 하죠. 그러니 당연히 제품의 대상고객에 대해 구체적으로 대답할 수 있는 거고요."

A과장이 의외라는 듯 조금 놀란 표정으로 대답했다.

"제가 정말 잘 몰랐네요. 저희 회사 같은 경우 그런 전략적 판단은 비즈니스 담당자들의 몫이거든요. 그러니 엔지니어들에게 기획 의도와 마케팅 전략에 대한 답을 기대하지는 않죠."

"예, 저도 사실 한국에서 일을 해봤기 때문에 무슨 말씀인지 잘 알고 또 충분히 이해합니다. 하지만 실리콘밸리에서는 많이 다르니까 참고하세요. 저도 엔지니어 출신인데, 한국 상황이 여전하다니 속상하네요."

앞서 이야기했듯이, 실리콘밸리에서는 엔지니어들이 좋은 대우를 받는다. 연봉 수준도 매우 높다. 대부분의 회사에서 아이디어를 제품으로 바꿔주는 가장 희소한 자원 중 하나이기 때문이다. 그래서 엔지니어들이 주요 의사결정 과정에 항상 참여하고, 목소리도 크다.

한때 엔지니어로 일한 경험이 있는 나로서는 이것이 아주 바람직하다고 생각한다. 제품에 관한 가장 혁신적이고 중요한 아이디어가 (기획자가 아닌) 디자이너나 엔지니어에게서 나오는 경우가 상당히 많기 때문이다.

대개의 한국 회사에서는 직원들의 역할을 '기획자', '디자이너', '개발자'라는 직함으로 나눈다. 이렇게 하면 역할분담은 확실히 되겠지만, 창의력과 기회를 제한하는 부작용을 피하기 어렵다. 소위 기획자가 100장짜리 기획문서를 만들고, 디자이너와 개발자가 문서를 검토해 기획의 허점을 지적하고, 기획자가 다시 문서를 정리하는 식의 사이클을 밟게 되면, '놀라운' 제품보다는 '무난한' 제품이 나올 확률이 높다.

그보다는 디자이너가 직접 개발까지 해서 프로토타입을 만들어 보거나, 개발자가 디자인까지 하게 되면 '감'이 확 온다. 손에 만져지는 프로토타입이 있으면 그것을 개선할 아이디어가 쉽게 나오고, 당연히 제품은 더 좋아진다.

메이커스가 곧 기획자다

게임빌에서 〈놈*NOM*〉이라는 게임을 만들 때의 일이다. 당시 나는 모바일팀장으로 일하고 있었는데, 곧 출시할 게임을 결정하는 과정이었다. 다양한 사람들이 아이디어를 가지고 왔는데, 그중 한 기획자의 아이디어가 눈에 띄었다. 그는 오랫동안 콘솔 게임을 만들다가 게임빌에 합류했는데, '콘솔 게임에서는 불가능하고 모바일폰으로만 가능한 게임'이 무엇인가를 고민하다가 '휴대폰을 돌리면서 하는 게임'을 생각해냈다. 그 누구도 생각하지 못했던 아이디어였다.

그런데 문제는 이해하기가 힘들다는 것이었다. 내 첫 번째 반응은 "휴대폰을 왜 돌려야 하지? 그게 왜 재미있다는 거야?"였다. 내가 보기에는 그다지 매력적이지 않았고, 고객들도 게임을 하면서 휴대폰 돌리는 걸 귀찮아할 것 같았다.

그러나 그는 확신하고 있었다. 3일 후 '플래시(Flash)'를 이용해 게임의 프로토타입을 직접 만들어왔다. 배경음악과 '브레이크다운!'이라는 효과음까지 넣어서. 그 시제품을 보자 딱 감이 왔고, 게임을 제작하기로 결정했다.

몇 달 뒤 게임이 출시되었다. 결과는 '대박'이었다. 사람들은 이 참신한 게임을 좋아했다. 〈놈〉 덕분에 게임빌의 매출은 크게 증가했고, 자신감을 얻은 우리는 〈놈2〉, 〈놈3〉를 잇따라 출시했다. 〈놈〉은 수천만 건의 무적 다운로드를 기록하며 〈프로야구〉 시리즈와 함께 게임빌의 간판 게임이 되었고, 〈놈3〉는 2007년 문화관광부가 주최하는 '이 달의 우수 게임'에 선정되었다. 지금은 〈놈5〉가 아이폰, 안드로이드 마켓에 출시되어 전세계 사용자들에게 큰 인기를 끌고 있다.

그런데 만약 당시 그 기획자가 직접 디자인하고 개발해서 시제품을 만들 능력이 없었더라면, 〈놈〉은 이 세상에 존재하지 않았을지도 모른다.

현재 오라클에서의 내 직함은 '프로덕트매니저'다. 한국에는 이에 딱 맞는 직책이 없는 것 같아, 사람들에게 설명할 때 '기획부서'에 있다고 이야기하는데, 사실 한국 기업의 '기획자'와는 많이 다르다. 한국에서 소위 '기획자'라고 하면, 시장조사를 해서 시장에 맞는 제품을 디자인하고 설계해, 엔지니어들이 그대로 따라 만들도록 하는 사람 정도로 정의할 수 있다.

그런데 이곳에서 내가 하는 일은 꼭 그렇지만은 않다. 오히려 엔지니어들이 기획을 잘 할 수 있도록 돕는 역할을 한다. 물론 시장조사와 시장도달(go-to-market) 전략을 세우긴 하지만, '제품 디자인'은 내 고유 영역이 아니다. 엔지니어들뿐 아니라 디자이너들과도 함께 논의하고, 그 아이디어를 정리해 우선순위를 매기는 일을 담당한다. 그러므로 구성원 모두가 '왜 이 제품을 만드는지', '어떤 시장을 대상으로 만드는지'에 대해 깊이 이해하고 있는 것은 당연한 일이다.

실리콘밸리를 찾은 사람들은 대부분 나에게 이곳에서 핵심적이고 창의적인 제품이 많이 나오는 이유를 묻는다. 물론 알려진 대로 인재가 많고, 자본이 많고, 실패를 용인하는 문화 덕분이다. 하지만 거기에 더 중요한 요소 한 가지를 더해야 한다. 바로 '모든 사람이 기획자가 되어 제품을 만드는 문화'다. 내가 이곳에서 일하면서 직접 체험한 이 요소는 실리콘밸리가 세상 그 어느 곳보다 빨리 변화하고 움직일 수 있는 이유이기도 하다.

대중은 '새로움'보다 '편리함'을 원한다

미디어 콘텐츠 소비의 미래

한국에 올 때마다 불편하게 느끼는 것이 있다. 바로 미디어 콘텐츠를 소비하기가 간단치 않다는 점이다. 물론 영화, 드라마, 음악을 구입하고 즐기는 채널이 없는 것은 아니다. 벅스무비처럼 꽤 잘 만들어진 사이트도 있다. 하지만 다소 불편하다. 영화를 스트리밍으로 보는 대신 모두 다운로드한 후에 봐야 하고, 구매하려고 신용카드를 이용하거나 계좌이체를 하려면 반드시 인터넷익스플로러만 사용해야 하기 때문에 매킨토시 컴퓨터나 크롬 브라우저를 쓰는 이들은 보고 싶어도 볼 수가 없다.

그리고 벅스무비 영화 스트리밍을 해주는 TV용 셋탑박스가 없기 때문에, TV에서 즐기려면 다운로드한 영화를 먼저 USB나 외장하드로 옮기고, TV에서 그 파일을 찾아 열어야 한다. 여간 불편한 일이 아니다. TV에서는 IPTV나 케이블 채널을 이용해 영화나 드라마를 살 수 있지만, 이 경우 TV에서만 봐야 한다는 단점이 있다. 구매한 콘텐츠를 스마트폰이나 태블릿PC에서는 볼 수 없는 것이다. 벅스무비에서 찾을 수 없는 드라마나 다큐멘터리를 MBC, SBS, KBS 웹사이트에서 보려면 각각 따로 로그인을 하고, 결제도 별도로 해야 한다. 이런 불편을 무릅쓰고 볼 만큼 대단한 콘텐츠가 아니라면 대개는 포기하지 않을까.

불법 다운로드 방지에만 몰두할 때가 아니다

미국에서는 다양한 종류의 미디어 콘텐츠를 아주 간편하게 접근해서 쉽게 소비할 수 있다. 이제는 넷플릭스와 훌루 그리고 판도라라디오가 없는 세상은 상상도 할 수 없다. 미국에서도 한때 불법 다운로드가 성행했지만, 싸고 간편하게 이용할 수 있는 수단이 증가하면서, 굳이 몇 달러 아끼자고 음성적이고 불편한 방법을 이용할 필요가 없다는 생각이 확산되었고, 자연히 불법 다운로드도 줄어들었다.

그렇다면 현재 미국에서는 어떤 서비스를 통해 영화와 드라마 그리고 음악을 소비하고 있을까? 영화는 주로 넷플릭스, 아마존, 아이튠스를 통해 즐긴다.

넷플릭스(Netflix)는 월 10달러(11,000원) 정도를 내면 무제한으로 영화를 스트리밍해서 볼 수 있는 서비스다. 처음에는 DVD 배송으로 시작한 회사지만 지금은 스트리밍 서비스의 대명사가 되었다. 넷플릭스에 접속하면 수만 개의 영화 타이틀을 볼 수 있는데, 무엇보다 내가 과거에 본 영화에 매긴 평점을 바탕으로 '나만을 위한' 영화를 추천해준다는 점이 좋다. 나는 한때 다큐멘터리에 푹 빠져 있었는데, 넷플릭스에서 좋은 다큐멘터리를 계속 추천해줘서 즐겨보았다. 이제는 추천해준 다큐멘터리가 너무 많아서 다 보지 못하고 포기할 지경이다.

예를 들어, 〈아웃 오브 더 와일드, 알래스카 *Out of the Wild: The Alaska Experiment*〉 또는 〈빅 캣 다이어리 *Big Cat Diary*〉 같은 TV쇼는 넷플릭스가 아니면 절대 찾을 수 없었을 것이다. 〈빅 캣 다이어리〉는 BBC에서 방영한 동물 다큐멘터리로, 탄자니아의 세렝게티국립공원에 사는 사자와 치타와 표범을 6개월간 따라다니며 촬영했는데, 치타와 표범의 얼굴까지 기억날 정도로 생생한 영상이었다.

넷플릭스와 더불어 아마존 스트리밍 서비스도 자주 이용한다. 넷플릭스만으로도 볼 수 있는 영화가 많아 우선순위에서는 밀리지만, 아마존 프라임 멤버만을 위한 영화는 종종 이용한다. 아마존에서만 이용할 수 있는 중요한 기능이 있는데, 바로 영화 렌털 서비스다. DVD로 출시된 영화는 거의 대부분 아마존에 올라와 있는데, 3.99달러(4,500원) 정도를 내면 24시간 동안 영화를 빌려 볼 수가 있다.

물론 DVD가 집으로 배달되는 것이 아니라 스트리밍으로 보는 것인데, 화질은 블루레이(Bluray)를 능가할 만큼 좋다.

얼마 전에는 BBC 다큐멘터리 〈살아 있는 지구*Planet Earth*〉 시리즈 전편을 25달러(28,000원) 정도에 사서 봤는데, 정말 큰 감동을 받았다. 무려 4년 동안 62개국 204지역에서 촬영한 생생한 다큐멘터리를 보고 나자, 당시 아직 태어나지 않은 내 딸아이에게 꼭 보여주고 싶다는 생각이 들었다. DVD를 소장하고 있는 것은 아니지만, 아마존 비디오 라이브러리에 있기 때문에 아마존이 망하지 않는 한 나는 언제고 이 다큐멘터리를 다시 볼 수 있다(아마존은 10년 내에는 망하지 않을 것이다).

아이튠스는 애플에서 제공하는 서비스로, 일단 영화와 음악의 종류는 다른 서비스에 비해 압도적으로 많다. 아이튠스에서 찾을 수 없는 영화나 드라마는 거의 없다. 문제는 가격이다. 항상 그런 것은 아니지만, 아이튠스에서 사면 비싸다는 느낌이 있다. 어떤 영화는 렌털 서비스는 제공하지 않고 20~30달러를 주고 구매해야만 볼 수 있어서 결국 포기한 적도 많다.

그보다 더 큰 문제는, 미국인들이 가장 많이 사용하는 TV용 셋탑박스인 로쿠(Roku) 플레이어를 지원하지 않는다는 것이다. 애플답게, TV에서 아이튠스 영화나 드라마를 시청하려면 애플TV를 사야 한다. 나도 애플TV를 사서 한때 써봤지만, 아이튠스를 이용하기에 좋다는 것 말고는 장점이 거의 없어 반납했다.

미국에서 드라마를 보는 방법

미국에서 드라마를 보기에 가장 좋은 방법은 훌루(Hulu)다. 훌루는 NBC 유니버설 텔레비전 그룹, 폭스(Fox) 방송사, 디즈니-ABC 텔레비전 그룹이 2007년 함께 만든 회사다. 방송사들이 주체적으로 만든 서비스인 만큼 웬만한 방송사의 콘텐츠는 다 있는데다 서비스도 훌륭하다. 물론 로쿠 플레이어를 이용해서 시청할 수 있다.

무엇보다 훌루 서비스는 공짜다. 대신 드라마 중간에 나오는 광고를 봐야 하는데, 미국에서는 드라마 중간에 광고가 나오는 것이 일반적이어서 불편하거나 불쾌하게 느끼는 사람은 거의 없다. 게다가 TV에서와는 달리 광고시간이 1분을 넘기지 않고, 광고가 나오는 동안 화면 왼쪽 위에 광고가 끝나기까지 남은 시간이 표시되므로 지루하다는 생각이 들지 않는다. 보통 15초짜리 광고 두 개, 또는 30초짜리 광고 두 개가 나온다. 훌루에서는 〈스타즈*Starz*〉 같은 프리미엄쇼를 제외하면 거의 모든 인기 TV쇼를 시청할 수 있다.

훌루의 초대 CEO였던 제이슨 킬라(Jason Kilar)는 비저너리로서 훌루를 미국인들에게 알리고, 수익모델을 확정하고, 프리미엄 서비스인 '훌루플러스(Hulu Plus)'를 만들어내고, 훌루가 거의 모든 TV 관련 기기에 깔릴 때까지 아주 중요한 역할을 했다. 2010년에 접어들면서 훌루는 수익을 내기 시작했으며, 2011년에는 4억 2천만 달러(4,700억 원)의 매출을 올렸다. 2013년 중에 상장할지도 모른다는 소문이 있는데, 회사가치는 2조 원을 넘길 것으로 추정된다.

지금은 유튜브에 이어 미국인들이 가장 많이 이용하는 미디어 서비스가 된 훌루는 무료로 제공된다. 하지만 나는 2년째 월 8달러를 내면서 사용하고 있다. 바로 '훌루플러스'라는 프리미엄 서비스 때문이다. 훌루플러스를 이용해도 광고는 봐야 하지만, 베이식 멤버십으로는 볼 수 없는 쇼를 볼 수 있고, 무엇보다 컴퓨터를 제외한 다양한 기기에서 사용할 수 있다. 애플TV, 로쿠 플레이어, 아이폰, 아이패드에서 훌루를 시청하고 싶으면 반드시 플러스 멤버십에 가입해야 하는데, 그 가치가 월 8달러를 훨씬 넘기 때문에 나는 기꺼이 그 돈을 지불하고 있다.

음악, 듣는 방식과 목적에 따라 차별화하라

판도라라디오(Pandora Radio)는 모든 음악에 400개가 넘는 태그를 달고 분석해 '음악의 유사성'을 데이터베이스화한 후, 사용자 취향에 맞는 음악을 골라 라디오처럼 틀어주는 서비스다. 그 정확도는 놀라울 정도다.

예를 들어, 바흐의 〈무반주 첼로 조곡〉을 듣고 싶다면, 판도라에 들어가서 '무반주 첼로 조곡'을 검색해 선택하면, 그 곡뿐 아니라 비슷한 느낌의 첼로곡들이 끝없이 플레이된다. '타이오 크루즈(Taio

Cruz)'를 선택하면 질릴 때까지 클럽음악을 들을 수 있다. 아쉽게도 아직 한국 음악은 없다. 나는 음악을 일하거나 파티를 할 때 배경음악 정도로 쓰기 때문에 판도라가 제격이다. '나만의 인터넷 라디오 채널'을 30개 정도 만들어두고 기분과 상황에 따라 듣고 있다.

판도라 역시 무료다. 대신 음악 중간에 음성광고가 나온다. 광고비를 이용해 음원 소유자에게 라이선스 비용을 지급하기 때문이다. 그렇지만 나는 1년에 36달러(4만 원)를 내고 이 서비스도 유료로 이용하고 있다. 유료 회원이 되면 광고가 전혀 나오지 않는다. 판도라라디오를 이용한 후에는, 운전할 때를 제외하고는 라디오를 아예 듣지 않는다. 음악채널을 선택해봐야 광고가 절반이기 때문이다. 매일 쏟아지는 광고에 파묻혀 사는 사람이라면 '광고 없는 조용한 세상'이 얼마나 큰 가치를 지니는지 알 것이다. 따라서 1년에 36달러를 내는 것이 전혀 아깝지 않다.

그래도 가끔 음악을 소유하고 싶다면 아이튠스를 이용하면 된다. 판도라에서 음악을 듣다가 아주 마음에 드는 곡을 발견하면 링크를 따라 아이튠스로 갈 수 있고, 애플 로그인을 이용하면 아주 간편하게 결제를 할 수 있으며, 그 즉시 애플 클라우드를 통해 내 아이폰으로 음악이 들어온다. '이보다 더 편할 수는 없다'고 할 만큼 간편하게 되어 있다. 애플이 내 신용카드 정보를 이미 가지고 있기 때문에 귀찮게 신용카드를 꺼낸다든지 공인인증서 비밀번호를 입력하는 등의 과정이 전혀 필요없다.

아쉽지만, 이렇듯 편리한 미디어 콘텐츠 서비스를 한국에서는 이용할 수 없다. 콘텐츠 소유사들이 미국 영토 밖에서의 이용을 금지했거나, 광고를 기반으로 한 서비스인 경우에는 광고주들이 금지했기 때문이다. 한국에서도 이런 서비스가 제공되면 좋겠지만, 복잡하게 얽혀 있는 이해관계를 정리하기는 쉽지 않을 것이다.

아마존이나 훌루, 넷플릭스, 애플이 이처럼 편리한 서비스를 만들어낼 수 있었던 데는 몇 가지 이유가 있었다. 첫째 해당 서비스의 사용자 수가 많아서 콘텐츠를 소유한 회사들이 어쩔 수 없이 자리를 내줘야 했거나, 둘째 콘텐츠 소유사가 직접 서비스를 만들었거나, 셋째 스티브 잡스 같은 비저너리가 콘텐츠 소유자들을 일일이 만나 설득했기 때문이다.

한 가지 더, 모든 기기에서 편리하게 이용할 수 있는 서비스가 등장했기 때문이다. 미국에서도 예전에는 불법 다운로드가 성행했다. 하지만 정당한 대가를 지불하지 않고 다운로드한 영화나 드라마를 TV에서 보려면 외장하드에 복사해야 하고, 아이패드나 아이폰에서 보려면 동기화 또는 인코딩이라는 복잡한 과정을 거쳐야 한다. 그걸 원하지 않으면 '에어비디오' 같은 프로그램을 컴퓨터와 태블릿PC 양쪽에 설치해야 한다. 하지만 모든 기기에서 편리하게 이용할 수 있는 미디어 콘텐츠 서비스가 등장하자, 사람들은 이런 불편을 더 이상 겪고 싶어 하지 않았다. 당연히 불법 다운로드는 줄어들었다.

대중이 미디어 콘텐츠를 보다 편리한 방법으로 소비하게 만들수록 그 시장은 커진다. 점점 더 많은 사람이 콘텐츠를 텔레비전이 아닌 PC와 모바일 기기에서 소비하고 있는 상황에서 언제까지 문을 닫아둘 수는 없다. 미국도 불법 다운로드는 여전히 존재하지만, 편리한 서비스들 덕분에 합법적으로 콘텐츠를 소비하는 비중이 월등히 높아졌다. 한국에서도 자사의 이익을 넘어서서 미디어 콘텐츠 시장의 파이 자체를 키우는 좀더 개방적이고 혁신적인 유통 서비스가 등장할 때가 온 것 아닐까.

스마트TV가 혁신의 아이콘이
되지 못한 이유

진정한 차별화란 무엇인가

마이크로소프트에 이어 구글과 애플까지 눈독을 들이는 시장이 있다. 바로 TV-가전제품 시장이다. 현대인들은 TV 앞에서 많은 시간을 보낸다. TV를 비롯해서 거실 중앙에 놓인 기기들을 '홈엔터테인먼트'라고 하는데, 그 중심이 된다는 것은 현대인의 라이프스타일을 상징하는 '아이콘'과도 같은 브랜드가 된다는 뜻이다. 큰 기업일수록 이 시장에 관심을 보이는 것은 사실 당연한 일이다.

기업이나 브랜드가 고객의 머릿속에서 첫 번째 자리를 차지하기 위해 들이는 마케팅 노력과 비용을 감안한다면, 아침에 눈을 떠서 처음 보게 되는 브랜드, 아이가 세상과 처음 만나는 그 TV의 브랜드가 된다는 것은 비단 TV를 더 많이 파는 것 이상의 의미일 것이다.

마이크로소프트, 구글, 애플 같은 거대 IT기업이 가전제품인 TV 관련 제품 제작에 열을 올리는 이유가 바로 여기에 있다.

마이크로소프트, 애플, 구글도 아직 성공하지 못한 도전

마이크로소프트는 홈엔터테인먼트의 중심에 서고 싶어 했고, 엑스박스(Xbox)가 그 답이라고 믿었다. 엑스박스를 연결하는 순간 TV는 인터넷에 연결되고 스마트해진다. 엑스박스를 구입하면, 키넥트를 달아서 온몸을 이용하는 엑스박스 게임을 즐길 수 있는 것은 물론이고, 넷플릭스와 훌루를 통해 영화와 드라마를 볼 수 있다. 마이크로소프트는 이 엑스박스에 애플리케이션을 추가해 TV가 더욱 ‘스마트’해지도록 만들었다.

그 결과는 어땠을까? 마이크로소프트의 여러 가지 노력에도 불구하고, 사람들에게 엑스박스는 그저 ‘게임기’일 뿐이다. 즉, 게임을 하지 않는 사람들은 300달러(33만 원)나 하는 이 기기를 원할 리가 없다. 게다가 영화 감상이 목적인 사람들에게 엑스박스는 불편하기 짝이 없다. 리모컨부터 그렇다. TV 리모컨에 익숙한 사람들에게, 라벨도 없는 버튼이 열 개 달린 엑스박스의 게임 컨트롤러는 아무래도 어색하다.

그리고 부팅을 하면 영화가 아닌 게임부터 보여주기 때문에, 영화나 드라마를 보기 위해서는 버튼을 몇 번 더 누르는 불필요한 과정을 거쳐야 한다.

엑스박스는 또 컴퓨터에 가깝기 때문에 초기 부팅에 시간이 걸린다. TV를 켜고 바로 영화를 검색해서 보고 싶은 사람들에게 이 30초의 부팅시간은 '영원'처럼 느껴진다. 부팅시간을 줄이기 위해 24시간 켜놓을 수도 있지만, 그 환한 불빛과 함께 소음(하드디스크와 CPU 냉각팬 돌아가는 소리)을 내는 육중한 기기를 하루종일 켜놓고 있기는 상당히 부담스럽다.

3조 원이나 투입한 프로젝트였지만, 엑스박스는 결국 홈엔터테인먼트의 중심이 되는 데 실패했다. 그리고 애플이 도전했다. 2007년 처음 등장했을 때 애플TV는 300달러의 값비싼 기기였으나, 2010년에 출시된 2세대 제품부터는 99달러(11만 원)로 가격을 내리면서 아주 쉽게 소유할 수 있는 기기가 되었다.

애플 제품을 좋아하는 많은 사람이 애플TV를 샀다. 나도 구입해서 한동안 사용했다. 애플이 만든 만큼 무척 훌륭한 제품인 것은 분명했다. 버튼이 일곱 개에 불과한 얇고 세련된 컨트롤러는 사용할 때마다 기분이 좋아졌다. 사용자 인터페이스는 'TV 본연의 의무'인 영화와 스포츠 관람에 최적화되어 있었고, 무엇보다 아이폰이나 아이패드에서 보던 영화를 클릭 한 번으로 바로 텔레비전에 띄울 수 있는 '에어플레이(AirPlay)'라는 기능은 감탄을 자아냈다.

문제는 애플TV에 깔린 애플리케이션들은 애플이 철저하게 관리하고 있으며, 대부분의 채널이 유료라는 점이었다. 경쟁사의 '아마존

스트리밍 비디오' 애플리케이션은 당연히 없다. 아이튠스를 이용해서 영화를 볼 수 있지만, 대부분 4~20달러의 고가라서 애플TV 리모컨을 손에 드는 순간부터 부담스러웠다.

결국 애플TV는 어느 정도 성공을 거뒀지만 대중의 제품이 되는 데는 실패했다. 오늘날 애플TV는 아이튠스를 통해 영화나 드라마를 구매하기 좋아하는 사람들이 아주 편리하게 사용하는 플레이어 정도일 뿐이다. 소문은 무성했지만 애플은 아직 자신만의 TV를 만들지 않았다. 앞으로도 애플 로고가 달린 TV를 보려면 시간이 꽤 걸릴 것 같다. 삼성이 수십 년 동안 갈고닦은 TV 기술을 애플이 단시간에 따라잡기는 쉽지 않을 것이다.

애플TV에 이어 구글TV가 등장했다. 당연히 구매해서 사용해봤다. 일단 안드로이드 애플리케이션들을 TV에서 사용할 수 있다는 점이 매력적이었다. 안드로이드 게임도 하고, TV에서 브라우저를 이용해 〈뉴욕타임스〉도 봤다. 페이스북과 트위터 애플리케이션을 다운받아 설정해두기도 했다. 구글TV는 키보드가 달린 리모컨을 이용해서 채널 검색도 쉽게 할 수 있다는 장점이 있다.

그런데 크고 우아한 TV 화면이 브라우저를 띄우는 순간 '못난이'로 바뀐다는 문제점이 있다. 해상도 때문이다. TV는 화면이 큰 반면 해상도는 그다지 높지 않다. 세로 1,080픽셀인데, 지금 내가 쓰는 맥북은 화면이 훨씬 작지만 해상도는 그보다 높다. 그런 TV에서 〈뉴욕타임스〉를 읽으려니 글자의 픽셀까지 눈에 들어와서 도저히 봐줄 수가 없었다. 종이에 새겨진 활자를 읽는 듯한 느낌을 주는 '레티나 디스플레이(Retina Display)'의 고해상도에 익숙해진 나에게 TV에 뿌려진 글자들은 읽고 싶은 마음까지 사라지게 만들었다.

또 한 가지 문제는 사용성이다. 구글TV를 사용하는 동안 소파 테이블에는 내 아이폰과 아이패드가 놓여 있었다. 아이패드를 들어서 〈뉴욕타임스〉를 열었다. 그러자 TV에서 브라우저를 이용할 이유가 완전히 사라졌다. 원하는 기사를 여기저기 터치하고, 원하는 부분을 확대하고, 동영상을 보다가 닫고 다음 페이지로 넘어가는 이 모든 과정이 아이패드에서는 몇 배나 쉽고 편리하게 이루어졌기 때문이다. 그런 경험이 몇 번 반복되자 구글TV 컨트롤러에 달려 있는 키보드와 마우스를 이용해서 TV에 떠 있는 〈뉴욕타임스〉 기사를 읽는 것이 고통스럽게까지 느껴졌다.

한 가지 더 있다. 페이스북이든 트위터든, 이 모든 애플리케이션은 나에게 맞게 개인화되어 있어서, 가족이 함께 이용하는 TV에 내 계정을 입력해두고 싶지 않았다. 암호화되어 있는 내 랩탑은 암호를 입력하고 로그인하면 트위터와 페이스북에 즉시 연결할 수 있다. 이미 내 계정이 셋업돼 있는 TV를 로그인해두어 다른 가족이나 방문자가 내 페이스북 타임라인을 보는 것은 달갑지 않은 일이었다. 페이스북과 트위터가 아니더라도, 내가 아이폰에서 사용하는 대부분의 애플리케이션은 나를 위해 개인화되고 최적화되어 있었다. 그런 것들을 굳이 TV에서 사용하기 위해 불편을 감수할 이유가 없었다.

로쿠박스는 알고 있는 스마트TV의 조건

그럼에도 불구하고 나는 여전히 스마트TV가 필요했다. TV를 잘 보지도 않는데 한 달에 60달러(7만 원)나 하는 케이블TV를 신청하고 싶지는 않았기 때문이다. 엑스박스를 중고로 팔고, 애플TV와 구글TV를 반납하고 나서 내가 선택한 것은 로쿠박스(Roku Box)였다. 그것이 나에게는 정답이었다.

로쿠박스가 마음에 든 이유가 몇 가지 있다.

첫째, 나에게 가장 중요한 세 가지 스트리밍 애플리케이션이 모두 지원된다. 각종 영화를 무제한 스트리밍으로 볼 수 있는 넷플릭스, 광고와 함께 TV 드라마를 볼 수 있는 훌루, 최신 영화를 돈을 주고 사서 스트리밍으로 볼 수 있는 아마존(게다가 아마존 프라임 멤버인 나는 프라임 멤버에게만 제공되는 영화를 공짜로 볼 수 있다) 말이다.

둘째, 리모컨이 아주 심플하다. 위, 아래, 왼쪽, 오른쪽, 클릭, 뒤로 가기. 그리고 앞으로 감기, 플레이, 뒤로 감기. 이게 전부다. 이 간단한 리모컨을 손에 쥐면 원하는 것을 아주 간단하게 찾아낼 수 있다.

셋째, 24시간 켜놔도 전혀 부담스럽지 않다. 번쩍거리는 불빛이 없어서 그냥 봐서는 켜져 있는지조차 알 수 없다. 게다가 하드디스크가 아닌 메모리를 사용하기 때문에 소음이 전혀 없고, 전력 소모가 적어 부담이 없다.

한마디로, 로쿠박스는 '영화와 드라마 시청'에 최적화되어 있다.

TV를 켜면서 내가 기대하는 것은 날씨 정보도, 오늘의 뉴스도, 사진 감상도 아닌 영화 또는 드라마 시청이다. TV의 커다란 화면은 영화 감상에 가장 효용이 있다. 그 외의 모든 기능은 내 손안의 스마트폰이 훨씬 더 잘 할 수 있다. 이 사실은 앞으로도 당분간은 변하지 않을 것이다.

그래서일까, 로쿠는 2009년에 첫 제품을 출시한 이래 눈부신 성장을 거듭하고 있다. 크리스마스 시즌에 캘리포니아 도로 곳곳의 광고판에 가장 많이 등장하는 제품은 애플TV도, 구글TV도 아닌 로쿠박스다. 2013년 5월에는 6천만 달러(660억 원)의 투자를 유치하면서 애플TV를 위협하기에 이르렀다.

많은 회사가 경쟁사와의 차별화를 위해 그리고 홈엔터테인먼트의 중심에 서기 위해 TV에 끊임없이 새로운 기능을 추가하고 있다. 하지만 가장 중요한 소비자 성향은 정확히 파악하지 못한 채 새로운 기술의 개발과 도입에만 치중하고 있는 것은 아닐까. 정작 사람들이 TV에 기대하는 혁신은 페이스북·트위터 애플리케이션이나 〈앵그리버드〉 게임 또는 크고 정교한 리모컨이 아니라, 영화와 드라마를 보기에 최적화된 크고 아름다운 화면이다.

TV를 이용해 더 많은 일을 할 수 있다면 좋겠지만, 현재의 사용자 인터페이스나 리모컨으로는 분명 한계가 있다. TV에서 유튜브 동영상을 검색해 시청하길 원할지라도 버튼이 100개나 달린 리모컨을 몇 번씩이나 누르고 싶지는 않을 것이다.

물론 TV산업에서도 혁신은 계속 일어날 것이고, TV와 상호작용하는 사용자 인터페이스도 계속 발전할 것이다. 그 기대에 부응이라도 하듯, 최근 TV산업에 또 하나의 혁신이 일어났다. 2013년 7월, 구글이 크롬캐스트(Chromecast)라는 혁신적인 제품을 발표한 것이다.

가격이 35달러밖에 안 되는데다, 27달러 상당의 넷플릭스 3개월 무료 이용권까지 제공하면서(이미 넷플릭스 회원인 경우에는 27달러가 요금에서 차감된다) 제품은 하루 만에 매진되었다. 이 디바이스를 TV의 HDMI 포트에 연결하고, USB를 이용해서 전원을 공급한 후에, 와이파이 설정을 하면 설치는 끝난다. 그 이후엔 스마트폰이나 태블릿PC를 이용해 유튜브 동영상이나 넷플릭스 비디오를 즉시 TV에서 플레이할 수 있다. 스마트폰과 태블릿PC가 '스마트한' 리모컨이 되는 것이다.

기존의 TV 셋탑박스보다 훨씬 저렴한데다 사용하기 편리하고 혁신적이기까지 한 크롬캐스트는 TV업계의 판도를 뒤흔들어놓을 만큼 강력한 파장을 가져왔다. 이제 시작이라 앞으로 어떻게 발전할지는 좀더 두고봐야겠지만, 크롬캐스트가 훌루와 아마존 비디오 등을 모두 지원하기 시작하면 로쿠나 구글TV를 살 이유는 완전히 사라진다. 구글TV를 만든 팀이 크롬캐스트를 만들었다고 하니, 그야말로 '자기 파괴적인' 혁신이 아닐 수 없다. 갈수록 흥미진진해지는 미디어 세상이다.

새 고객을 끌어오기보다
기존 고객 지키기가 먼저다

고객생애가치 이해하기

2년 전 아내의 생일에 팔로알토의 플레밍스라는 스테이크하우스에
갔다. 모처럼 분위기를 잡기 위해 값비싼 안심스테이크와 등심스테
이크를 하나씩 주문했는데, 먹다 보니 내 스테이크에서 뭔가 딱딱한
것이 나왔다. 웨이터를 불러 항의를 하긴 했지만 나머지 고기에는 이
상이 없는 것 같아 그냥 먹었다. 그런데 이번에는 아내의 스테이크에
문제가 있었다. 미디엄으로 익혀달라고 했는데, 고기가 너무 많이 익
어 있었던 것이다. 이미 절반이나 먹었지만, 웨이터는 두말 않고 곧바
로 새로운 스테이크를 가져다주었다.

식사를 마칠 무렵, 담당 웨이터가 다가와 계산서를 주면서 말했
다. "스테이크값은 계산하지 않았습니다. 우리는 당신이 다시 오길

바랍니다." 과연 스테이크값은 빠져 있었다. 새로 가져다준 것까지 치면 결국 스테이크 세 개를 주문한 셈으로, 무려 200달러(22만 원)에 달하는 액수였는데 말이다.

어쨌든 가족과 함께한 기념일의 기억치곤 좋지 않은 경험임에 분명하다. 그렇다면 나는 이후로 그 레스토랑을 찾지 않았을까? 아니다. 그 후에는 친구들을 데리고 갔다.

고객생애가치란 무엇인가

레스토랑으로서는 분명 손해를 보는 일인데 왜 굳이 스테이크값을 전부 받지 않았을까? 그것은 바로 '고객생애가치(Customer Lifetime Value, CLV)'를 높이기 위해서다. 이는 MBA 마케팅 수업에서 가장 먼저 배우는 개념 중 하나로, '어떤 소비자가 일생 동안 회사에 얼마만큼의 이익을 가져다주는가'를 돈으로 계산한 것이다. 개념은 다음과 같다.

> **고객생애가치(CLV)** = (첫해에 고객이 가져다준 이익의 총합) - (신규 고객 유치에 들어간 비용) + (둘째 해에 고객이 남아 있을 확률) × ((둘째 해에 고객이 가져다준 이익의 총합) - (고객 유지에 들어간 비용)) + (셋째 해에 고객이 남아 있을 확률) × ((셋째 해에 고객이 가져다준 이익의 총합) - (고객 유지에 들어간 비용)) + ……

좀더 정확히 하려면 둘째, 셋째 해의 계산에서 나온 수치에는 '할인율'을 적용해야 한다. 내년의 1만 원이 올해의 1만 원과 같은 가치는 아니기 때문이다.

구체적인 예를 들어 '고객생애가치'의 개념을 익혀보자. 몇 해 전 강남역에 철판구이 레스토랑 '텟펜'이 생겼다. 홍보 차원에서 5천 원짜리 할인쿠폰을 주었지만 나는 지갑에 넣어두고 한동안 잊고 지냈다. 어느 날 버스를 타고 가다 우연히 텟펜 광고를 보고는 '아 참, 저기 한번 가봐야지' 하다가 또 잊어버렸다.

그러던 중 강남역에서 저녁 먹을 일이 생겨 미리 구글에서 '강남역 맛집'을 검색해보았다. 검색 버튼을 누르자마자 바로 그 레스토랑 이름이 떴다. 클릭해서 홈페이지를 살펴보니 시설도 괜찮아 보이고, 또 전부터 궁금했던 곳이라 저녁식사 장소로 정했다.

내가 그곳을 찾아가기까지 식당이 쓴 돈은 얼마나 될까? 할인쿠폰값, 버스 광고비, 검색엔진 광고비 등으로 총 3만 원을 썼다고 가정하자. 즉, 고객획득비용(Acquisition Cost)으로 3만 원이 든 것이다.

식사비용이 5만 원 나왔고 마진이 30퍼센트라면, 식당은 나의 방문으로 15,000원을 번 셈이다. 음식도 괜찮고 서비스와 분위기가 좋아 몇 번 더 방문해서, 1년 동안 30만 원을 썼다고 가정하자. 식당은 1년간 총 9만 원(30만 원×30퍼센트)을 벌었지만, 나를 처음 식당에 오도록 하기 위해 3만 원을 이미 썼으니까, 첫해에 실제 번 돈은 6만 원이다.

그 다음 해 생일날, 식당에서 1만 원짜리 쿠폰을 하나 보내주었다. 이번에는 친구들을 잔뜩 데려갔고, 나를 알아본 사장이 2만 원짜리 안주를 공짜로 주었다. 그렇게 해서 내가 1년간 총 50만 원을 썼다고 하면, 식당은 나에게 총 12만 원(50만 원×30퍼센트 - 1만 원 - 2만 원)을 번 셈이다.

세 번째 해에 1만 원짜리 쿠폰을 한 번 사용하고 20만 원을 쓴 후로는 좀 시들해져서 더 이상 그 식당에 가지 않았다. 주변에 더 값싸고 맛있는 곳이 생겼기 때문이다. 텟펜은 이 해에 나에게서 총 5만 원(20만 원×30퍼센트 - 1만 원)을 벌었다.

이 액수를 모두 합한 값, 즉 23만 원(6+12+5)이 '고객 조성문의 생애가치'다. 좀더 정확하게, 할인율을 10퍼센트로 가정해 계산하면 생애가치는 21만 원(6+12/(1+0.1)+5/(1+0.1)(1+0.1))이다. 대부분의 고객이 평균적으로 나와 같은 패턴을 보인다고 가정하면, 지금 이 순간 고객 한 명을 유치했을 때 식당은 그 고객이 떠나기 전까지 21만 원의 이득을 본다는 뜻이다. 그렇다면 고객을 획득하기 위해 조금 더 돈을 써도 될까? 물론이다.

만약 내가 셋째, 넷째 해에도 계속 식당을 방문하고 또 친구들에게도 지속적으로 소개한다면, 내가 식당에 기여하는 가치는 훨씬 커진다. 이를 단순하게 생각해보기 위해, 고객이 매년 똑같은 돈을 쓴다고 가정하고, 고객유지비율(retention rate)이 매년 일정하다고 가정하면, 무한급수 계산법을 통해 다음과 같은 공식을 얻을 수 있다.

$$CLV = \frac{M-c}{1-r+i} - AC$$

- M : 고객 일인당 평균 매출. 보통 1년 단위로 계산한다.

- c : 고객 일인당 평균 비용. 보통 1년 단위로 계산한다.

- r : 고객유지비율. 어떤 고객이 그 다음 해에도 여전히 고객으로 남아 있을 확률.

- i : 이자율 또는 할인율.

- AC : 고객획득비용. 고객이 첫 방문 또는 첫 구매를 하도록 만드는 데 드는 비용.

- 예를 들어, M＝1만 원, c＝3천 원, r＝70퍼센트, i＝10퍼센트, AC＝5천 원으로 가정하면, CLV는 12,500원이다.

각 매개변수가 미치는 영향을 보기 위해 수치를 변화시키면서 오른쪽의 두 가지 그래프를 그려보았다.

이 두 그래프에서 얻을 수 있는 가장 중요한 통찰은 바로 다음과 같은 개념이다.

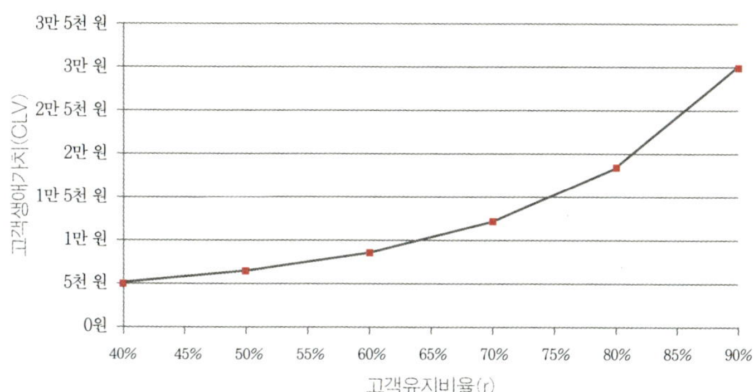

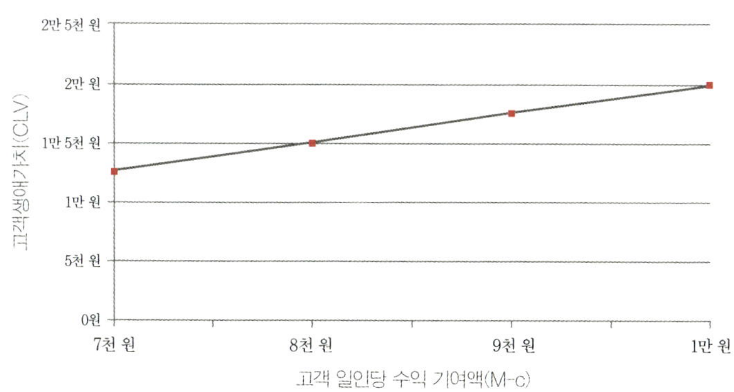

- 일반적으로, 신규 고객 유치에 드는 비용이 기존 고객을 유지하는 데 드는 비용보다 크다.

- 고객획득비용(AC)을 낮추면 CLV에 즉시 영향을 미친다. 앞의 계산

에서 CLV가 12,500원이었는데, AC를 5천 원에서 3천 원으로 낮추면 CLV가 즉시 14,500원으로 올라간다.

- 고객유지비율(r)을 높게 유지하는 것이 정말 중요하다. 예를 들어, 앞의 계산에서 r이 70퍼센트에서 80퍼센트로 높아지면 CLV는 약 5천 원이나 상승해서 18,300원으로 올라가고, r이 60퍼센트로 낮아지면 CLV는 12,500원에서 9,000원으로 크게 떨어진다.

- 비용을 그대로 둔 채 고객 일인당 평균 매출을 올리거나, 고객 일인당 평균 매출을 그대로 둔 채 고객 일인당 평균 비용을 낮추는 것도 CLV에 즉각적인 영향을 미친다.

이와 같이 고객생애가치의 관점에서 고객을 보면 정말 많은 것이 달라진다. 어떻게 해서든 당장 매출을 높이기보다는, 어떻게 하면 효과적인 마케팅을 통해 고객획득비용을 줄이고, 고객 일인당 수익 기여액(M−c)을 높이고, 고객유지비율을 높일까에 좀더 집중하게 된다. 특히 고객생애가치에 가장 큰 영향을 미치는 '고객유지비율'을 간과한다면 정말 큰 실수를 범하는 것이다.

매출이 아닌 고객생애가치를 높여라

최근 인기있는 안드로이드용 피트니스 애플리케이션 '카디오트레이너(Cardio Trainer)'를 만든 '눔'은 AARRR(Acquisition, Activation, Retention, Referral, Revenue)이라는 메트릭을 활용해 아이디어를 평가한다. 실리콘밸리의 스타트업 투자 및 육성 회사인 '500스타트업' 대표 데이브 매클루어가 '해적들을 위한 스타트업 메트릭' 강연에서 소개한 것이다.

눔은 각각의 아이디어마다 고객 획득(Acquisition), 유료 고객 전환(Activation), 고객 유지(Retention), 고객의 추천(Referral), 매출(Revenu)에 어떤 영향을 미치는지 1~10점의 점수를 매긴 후 이를 합산한 결과를 바탕으로 아이디어를 채택한다.

회사의 상황에 따라 요소들의 중요도가 다를 것이다. 따라서 각 요소는 다른 비중을 갖게 된다. 다음 표를 예로 들어보자.

아이디어	고객 획득 (w=20%)	유료 고객 전환 (w=10%)	고객 유지 (w=30%)	고객 추천 (w=10%)	매출 (w=30%)	가중평균
배너 광고	8	6	4	5	7	6
상위 10퍼센트 사용자 할인 행사	4	3	8	7	4	5.4

위 표의 두 아이디어는 각각 다른 요소에 영향을 미치기 때문에 어느 쪽이 나은지 판단하기가 쉽지 않다. 이때 AARRR 공식에 대입

해서 계산해보면 '배너 광고' 쪽의 가중평균이 약간 높게 나온다. 여기다 각 아이디어를 집행하는 비용의 차이를 고려하면 어느 아이디어를 우선적으로 실행할지 판단할 수 있다.

아마존 역시 고객생애가치에 집중하는 회사다. 킨들파이어(Kindle Fire)가 너무 가격이 낮아 손해를 볼 것 같다고 하자 아마존의 CFO 톰 츠쿠택(Tom Szkutak)은 IT 전문매체 〈씨넷*CNET*〉을 통해 다음과 같이 이야기했다.

킨들 사업의 경제학에 대해 생각할 때, 우리는 전체적인 시각에서 봅니다. 우리는 그 기기의 '생애가치'를 고려합니다. 기기 또는 액세서리 자체의 순익을 생각하지 않고 그 안에 들어가는 콘텐트(content)에 주목하죠.

아마존 프라임 멤버십은 이 개념을 제대로 적용해서 큰 성공을 거둔 사례다. 나는 3년째 1년에 79달러(88,000원)를 내고 프라임 멤버십 서비스를 이용하고 있다. 이 멤버십의 가장 큰 혜택은 '이틀 무료 배송'이다. 미국의 경우 땅덩어리가 넓어서인지 소포 하나당 배송료가 평균 5달러(5,500원) 정도 되는데, 나처럼 아마존에서 1년에 100개 이상 물건을 사는 경우에는 최소 500달러의 비용이 들어가므로, 멤버십 비용이 너무 싸서 아마존이 적자를 본다고 생각할 수도 있다. 과연 그럴까? 결론부터 말하자면, 그렇지 않다.

내 경우, 아마존 프라임에 가입하기 전에는 타깃과 월마트 등에 가서 쇼핑을 했다. 하지만 가입한 후에는 되도록 아마존에서 구입한다. 편하고, 싸면서, 배송까지 공짜인데 왜 마다하겠는가. 당연히 아마존에서의 구매가 늘어날 수밖에 없다. 내가 아마존에서 물건을 살 때마다 아마존은 입점업체가 내는 수수료로 돈을 번다. 따라서 '고객생애가치'를 고려하면 이익이라는 계산을 아마존은 이미 했던 것이다.

'어떻게 하면 다음 달 또는 올해 매출을 최대로 끌어올릴까'가 아닌, '어떻게 하면 고객생애가치를 극대화할까'로의 사고전환. 이것이 당신이 오늘 내리게 될 의사결정에 지대한 영향을 미칠 것이다.

한 가지 제품을 다양한 가격으로
팔 줄 알아야 한다

마이크로 트랜잭션의 비밀

최근 마이크로 트랜잭션(micro transaction), 마이크로 페이먼트(micro payment), 게임 내 구매(in-game purchase), 프리 투 플레이(free to play) 등의 용어가 화제다. 의미는 조금씩 다르지만, 게임을 시작할 때는 돈을 지불하지 않지만 본격적으로 즐기는 단계에 이르면 아이템 등을 사면서 돈을 지불하는 모델을 말한다.

월 7천만 명이 즐기는 〈팜빌 *Farmville*〉과 〈마피아워 *Mafia Wars*〉를 개발한 징가(Zynga)는 대표적인 소셜게임 회사로, 게임 아이템 판매 등으로 빠른 시간에 크게 성장했다. 2012년에는 연매출이 2억 3천만 달러(2,600억 원)에 이르렀다.

징가의 게임들은 얼핏 보기에는 상당히 단순한 페이스북 게임이다. 그런데 어떻게 이렇듯 천문학적인 돈을 벌고 있는 걸까? 그 비결이 바로 마이크로 트랜잭션이다.

소비자 잉여란 무엇인가

마이크로 트랜잭션 모델을 이용하면, 보통은 소비자에게 돌려주게 되는 '소비자 잉여'를 기업이 가져올 수 있다. 소비자 잉여가 무엇인지부터 생각해보자.

보통 경제학에서 수요곡선을 다음과 같이 단순화시켜 표현한다.

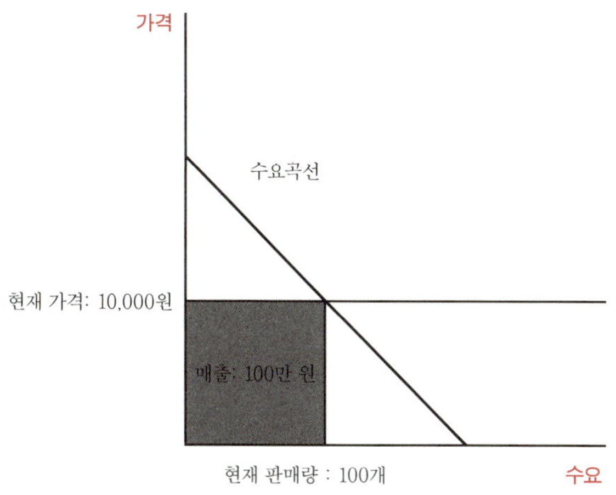

수요곡선 1 : 1만 원짜리 물건을 100개 팔면 매출은 100만 원이다.

일반적으로 가격이 올라가면 수요는 줄고, 가격이 떨어지면 수요가 늘어난다(고가의 명품 등은 가격이 오를수록 수요가 증가하는 기현상을 보이기도 하지만, 이는 어디까지나 예외적인 경우다). 가격이 1만 원인 게임을 100명이 구매하면 해당 게임 회사의 매출은 100만 원이 된다. 아주 단순하다. 여기서 주목할 것은 위쪽의 삼각형이다.

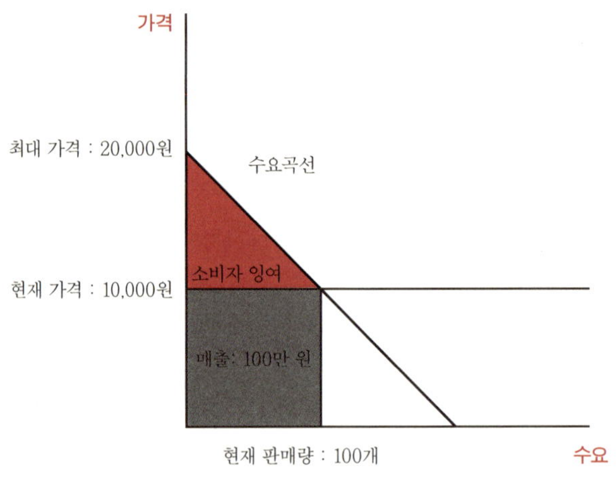

수요곡선 2 : 위쪽 삼각형에 해당하는 부분이 소비자 잉여다.

이 경우 소비자 잉여는 50만 원이다($(20{,}000-10{,}000) \times 100 \div 2$). 소비자 잉여란 가격을 높이면 그만큼 회사가 이득을 볼 수 있지만 더 많은 사람에게 팔기 위해 가격을 낮게 책정했을 때, 현재 가격보다 비싸더라도 기꺼이 제품을 구매했을 사람들이 얻게 되는 이익을 말한다. 예를 들어 단순하게 설명하면 다음과 같다.

한 장인이 오랜 시간을 들여 도자기 열 개를 만들었다. 가격은 따로 정하지 않았다. 재료비가 많이 들지 않기 때문에 원가에 얼마를 더 붙여서 파는 것은 의미가 없었다. 도자기를 들고 장터에 나가자 사람들이 모여들었다. 그들에게 장인은 이렇게 말했다.

"원하는 가격에 가져가세요."

도자기가 필요없는 사람은 1천 원에 팔아도 안 살 것이고, 도자기의 진가를 알아보는 사람은 100만 원을 주고라도 살 거라고 생각한 것이다. 그렇지만 누구에겐 1천 원에 주고, 누구에겐 100만 원을 내라고 할 수는 없다. 잠시 고민하던 장인은 사람들에게 다시 말했다.

"도자기 한 개당 가격은 30만 원입니다."

그러자 도자기의 가치가 30만 원이 안 된다고 생각하는 사람들은 모두 떠났다. 남은 사람들은 30만 원 이상을 지불할 의향이 있는 셈이다. 그중 몇 명은 그 도자기의 가치가 100만 원은 된다고 생각했지만, 장인이 30만 원에 팔겠다고 하니 30만 원을 주고 도자기를 산다. 그 순간, 구매자는 이득을 보았다. 100만 원의 가치가 있다고 생각한 물건을 30만 원에 구입했으니 나머지 70만 원은 이득인 셈이다. 마찬가지로, 도자기의 가치를 50만 원으로 본 사람은 20만 원의 이득을 보았다. 이렇게 '소비자들이 생각한 가치보다 적게 지불함으로써 얻게 되는 무형의 이득의 합'이 소비자 잉여다.

장인 입장에서는 좀 아까울 수도 있지만, 어쩔 수 없다. 만약 도자기의 가격을 100만 원으로 올렸다가는 겨우 한두 사람만 남고 다들 떠났을 것이다. 그러면 결국 도자기를 다 팔지 못하고 집으로 돌아가야 한다.

소비자 잉여의 특별한 점은, 판매자가 원해도 그걸 자신의 이득으로 가져올 수는 없다는 것이다. 가격을 모든 소비자에게 똑같이 책정하기 때문이다. 그런데 만약 소비자마다 다른 가격을 책정할 수 있다면? 그 물건을 더 원하는 사람에게는 비싸게 팔고, 상대적으로 덜 원하는 사람에게는 좀 싸게 팔 수 있다면? 판매자의 이득은 즉시 상승한다.

예를 들어, 소비자의 상황에 따라 가격을 다르게 부르는 것이다. 실제로 항공사나 소프트웨어 회사 등 많은 기업에서 이런 방법으로 소비자 잉여를 회사의 수익으로 가져오고 있다. 마이크로소프트에서 윈도 운영체제를 팔 때 에디션, 프리미엄 버전, 비즈니스 버전 등 별도의 이름을 붙여서 가격을 다르게 책정하는 것도 이런 전략의 일환이다.

덜 탐욕스럽게 더 많은 이익을 가져오는 법

뉴욕에 자리잡은 다이어트 소프트웨어 회사 눔(Noom, Inc.)은 이 개념을 활용해 매출을 급상승시켰다. 안드로이드 앱스토어에서 2.99달러(3,300원)에 판매되는 카디오트레이너라는 인기 애플리케이션이 있는데, 소비자의 피드백 중에 이런 말이 있었다. "이 애플리케이션이 제 삶을 바꿔놓았어요. 더 이상 없이는 살 수 없지요. 10달러라고 해도 살 거예요!" 이 사람에게만 10달러에 팔 수 있으면 좋겠지만…… 그럴 방법은 없다.

그래서 이 회사는 프로 버전(Cardio Trainer Pro)을 출시했다. 기능을 추가하고 디자인을 고급스럽게 바꿔 9.99달러(11,000원)에 팔기 시작했다. 그러자 매출이 크게 성장했다. 세 배가 넘는 돈을 지불하고도 프로 버전을 쓸 용의가 있는 사람이 많았던 것이다. 물론 그 제품의 가치가 2.99달러 정도라고 생각하는 사람들은 기존 제품을 구매할 것이다. 중요한 것은, 그동안 더 높은 가격을 지불할 용의가 있는 사람들이 가져갔던 '소비자 잉여'가 이제는 회사의 매출이 되었다는 점이다.

마이크로 트랜잭션의 매력은, 잘 설계하면 소비자 잉여를 거의 통째로 기업이 가져올 수 있다는 것이다. 징가의 게임을 할 때 처음에는 돈을 내지 않는다. 그런데 게임을 하다 보면 아이템을 사고 싶어지고, 그때마다 돈을 내게 된다. 게임을 많이 하는 사람들은 시간이 지날수록 더 많은 돈을 지불하고, 게임을 즐기지 않는 사람들은 돈을 거의 내지 않는다. 즉, 사람마다 '이 게임이 나에게 주는 가치'만큼 돈을 내는 것이다(물론 모든 사람이 완전히 합리적이고 이성적으로 행동하지는 않는다).

다시 앞의 예로 돌아가서 생각해보자. 만약 소비자 잉여를 모두 회사가 가져올 수 있게 된다면, 매출은 100만 원에서 200만 원으로 뛴다.

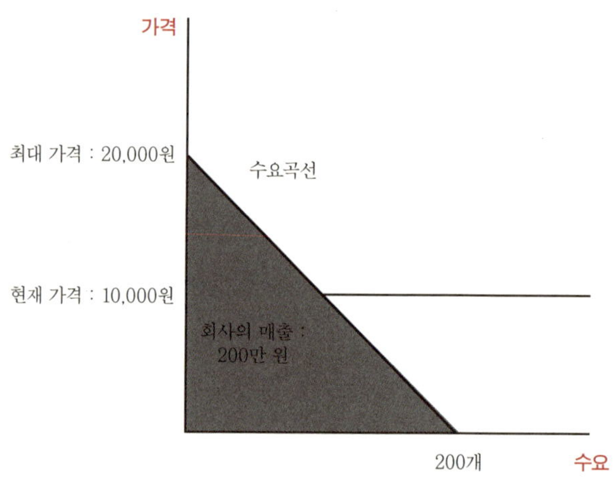

수요곡선3 : 소비자마다 다른 가격을 책정하면 매출은 200만 원으로 늘어난다.

첫 번째 그래프와 비교해보면, 가격을 일괄적으로 책정하지 않고 사람마다 각자 다른 가격을 지불하게 함으로써 회사의 매출이 100만 원에서 200만 원으로 늘어났다. 이것이 바로 마이크로 트랜잭션의 힘이다. 현실에서는 매출이 이보다 더 커질 가능성도 있다. 바로 '지불 의사'가 높은 사람들이 존재하기 때문이다.

월급이 100만 원인 사람들은 게임을 하기 위해 1만 원 정도 지출하는 것이 부담스럽겠지만, 매달 1억 원을 버는 사람에게 게임비용은 그다지 중요하지 않다. 그들은 재미만 있으면 얼마든지 더 지불할 의사가 있다. 소득이 높지 않더라도, 게임이 주는 즐거움이 다른 즐거움보다 크다고 생각하는 사람은 외식비, 쇼핑비 등을 줄여서라도 게임에 돈을 지불할 것이다. 이런 사람이 많아지면 매출은 천문학적으로 상승할 수 있다. 실제로 많은 회사가 이를 이용해 큰돈을 벌어들이고 있다.

물론 마이크로 트랜잭션이 긍정적인 측면만 있는 것은 아니다. 지나치게 탐욕적으로 보이면 오히려 소비자들이 외면할 수도 있다. 앞서 예로 든 징가는 몇몇 게임에서 아이템 판매에 너무 열을 올렸는데, 때로는 게임 진행에 방해가 될 정도여서 사용자들이 게임에 흥미를 잃었고, 최근에는 매출과 주가가 추락하고 있다.

하지만 기업 입장에서 지금 팔고 있는 제품의 가격을 좀더 최적화해서 매출을 더 상승시킬 여지가 있는지 면밀히 조사하고 개선하는 것은 매우 흥미로운 일이 될 것이다.

무엇이 직원들에게 동기를 부여하는가

동기부여의 놀라운 과학

'동기부여'는 거의 모든 사람, 특히 관리자라면 누구나 고민하는 주제다. 나 역시 고민이 깊었지만, 답을 찾기가 정말 어려웠다. 나름대로 내린 결론이라면 '동기부여는 인위적으로 하기 힘들다'는 것이다. 스스로 동기유발이 되어 의욕적으로 움직이는 사람들이 있는가 하면, 조직이나 가족이 아무리 동기를 유발하기 위해 노력해도 꿈쩍도 하지 않는 사람들이 있다. 그렇다면 정말 답은 없는 것일까?

하버드 경영대학원의 테레사 애머빌(Teresa M. Amabile) 교수와 독립연구가 스티븐 크레이머(Steven J. Kramer)는 동기부여에 관한 흥미로운 연구결과를 발표했다. 두 사람은 매니저 600명에게 설문조사를 한 후 그 결과를 바탕으로 '무엇이 직원들에게 동기부여를 할까?'라는 제목의 리더십과 동기부여에 관한 글을 써서 《하버드 비즈니스 리뷰》에 게재했다.

무엇이 가장 크게 동기부여를 하는가

테레사와 스티븐은 600명의 매니저에게 설문조사지를 보내 물었다.

"무엇이 직원들에게 가장 큰 동기부여를 한다고 생각하는가?"

매우 다양한 대답 가운데 첫 번째로 언급된 것은 '잘한 일에 대한 공개적 또는 사적인 보상'이었다. 이는 많은 사람이 공감하는 바고 실제로도 동기부여를 하는 중요한 방법으로 쓰인다.

그런데 테레사와 스티븐은 이런 가정이 잘못되었다면서 '상식'에 도전장을 던졌다. 그리고 수년간의 연구를 기반으로 조사해, 위 질문에 대한 '정답'이 대부분의 매니저가 가장 낮은 순위로 매겼던 '일의 진전(progress)'이었음을 밝혀냈다. 사람들은 일에 진전이 있다고 판단하거나, 진행하다가 막힌 일을 도움을 받아 해결했을 때 가장 긍정적인 감정을 느꼈다. 반대로 같은 자리에서 맴돌고 있다고 느끼거나 장벽이 가로막고 있을 때 가장 무기력해진다고 했다.

이런 결론은 12,000개에 달하는 일기를 통해서 도출되었다. 테레사와 스티븐은 많은 사람에게 일을 마친 후 자신들에게 이메일을 보내달라고 요청했다. 그날 있었던 일, 무엇이 자신에게 동기부여를 했는지, 어떤 일을 기분 좋게 했는지 등을 간략하게 적고, 마지막에 그 날의 기분을 표현하는 작은 이모티콘을 고르도록 했다. 그 결과, 일에 진전이 있었을 때 그들은 가장 크게 동기부여가 되었다는 것을 발견할 수 있었다. 통계치 그래프에는 그들이 '최고의 날'이라고 표현한 경우의 76퍼센트가 일의 진전을 이루었을 때였고, '최악의 날'이라고 표현한 경우의 43퍼센트는 '협동 작업'이 있었을 때였다. 테레사와 스티븐은 이 '협동 작업'이 대개 회의를 의미한다고 보았다.

이 결과를 바탕으로, 직원들에게 동기를 부여하는 요소는 대부분 매니저의 권한 아래 있다면서 테레사와 스티븐은 다음과 같은 결론을 내린다.

일의 진행을 가로막는 것이 무엇인지 자세히 살펴보아야 한다. 목표를 분명하게 설정하고, 너무 작은 일에 매달리게 해서 시간을 빼앗지 말고, 사람들이 서로 도움을 주는 문화를 조성해야 한다. 직접 뛰어들어 문제를 해결하는 것도 좋다.

내 경우를 생각해보았다. 나는 어떤 때 가장 크게 동기부여가 되었던가? 물론 내가 맡은 일이 잘되어 매니저로부터 칭찬을 들었을 때 분명히 동기부여가 된다. 그러나 그 동기부여는 그리 오래가지 않는다. 나는 항상 어제와는 다른 오늘을 만들고 싶고, 그래서 스스로 성장하고 있다고 느낄 때 가장 기분이 좋다. 그렇게 생각하면, 일이 잘 진행되어 하루하루 내가 향상되고 있다고 느낄 때 가장 만족감이 든다고 할 수 있다. 어찌 보면 대단히 상식적인 것이지만, 이 글을 통해 내가 얻은 결론은 다음 세 가지다.

1. 매니저로서 결정을 빨리 내리는 것이 중요하다. 불확실성이 오래 지속되면 진전을 이룰 수 없고 사람들은 곧 흥미를 잃는다.
2. 일의 진행을 사람들이 항상 느낄 수 있게 해야 한다. 대시보드 같은 것을 만들어 프로젝트 진행 상황을 시각적으로 표현하는 것도 좋다. 어제와 다른 오늘을 만들어야 한다.
3. 이정표를 만들고 목표를 달성했을 때마다 축하를 한다. '우리가 한 단계 진전했구나. 이뤄냈구나' 하는 성취감을 다 같이 느낄 수 있게 한다.

동기유발의 놀라운 과학, 자기주도와 목적

한편, 동기유발과 관련해 지금까지 500만 명 이상이 시청한 테드(TED) 강연이 있다. 2009년에 이루어진 이 강연에서 대니얼 핑크(Daniel H. Pink)는 유명한 몇 가지 실험결과를 제시하면서 전통적인 '당근과 채찍' 방식의 문제점을 지적한다. 단순하고 기계적인 일에는 그런 관리 방법이 효과적이지만, 창의력을 발휘해야 하는 일들에는 오히려 방해가 된다는 것이다.

다음은 첫 번째 실험에 대한 이야기다.

프린스턴대학의 샘 글럭스버그(Sam Glucksberg)라는 과학자가 진행한 이 실험은 인센티브의 힘을 보여줍니다. 그는 참가자들을 모집해 창의력을 요구하는 문제를 보여주면서 이렇게 말했습니다. "문제를 얼마나 빨리 풀 수 있는지 시간을 재겠습니다." 그중 한 그룹에게는 이런 종류의 문제를 푸는 데 시간이 평균적으로 얼마나 걸리는지를 측정하기 위해 시간을 재겠다고 했습니다. 다른 그룹에게는 보상을 제시했습니다. "만약 상위 25퍼센트 이내로 빨리 푸는 사람에게는 5달러를 지급하겠습니다. 오늘 실험에서 가장 빨리 문제를 푼 사람은 20달러를 받게 됩니다."
문제는 이것입니다. 이렇게 동기부여된 그룹이 다른 그룹에 비해 얼마나 빨리 문제를 풀었을까요? 평균적으로 3.5분이 더 걸리는 것으로 나타났습니다. 3.5분이 '더' 걸립니다. 전혀 이해가 되지 않는 일이죠? 여기서는 보너스, 인센티브 같은 것은 효과가 없습니다. 좀더 날카롭게 생각하고 창의성을 더 발휘하도록 인센티브를 받았는데도, 정확히 반대의 효과가 나타납니다. 생각은 굳어버리고 창의성도 발휘하지 못하게 되죠.

그러면서 그는 설명한다. 행위와 결과에 대한 보상 정책은 '단순한 공식'과 '명확한 목표'가 있는 작업에는 아주 효과적이다. 하지만 보상이 존재하면 시야가 좁아지고 생각이 편협하게 흐를 수 있다. 따라서 창의력을 요하는 문제에서는 오히려 가능성을 제약하고 저해하는 요소로 작용한다는 것이다.

아래는 두 번째 실험에 대한 이야기다.

이 두 가지 실험의 결과를 통해 핑크는 결론을 도출한다. 창의력이 더 중요시되는 오늘날의 사회에서는 '내재적인 동기부여가 훨씬 중요하다'는 것이다. 즉, 해결하고 싶은 문제이거나, 재미있거나, 또는 일 자체가 중요한 의미를 가질 때 더 동기부여가 된다는 이야기다.

그는 자기주도(autonomy), 숙달(mastery), 목적(purpose) 이 세 가지가 비즈니스세계에서 중요한 역할을 한다고 주장한다. '자기주도'란 스스로 삶을 결정하고 싶은 욕구고, '숙달'은 중요한 일을 더 잘하고 싶어 하는 욕구이며, '목적'은 자신보다 더 큰 무언가를 위해 일하고 싶다는 욕망이다.

핑크의 강연은 아틀라시안(Atlassian)이라는 소프트웨어 회사의 이야기로 이어진다.

호주의 소프트웨어 회사 아틀라시안은 아주 멋진 일을 했습니다. 1년에 몇 번, 회사의 엔지니어들에게 시간을 주었죠. "지금부터 24시간 동안 정규 업무가 아니라, 하지 못했던 것을 찾아 하십시오. 무엇이든 좋습니다." 엔지니어들은 이 시간 동안 코드를 수정하거나 엄청난 제품 아이디어를 만들어냈습니다. 그리고 이 시간에 만들어낸 것을 팀 동료들과 다른 직원들 앞에서 발표했습니다. 그 날을 마감하면서 그런 비격식적인 미팅을 가진 겁니다. 그 다음에는 모두 맥주를 마시러 갔죠.

구글의 '80-20원칙'을 연상시키는 예다. 실리콘밸리의 많은 회사가 '해커톤(Hackerthon)'이라는 이벤트를 통해 비슷한 방식으로 창의적인 제품들을 만들어내고 있다. 해커톤은 해커(hacker)와 마라톤(marathon)의 합성어로, '해커들이 겨루는 마라톤 경기'라는 뜻이다.

보통 2박3일 정도의 시간을 두고, 회사의 모든 엔지니어가 현재 하고 있는 일을 멈추고 함께 '해킹'을 한다.

페이스북 본사에서 해커톤이 열릴 때 방문한 적이 있는데, 회사에서 아침·점심·저녁이 제공되고, 사람들은 3일 만에 의미있는 무언가를 만들어내기 위해 저마다 노력하고 있었다. 지금은 페이스북 전면에 적용되고 있는데, 매달 11억 명이 사용하고 있는 타임라인(Timeline)이라는 사용자 인터페이스의 프로토타입은 이런 해커톤에서 두 명의 엔지니어와 한 명의 인턴, 한 명의 디자이너에 의해 하루 만에 만들어졌다고 알려져 있다. 대니얼 핑크가 이야기한 '자기주도'와 '목적'이 잘 결합되어 혁신적인 제품이 나온 예다.

무엇이 사람들에게 동기부여를 하는가? 리더십에 대해 논의할 때 빠지지 않는 주제이고, 그만큼 결론 내리기 힘들고 정답이 없는 주제다. 하지만 실리콘밸리의 혁신적인 회사들이 시행하고 있는 동기부여를 위한 몇 가지 시도는 배울 만한 가치가 있다. 어떤 업종, 어떤 규모의 조직이라도 직원들의 동기부여는 그 어떤 혁신보다 놀라운 결과를 낳는다는 것을 실리콘밸리의 기업들이 여실히 보여주고 있지 않은가.

부록

당신의 삶을 '스핀'하기 위한 세 가지 조언

고시공부 같은 누구나 다 아는
성공의 방식에서 벗어나보자

실리콘밸리에서 일하다 보면 한국에서 온 후배들을 만날 기회가 많다. 그들은 학교나 회사를 다니면서 일부러 시간을 내 실리콘밸리에 올 정도로 창업에 관심이 많고 새로운 것에 도전해보고 싶어 한다. 그들과 이야기를 나누면서 한국의 2030세대가 처한 현실에 대해서도 자세히 들을 기회가 있었다. 그들은 주변 친구나 후배들이 너무 고시에 몰입해 있는 것이 안타깝다고 했다.

내가 대학교에 다닐 때도 고시가 유행이었다. 서울대 중앙도서관의 5층과 6층 열람실을 줄여서 '중도 5열', '중도 6열'이라고 했는데, 여기에 들어서면 후끈한 열기와 함께 '고시 냄새'가 물씬 풍겼다. 서울대 도서관 중 외부인에게 공개된 공간인 탓도 있었지만, 그중 90퍼센트쯤은 고시공부를 하고 있었다.

나도 한때 고시공부를 했다. 아침 8시면 도서관에 자리를 잡고 앉아 두꺼운 헌법·민법 책을 펼쳐놓고 공부하다가, 점심때가 되면 학생회관에 걸어가서 1,200원짜리 밥을 사먹고 우유팩으로 제기를 만들어 다른 고시생 형들과 함께 30분 정도 '팩차기'를 한 후 다시 도서관에 들어갔다. 저녁에는 1,800원짜리 밥을 사먹고 다시 도서관에 들어가 공부를 하다가 밤 11시쯤 집에 가곤 했다. 그렇게 6개월가량 고시생생활을 하던 중 보다 흥미로운 기회를 찾게 되어 고시공부를 그만두었다.

대한민국 청춘들이 고시에 매달리는 이유

다음(Daum)의 '행정고시사랑 카페' 회원은 무려 14만 명이다. 지금도 신림동 고시촌에서는 오로지 고시 합격만을 위해 수많은 청춘이 고군분투하고 있을 것이다. 물론 로스쿨 제도 도입으로 예전과는 양상이 달라졌다고는 하지만 고시 열기는 여전한 것 같다. 내가 아는 사람 중에도 아직 고시촌을 졸업하지 못한 이들이 있으니 말이다. 심지어 10년 이상 고시촌을 벗어나지 못하는 경우도 있다.

과연, 이렇게 세상과 절연하고 고시공부에 수년간 매달린 사람만 법조인이나 고위공무원이 되어야 할까? 미국에서는 판사가 되려면 로스쿨에 가고, 회계사가 되려면 대학에서 회계학을 전공하면 된다. 고시는 한국과 일본에만 있는 특수한 제도인 것 같다.

왜 우리나라 대학생들 사이에서 고시가 그렇게 인기인 걸까? 실리콘밸리에 찾아온 후배들과 이야기하면서 그 이유를 한번 생각해봤다.

첫째, 학창시절에 가장 익숙한 경쟁 잣대가 공부이기 때문은 아닐까. 고등학교 시절의 성공 여부는 오직 '내신성적'과 '수능점수', 즉 공부라는 잣대를 통해서만 결정되기 때문에, 대부분 공부 경쟁에 가장 익숙할 것이다. 그런 경험만을 한 채 또 다른 경쟁의 터전인 대학교에 들어가면, 다시 자신에게 가장 익숙한 '공부'를 통해 경쟁에서 이기는 길이 무엇일까 생각하게 된다. 그게 가장 익숙하고 자신있는 길이니까, 또 공부라는 경주에서 한 번 성공한 경험이 있으니까.

둘째, 우리나라에서 대부분의 고등학생은 자기가 하고 싶은 일이 무엇인지 진지하게 고민할 시간과 여유가 없다. 오로지 '공부'에만 몰입해야 하기 때문이다. 나도 그랬다. 일단 좋은 대학에 합격하고 나서 고민해도 충분하다고 생각했다. 그런 고민을 하는 순간 '내가 왜 이 공부를 해야 하나' 하는 회의를 품게 되고, 그런 회의감이 들면 수능시험을 잘 볼 수 없을 것만 같았다.

셋째, 남자들의 경우 대학을 다니는 도중 군대에 가야 한다. 사실, 자신이 정말 하고 싶은 일이라는 건 고민을 한다고 찾아지지 않는다. 뭔가 나서서 직접 '해봐야' 자신의 성격에 맞는지, 잘 할 수 있는 일인지 알 수 있다. 하지만 대학에 들어가 그런 시도를 해볼 겨를도 없이 1~2년을 보낸 후 군대에 갔다와서 복학하면 갑자기 마음이 급해진다. 그래서 다시 '공부로 승부'할 수 있는 길, 즉 고시를 택하게 되기 쉽다.

'인위적 제한으로 인한 인위적 매력'의 본질 파악하기

어떤 이들에게는 고시가 훌륭한 선택이고 오랫동안 꿈꿔온 길일 수 있다. 고시에 합격해서 판사, 공무원, 외교관, 회계사로 일하며 긍지를 갖고 소명을 다하는 선후배도 많다. 하지만 오늘날 대한민국 청춘들이 고시에 끌리는 것은 본질적으로 '인위적 제한으로 인한 인위적 매력' 때문임을 알아야 한다.

고시와 자격증은 이미 그 자격을 취득한 사람들이 만들어낸 '인위적 제한'의 결과물이다. 소위 '수요'와 '공급'의 경제원리에 의해 공급이 정해지지 않을뿐더러, 제한하는 사람들은 그 관문을 최대한 어렵게 만들고 싶어 한다. 마치 흰색 티셔츠를 200개 만들고 파란색 티셔츠는 한 개만 만든 후, 그것을 '한정판매'로 경매에 붙이자 파란색 티셔츠의 가격이 천정부지로 치솟았다는 사례와 같은 이치다. 고시는 정말 그런 한정판매가 아닐까?

현재 변호사로 일하고 있는 고등학교 후배가 보낸 글을 보면 고시제도의 문제가 구체적으로 와닿는다. 그는 3년 동안 세상과 절연한 채 천국과 지옥을 경험하게 만드는 고시제도가 과연 바람직한지 의문이 든다고 했다. 더구나 변시(로스쿨별 변호사시험) 1기들이 나오기 시작하니 더욱더 그런 생각이 드는 모양이었다. 불확실성에 목숨을 걸고 불안감에 휩싸인 채 공부에 매달리다가 합격하는 구조보다는, 자신의 나이에 맞는 경험을 충분히 하고 경력을 쌓아 한 단계씩 성장하는 과정을 강조하는 제도가 정착되었으면 좋겠다고 했다.

지인 중에 행정고시에 합격해 기획재정부에서 일하다가 실리콘밸리로 온 이가 있다. 공무원생활을 중단하고 스탠퍼드대 MBA과정에 진학해 에버노트 본사에서 여름 인턴십을 마친 백산 씨는 그동안의 경험과 소회를 적은 글을 자신의 블로그에 올렸다. 후배들에게 도움이 될 만한 이야기다.

정말 큰 문제는 의미(meaning)에 있다. 내가 진정으로 의미있게 생각하는 일 찾기(personal fit)에 있다. 한국 교육의 특성상 대학시절 전에 자신이 진짜로 원하는 게 뭔지, 자신의 삶의 의미에 대해 성숙하기란 정말 어렵다고 본다. 그런 상태에서 나름대로 고민의 과정을 거쳤다고는 하나, '그래도 나라를 위해서 일을 해보고 싶고, 항상 전전긍긍하며 살지 않을 수 있게 안정적이고 번듯한 직업을 가져 결혼도 잘하고 싶고, 부모님과 기타 주위의 기대에도 부응하고 싶다' 정도의 마음가짐으로 이런 직업군에 도전했다가는, 힘들게 도전해서 이루어도 도저히 해소되지 않는 목마름에 고민할지 모른다.

다행히 고시제도는 점차 사라지고 있다. 사법고시는 2017년 이후로 사라질 예정이고, 외무고시는 2014년 이후에 사라진다고 한다. 또한 '민간 경력자'들이 5급공무원으로 채용되기 시작했다. 그와 함께 인위적인 제한도 점차 풀리고 있다.

이처럼 변화하는 세상의 흐름을 읽는 안목도 키우고, 좀더 넓은 시각으로 자신의 꿈과 적성을 고민했으면 좋겠다. 무턱대고 고시에 인생을 걸고, 고시만 패스하면 성공한 삶을 거머쥘 수 있다는 안일한 생각에서는 벗어났으면 좋겠다.

판사나 변호사, 변리사, 공인회계사가 하는 일이 자신의 적성이나 삶의 태도와 맞지 않을 수도 있다. 영화나 드라마에서처럼, 판사가 변호사와 검사의 법정 공방을 지켜보다가 "피고인은 죄질이 좋지 않으므로 징역 10년에 처한다"고 선언하는 것은 판사가 하는 일의 일부에 불과하다. 대부분의 시간은 책상 위에 가득 쌓인 서류를 검토하는 데 쓰인다.

변호사는 어떨까? 스스로 생각하기에도 옳지 않은 의뢰인을 변호해야 할 때도 있다. 어떤 변리사는 기술적 가치가 별로 없고 특허를 받아도 사회에 도움이 안 되는 경우일지라도 의뢰인에게 '서비스를 제공하는 입장'이기 때문에 어떻게 해서든 서류를 만들어줘야 할 때 직업적 회의를 느낀다고 했다.

공인회계사(CPA)의 일은 범위가 넓어 단순화시킬 수 없지만, 가장 기본적인 역할은 기업 회계장부의 사실성을 검토하는 것이다. 따라서 뭔가 새로운 제품을 만드는 데 관심이 있는 사람이라면, 회계사라는 직업이 적성에 맞지 않을지도 모른다.

젊어서는 공인회계사로 일하다가 현재는 사회적기업인 니카워터(Nika Water)를 경영하고 있는 제프 처치(Jeff Church)의 스탠퍼드대 강연을 들은 적이 있는데, 그는 공인회계사를 다음과 같은 우스갯소리로 정의했다.

"저는 4년 동안 공인회계사로 일했어요. 그러고 나서 CPA가 정말로 무엇을 의미하는지 알게 되었죠. 자르고(Cut), 붙이고(Paste), 첨부하는(Attach) 일이에요."

고위공무원의 생활도 별반 다르지 않을 것이다.

공무원, 회계사, 판사, 변호사, 외교관 등 '국가고시 또는 자격증시험을 통해 갖게 되는' 직업과 그 직업을 통해 훌륭한 일을 하는 분들을 폄하하려는 의도는 전혀 없다. 다만 그 모든 것이 결국 사회가 필요로 하는 수많은 일 중 하나일 뿐이고, 어떤 직업에든 장점과 단점이 있다는 점을 강조하려는 것이다. 그리고 고시라는 제도가 야기한 '인위적 제한' 때문에 직업의 단점에 비해 장점이 너무 커 보이는 것은 아닌지 생각해보자는 것이다. 고시공부를 결심하던 당시의 나에겐, 표면가치가 분명 실질가치보다 커 보였으니까.

자신이 생각하는 성공의 방식을 스스로 만들어가라

실리콘밸리에서 생활한 지 4년이 되어간다. 이곳에는 미국의 다른 도시와도 차별되는 독특한 문화가 자리잡고 있다. 특히 젊은이들이 자신의 꿈을 실현하기에 더없이 좋은 갖가지 인프라와 환경이 겸비되어 있다. 스탠퍼드대 학생들은 너나 할 것 없이 창업을 꿈꾸고, 주변에는 그들을 도우려는 다양한 사람들이 있다.

2년 전쯤, 우연한 기회에 스탠퍼드대에서 컴퓨터과학을 전공하는 안킷 굽타(Ankit Gupta)라는 인도계 학생을 만났다. 강한 인도식 영어 악센트와 반짝반짝 빛나는 눈빛이 인상적이었다. 그는 '론치패드(Launchpad)'라는 수업의 일환으로 10주 동안 제품을 만들어 발표하는 과제를 위한 아이디어를 찾고 있었다. 당시 내가 투자했던 한 스타트업의 제품 개발을 맡겨보면 어떨까 싶어 만났는데, 그는 돈을 주겠다는 프로젝트를 마다하고 결국 자신이 만들고 싶은 것을 만들었다.

아이패드가 출시된 지 얼마 되지 않은 때였는데, 그는 남들보다 더 잘 만들 수 있다는 생각으로 아이패드 전용 RSS 애플리케이션을 만들었다. 그것이 현재 가장 인기있는 RSS 리더인 펄스(Pulse)다. 당시 4.99달러라는 고가에도 불구하고 엄청난 다운로드를 기록했고, 수많은 미디어에 노출되면서 스티브 잡스의 발표에 포함되기도 했다. 그의 회사는 얼마 지나지 않아 약 10억 원의 투자를 받았고, 2011년 6월에는 100억 원의 추가 투자를 받은 후에 총 사용자 수가 1천만 명 이상으로 증가했다고 발표했다. 그리고 2013년 4월, 링크드인(LinkedIn)에 9천만 달러(1천억 원)에 인수되었다.

안킷의 이야기는 이곳 젊은이들의 수많은 성공담 중 하나일 뿐이다. 이들이 만들어나갈 미래가 궁금한 이유가 바로 여기에 있다. 세상의 변화를 외면한 채 모두 한곳만을 바라보며 내달리지 않기 때문이다. 자신의 욕망에 솔직한 이들은 표면가치보다 실질적인 가치를 더 중요시하는 듯하다. 성공의 잣대도 모두 제각각이다. 남들이 제시하는 성공보다는 자신이 생각하는 성공의 방식을 스스로 만들어나가고 있다.

학업과 직장생활 중에 짬을 내 실리콘밸리까지 찾아온 후배들에게 내가 꼭 들려주고 싶었던 이야기는 바로 이것이다.

실리콘밸리에서도, 내 인생에서도
MBA는 통한다

실리콘밸리에서 일하면서 MBA 출신을 만날 기회가 많았다. 내가 속한 팀에는 여섯 명의 프로덕트매니저가 있는데, 한 명을 제외하고는 모두 MBA과정을 마쳤다. 나의 매니저는 코넬대학에서 경영학 석사학위를 취득했다. 신규 채용 때도 항상 MBA 출신을 우선으로 생각한다. 아무래도 MBA라는 학위과정이 가장 먼저 시작된 나라이고 그 출신이 많기 때문일 것이다. 그래서인지 회사에 다니면서도 파트타임 MBA 프로그램을 선택하는 경우가 많다.

얼마 전 구글캠퍼스에서 열린 앤더슨 비즈니스스쿨의 입학설명회에 동문 자격으로 초청받아 갔다. 그때 지원 예정자들이 내게 한 질문 중 대표적인 것이 'MBA에서 얻은 가장 소중한 자산'은 무엇이며,

'MBA 졸업 후 진로는 어떻게 되는가'였다. 그 질문을 받고 생각해봤다. 지난 2년간의 투자를 통해 나는 과연 무엇을 얻었는가?

MBA가 나에게 일깨워준 것들

가장 먼저 떠오르는 것은 '자신감'이다. 미국인들만큼 영어를 잘하지도, 미국 문화를 잘 알지도 못하지만, 내가 미국 회사에서 리더가 되어 신뢰를 얻고 일을 추진할 수 있다는 자신감을 얻었다.

둘째, '비즈니스를 바라보는 눈'이 바뀌었다. MBA 수업에서 가장 큰 부분을 차지하는 것은 바로 케이스스터디다. 하버드에서 만든 'MBA 케이스'는 보통 회사의 간략한 역사, 주요 제품, 경쟁사, 재무제표 등을 담고 있다. 거의 대부분의 케이스가 '내가 CEO라면 이 정보를 이용해서 어떤 결정을 내릴 것인가'에 대해 논의한다. 그리고 수업시간에 다른 친구들의 생각과 비교해본다. 이런 훈련을 계속 하다 보니, 어떤 사업이든 자연스럽게 경영자의 관점에서 생각하게 되었다.

셋째, 전에는 관심이 없던 다양한 사업영역에 관심을 갖게 되었다. 예전에는 병원, 스포츠용품 회사, 수도계측기 회사, 자동차부품 공급 업체, 패션의류 회사 등에 대해서는 전혀 아는 바가 없었고, 그렇다 보니 관심도 없었다. 하지만 MBA 케이스는 정말 다양한 분야의 회사들을 다루기 때문에 억지로라도 그런 회사들에 대해 배워야 했고, 그러다 보니 점점 관심을 갖게 되었다. 이런 케이스를 수백 개가량 다루다 보면, 어떤 비즈니스건 하나의 공통된 맥이 흐른다는 것을 알게 된다. 비즈니스란 결국 인풋(input)을 가공(operate)해서 아웃풋(output)으로 부가가치를 창출해내는 것이 아닌가.

넷째, 마케팅에 필요한 실질적인 기술을 배웠고, 데이터 분석의 힘을 실감했다. 나는 마케팅 전략, 일대일 마케팅 수업을 가장 재미있게 들었다. 또 케이민즈(K-means) 클러스터링, 콘조인트(Conjoint) 분석, 다변수 회귀분석, 크리스털볼, 마케팅 시뮬레이션 프로그램인 마크스트라트(MarkStrat) 게임 등을 직접 해보면서, 데이터 분석을 통해 얼마나 많은 정보를 얻을 수 있으며, 그 정보를 어떻게 적용해서 마케팅 효과를 높이고 구매율을 끌어올릴 수 있는지 등에 대해 구체적으로 생각하게 되었다.

다섯째, 전략적 사고기술이 향상되었다. 사업계획 또는 마케팅 전략 수업을 통해 배운 것을 잊을 수 없다. '사업계획' 수업은 10주 동안 팀을 짜서 사업계획을 만들어 발표한 후에 교수와 벤처캐피털 등으로부터 피드백을 받는다. '마케팅 전략' 수업에서는 '마크스트라트'라는 게임을 10주간 했다. 회사를 만들고, 신상품을 출시하고, 광고·유통채널·리서치 등에 할당할 예산을 수립하면서 다른 팀과 경쟁하는 게임이다. 데이터가 워낙 상세하고 실제 상황과 유사하게 만들어진 시뮬레이션 게임이라 정말 재미있었고 큰 도움이 되었다.

여섯째, 프레젠테이션 기술을 향상시킬 수 있었다. 수업을 하다 보면 사람들 앞에서 자주 발표하게 되고 또 다른 학생들의 프레젠테이션을 볼 일이 많기 때문이다. 발표를 정말 기가 막히게 잘하는 친구들을 보면서 '과연 나도 저렇게 할 수 있게 될까' 생각하며 주눅이 들기도 했지만, 결과적으로는 배움의 기회가 더 컸다.

일곱째, 미국 대학생활의 일면을 맛볼 수 있었다. 이것이 MBA가 일반적인 석사과정과 확연히 다른 점이다. MBA에 진학한 학생들의 목적은 학문 연구가 아니다. 따라서 공부 이외의 활동을 많이 한다. 오리엔테이션, 파티, 소셜이벤트, 클럽활동, 학생회, 펀드레이징 등 다양한 경험을 통해 '미국 대학생활은 이런 것이구나' 하고 어느 정도 느낄 수 있었다.

마지막으로, 네트워킹 스킬 향상을 꼽을 수 있다. 원래 사람 만나는 것을 좋아하긴 했지만, 비즈니스스쿨에 있으면서는 정말 많은 사람을 만났고, 모르는 사람을 아는 사람으로 만드는 훈련을 끊임없이 했다. 학교에서 입학 때부터 워낙 강조하는 부분이라, 2년이 지나고 취업할 즈음이 되면 대부분 네트워킹에는 어느 정도 도가 튼다. 나중에는 모르는 사람들에게 연락하는 일이 부담스럽기보다는 짜릿할 만큼 흥미로운 일이 된다. 이와 관련해 기억에 남는 에피소드가 많다. 모르는 사람들에게 연락해서 내 소개를 하고 전화통화를 하는 과정에서 좋은 사람을 많이 알게 되었고, 그들과 곧 친구가 되었다. MBA 인턴십을 풀타임으로 바꿀 수 있었던 것도 네트워킹의 힘이었다. 당시 인턴생활을 하는 동안 앤더슨 비즈니스스쿨의 선배 및 디렉터 등에게 만나고 싶다는 요청을 자주 했고, 모두들 흔쾌히 시간을 내주었다. 그들이 나중에 내가 풀타임으로 전환할 때 큰 도움을 주었다.

한 가지 더, 미국에서 자리잡기를 원하는 경우 미국에서 학교를 졸업하는 것이 가장 좋은 길인 것 같다. 취업을 통해 정착하는 방법도 있지만 그것은 결코 쉽지 않다. 현실적인 '신분'의 문제 때문이다. 미국에서 취업하기 위해서는 H-1B라는 비자를 받아야 하는데, 경쟁이 워낙 치열한데다가 지원 기회가 1년에 한 번뿐이라 취업자뿐 아니라 회사 입장에서도 위험부담이 있다. 하지만 미국에서 정식으로 학교를 졸업하면 1~2년간 일할 수 있는 OPT(Optical Practical Training)를 받을 수 있고, 그러면 회사에서도 좀더 편안하게 채용할 수 있다.

MBA가 과연 창업에 도움이 될까

후배들이 종종 묻는다.

"언젠가 창업을 하고 싶은데, MBA가 도움이 될까요?"

세상 모든 일이 그렇듯, 그럴(도움이 될) 수도 있고 아닐 수도 있다. 그런데 당장 창업할 마음의 준비가 되어 있는 사람이 나에게 "MBA

를 취득하면 어떨까?" 하고 묻는다면, 일단 창업을 먼저 하라고 권하고 싶다. 다음의 두 가지 현실적인 이유 때문이다.

첫째, MBA과정에 소요되는 비용 문제다. 일반적으로 한 해 등록금만 5만 달러(5,500만 원)가 넘는다. MBA는 대부분 2년 과정이니까 학비로만 1억 1천만 원 이상 드는 것이다. 거기다 아파트 임대료 1천 달러(110만 원)에, 중고차 한 대 유지비용과 생활비 등을 합쳐 2,500~3,000달러(300만 원 정도) 든다고 치면, 학업을 마치는 20개월 동안 5만~6만 달러(6천만 원 정도)가 필요하다. 모두 합쳐서 1억 7천만 원 정도가 비용으로 쓰이는 셈이다. 여름방학 동안 기업의 인턴을 하면 2만~3만 달러(2,800만 원 정도)의 보수를 받을 수 있으므로 순수 비용은 1억 4천만 원 정도가 된다.

이 돈이면 충분히 사업을 시작해볼 수 있다. 대개의 사람들에게 이 액수는 정말 큰돈이다. 이만한 돈을 쓰고 나서 사업을 시작한다는 것은 쉽지 않은 일이다. 2년간 MBA과정을 통해 배우는 것과 직접 사업을 하면서 배우는 것은 서로 다르겠지만, 어느 것이 더 나은 경험이라고는 아무도 단정할 수 없다. 본인이 정말 얻고자 하는 것이 무엇인지 진지하게 고민해서 결정할 일이다.

둘째, 졸업 후 동기들의 진로를 보면 창업을 하는 경우가 많지 않다. 사람마다 선택이 다르고, 어디에 취업하느냐에 따라 또 다르겠지만, 졸업하고 미국이나 유럽에서 직장을 잡으면 일반적으로 10만~15만 달러(1억 5천만 원 정도)의 연봉을 받는다.

MBA과정 입학 전에 "나는 컨설팅에는 관심없어" 또는 "나는 투자은행은 별로야" 하던 이들도 바로 옆에서 공부하던 친구가 유수의 컨설팅펌 또는 투자은행의 제안을 받아 상당히 높은 연봉계약서에 사인을 하면 생각이 달라지기 마련이다. 실리콘밸리의 하이테크 회사에 취직해도 마찬가지다.

앞서 이야기한 대로, MBA과정을 마치는 데 든 비용 때문에 통장 잔고가 1억 4천만 원 사라진 상태에서 1억 원이 넘는 연봉 제안을 마다하고 사업을 시작하기란 웬만한 의지가 아니고는 어려운 일이다.

물론 비즈니스스쿨이 창업에 도움이 되는 면이 분명히 있다. 우선, 학업중에 마음이 맞는 창업 파트너를 만날 수도 있다. 앤더슨 비즈니스스쿨에서 만나 가까워진 친구 중 한 명은 클래스메이트들을 창업 멤버로 구인해서 한동안 사업을 했다.

또 학교 자체적으로 창업을 장려하고 각종 지원 프로그램이 준비되어 있어 도움을 받을 수 있다. 예를 들어, 앤더슨스쿨에서는 사업계획발표회(Business Plan Competition)를 개최하는데, 여기서 우승하면 2만 5천 달러(2,800만 원)의 지원금을 받고, 캘리포니아의 유수 벤처캐피털리스트들의 소개를 받아 자신의 사업 아이디어를 발표할 기회를 얻는다.

스탠퍼드 비즈니스스쿨을 졸업하고 비키(Viki.com)를 창업한 호창성 대표는, 스탠퍼드에 있는 동안 창업한 덕분에 동창들에게 아이디어를 발표하고 검증받는 기회를 가져 많은 도움이 되었고, 또 벤처캐피털리스트들과 만날 기회도 많았다고 이야기했다. 실제로 창업자본 금을 동창들을 통해 조달하기도 했으니, 직접적으로도 도움을 받은 셈이다.

한편, 명문대 MBA는 다른 사람들에게 자신을 홍보하는 가장 효과적인 방법 중 하나다. 애드몹(AdMob.com)의 창업자 오마르 하무이(Omar Hamoui)는 와튼스쿨에 다니는 동안 학교를 휴학하고 창업했다. 와튼의 명성 때문이었는지 그의 수완 덕분인지, 아니면 아이디어가 너무 좋아서였는지, 창업 초창기에 실리콘밸리에서 가장 유명한 벤처캐피털 중 하나인 세콰이어캐피털에서 투자를 받았다. 그리고 창업 후 불과 3년 만에 7억 5천만 달러(8,300억 원)를 받고 구글에 매각했다.

투명한 치아교정 시스템인 인비절라인(Invisalign)을 개발한 얼라인 테크놀로지(Align technology)의 창업자 지아 치슈티(Zia Chishti)는 스탠퍼드 비즈니스스쿨을 졸업했다. 파키스탄 출신인 그는 자신의 치아교정 경험을 바탕으로 회사를 창업해 나스닥에 상장시켰다. 그런데 상장 초기 회사의 시가 총액이 무려 12억 3천만 달러(1조 4천억 원)였다.

실제로 MBA 졸업 후 창업하는 사람의 비율은 얼마나 될까? 학교마다 연도마다 조금씩 다르겠지만, 앤더슨스쿨의 경우 2009년 졸업생 360명 중 약 3퍼센트에 해당하는 12명이 곧바로 창업했다. 물론 경기에 따라, 학교에 따라 변동폭이 크다. 예를 들어, 창업을 적극

장려하고 원래 창업에 관심있는 사람들이 많이 입학하는 스탠퍼드
의 경우 그 비율은 더 높다.

MBA 도전시 고려할 사항

이 모든 것을 고려한 후에도 MBA에 도전해보고 싶다면 몇 가지 조
언을 해주고 싶다.

우선, 스스로 자신감을 느낄 수 있을 만큼의 영어실력을 갖춰야
한다. 영어가 충분히 뒷받침되지 않은 상태에서 막연하게 '학교에 입
학하면 실력이 늘겠지'라고 생각하면 큰 오산이다. 물론 영어실력이
좋지 않으면 애초에 입학 자체가 어렵지만, '간신히 통과할 정도'의
실력으로 학교에 들어가면 어려움을 겪을 가능성이 크다. 아이큐가
160이라도 수업 내용을 알아듣지 못하고 말을 못한다면 무슨 의미
가 있겠는가. 영어가 부족하면, 학교생활을 충분히 즐기지 못할뿐더
러 MBA의 혜택 또한 제대로 얻어가지 못한다.

영어 문제는 아무리 강조해도 지나치지 않다. 나는 어렸을 때부터
가장 자신있는 과목이 영어였고, 외국어고등학교 영어과를 졸업했으
며, 언젠가 미국에서 살 것을 고려해 영어공부에 많은 시간을 투자했
기에 나름대로 자신이 있었다. 그런데 막상 학교에 가보니 많이 부족
했다. 지금만큼 영어를 잘하는 상태에서 학교를 다녔더라면 학교생

활이 훨씬 즐거웠을 것 같다. 수업시간에 의견을 이야기하려고 하면 먼저 심장이 뛰고, 말할 내용을 정리하느라 머릿속이 빙빙 돌고, 막상 준비가 되었을 즈음에는 이미 다른 주제로 넘어가 있어서 발표 기회를 놓친 경우가 많았다.

MBA과정을 마친 후 미국에서 취업하고자 한다면, 이전 경력을 얼마나 잘 활용할 수 있을지도 고려해야 한다. 사실 한국에서 쌓은 경력이 미국에서도 연계되겠지만, 간혹 한국에서의 경험이 미국 회사에서는 활용도가 낮아 힘들어하는 경우도 있다. MBA 입학사정관들은 이런 상황을 너무나 잘 알기 때문에, 학생들을 선발할 때 이 점도 분명히 고려할 것이다.

마지막으로, MBA과정에 입학하기 전 목표가 어느 정도 분명하게 정해져 있어야 한다. 컨설팅인지, 금융인지, 일반 기업인지 혹은 한국에서 취업할 것인지, 미국에서 자리를 잡을 것인지, 아니면 창업할지 정해야 한다. 2년이 채 안 되는 MBA과정은 마라톤이라기보다는 100미터 경주에 가깝다. 모든 것이 정신없이 돌아간다. 학교에 입학한 후 진로를 정하겠다고 생각했다가는 전속력으로 달리는 친구들을 지켜보다가 갈피를 못 잡고 헤매기 쉽다. 모든 학교가 '졸업 후 무슨 일을 하고 싶은지'를 에세이 질문으로 채택하는 이유이기도 하다.

한국에서 훌륭한 경험을 쌓고 미국에서 MBA과정을 마친 후, 한국 또는 미국의 유수한 회사에서 기량을 펼치거나 창업해서 좋은 회사를 만들어가는 사람이 주변에 점점 늘어나고 있다. 그들의 도전을 바라보며 새로운 의욕이 샘솟고 감동이 온다면, MBA에 도전해보라고 권하고 싶다.

MBA 지원시 알아야 할 것들

GMAT 점수는 어느 정도가 안정권일까?

MBA과정 입학을 준비할 때 GMAT 점수가 700점을 넘어야 하는지, 여러 번 시험을 보면 불리한지 궁금해하는 사람이 많다. 정답은 없다. 결국 뽑는 사람 마음이기 때문이다. 하지만 어느 학교나 평균 GMAT 점수를 공개하고, 이것이 학교 랭킹에도 반영되기 때문에, GMAT에 높은 비중을 둘 수밖에 없다.

MBA에 합격한 후 친구들에게 GMAT 점수를 슬쩍 물어보니, 미국인의 경우 700점이 안 되는 경우도 있었다. 하지만 외국에서 온 학생들은 대부분 학부 성적이나 GMAT 점수가 아주 좋았다. 대부분의 비즈니스스쿨은 내국인 대 외국인의 비율을 70 대 30, 또는 60 대 40 정도로 일정하게 유지하고자 한다. 결국 외국에서 지원하는 사람들은 '30' 또는 '40'이라는 정해진 비율 안에서 경쟁하게 되므로, GMAT 점수는 일단 700점을 넘기는 것이 안전하다.

에세이를 잘 쓰려면?

에세이를 어떻게 쓰면 합격할 수 있는지 묻는다면, 이 역시 정답은 없다. 다만, 자신을 솔직하게 드러낼 수 있는 형식을 택하는 것이 좋다. 입학 전에는 너무 튀는 에세이를 쓰면 오히려 반감을 살까 봐, 많은 사람의 피드백을 받은 일반적인 형식에 독창적인 내용을 넣으려고 했는데, 입학담당자에게 물어보니 형식은 문제가 되지 않는다고 했다.

가장 중요한 것은, 다양한 질문에 답하는 과정에서 자신의 장점들이 잘 드러나도록 하는 것이다. '누가 무슨 일을 시켜서 그 일을 잘했다'는 식보다는 자신이 어떤 '문제'를 발견한 뒤 그것을 해결하기 위해서 어떤 '노력'을 했으며, 그 과정에서 어떤 '어려움'을 극복해냈는지 쓰는 것이 좋다. 이를 'STAR 글쓰기'라고도 한다. 즉, 상황(Situation)-과제(Task)-행동(Action)-결과(Result) 순서로 이야기를 전개하는 것이다.

나는 내 장점을 묘사하는 단어들(Initiative, Goal-oriented, Optimistic, Passionate……)을 죽 나열한 후, 각각의 특징이 에세이와 추천서, 이력서 등에 골고루 반영되는지 확인해 '조성문'이 어떤 사람인가를 한눈에 알 수 있게 하는 패키지를 만들었다.

내가 UCLA를 선택한 이유

보통 여러 학교를 지원하고 그중 랭킹이 높은 학교를 택한다. 나는 미국 동부에서 살고 싶은 생각이 없었기 때문에 동부 학교들은 별로 고려하지 않았다. 지원했던 몇 학교 중 일부는 탈락 메일을 보내왔고, 일부는 웨이팅리스트(waiting list)에 올랐다는 통지가 오던 중 UCLA에서 합격 메일을 보냈기에 주저없이 그곳을 선택했다.

2년간 학교를 다녀보니 만족스러운 점도 아쉬운 점도 있었지만, 내 인생 최고의 시간이었다는 점에서 후회는 없다. 일단 LA에 사는 것이 좋았다. LA 하면 한인타운을 떠올리기 쉽지만, UCLA는 한인타운보다는 샌타모

니카 또는 비벌리힐스에서 가깝다. 부유하고 아름다운 마을 한가운데 학교가 있고, 원하면 언제든지 20분 만에 한인타운에 갈 수 있었다. 또 차로 10분이면 태평양 바다에 닿았다. 게다가 1년 내내 온화하고 쾌적한 기후는 LA에서의 삶을 한층 더 즐겁게 해주었다.

통계에 의하면, UCLA 졸업생의 60퍼센트 이상이 캘리포니아에서 직업을 구한다. 캘리포니아에 있는 회사들이 UCLA 졸업생을 더 선호해서라기보다는, LA에서 2년을 살아본 학생들이 캘리포니아를 떠나고 싶어 하지 않기 때문이 아닐까 싶다. 한국 학생들의 경우, 한국에 들어오기 편하고 비용이 적게 든다는 점도 큰 매력이다.

MBA 관련 정보를 얻을 수 있는 블로그

Baenefit.com | http://www.baenefit.com

《스타트업 바이블》의 저자 배기홍 씨의 블로그다. 와튼스쿨에 입학하기 전의 마음가짐, 학교생활에서 느낀 점 등 진솔한 이야기가 담겨 있다. 특히 2007년 4~12월의 글이 MBA과정중 학업과 생활에 관한 것이므로 도움이 많이 될 것이다.

Polylogue의 방 | http://polylogue.tistory.com

하버드대 MBA과정을 마치고 지금은 헬스케어 분야에서 매니저로 일하는 이의 블로그다. 마찬가지로 고뇌와 고찰이 매우 솔직하게 담겨 있다.
'MBA를 꿈꾸는 대학생들께'라는 글이 큰 도움이 될 것이다.

호미유끌로델님의 스탠퍼드 MBA 합격 수기

비키의 창업자로 유명한 호창성 대표의 MBA 합격 수기다. 나는 MBA 입
학을 준비할 때 이 글을 읽었고, 또 운 좋게 직접 만날 기회도 있었다. 지원
배경, 에세이 주제, GMAT 시험 수기 등이 매우 상세하게 설명되어 있다.

미키 김 | http://mickeykim.com

삼성을 거쳐 버클리대 MBA과정을 마치고, 현재 구글 상무로 있는 김현
유(미키 김) 씨의 블로그다. '버클리 도착!'이라는 글에 처음 미국에 도착
했을 때의 감흥이 잘 담겨 있다. 'MBA 지원자들에게 하고 싶은 이야기들'
이라는 글을 추천한다.

R2 Extravagenza | http://ronro.tistory.com

삼성을 거쳐 미시간대에서 MBA과정을 마치고 현재 시스코(CISCO) 본사
프로덕트매니저로 일하는 노범준 씨의 블로그다. 'MBA@Michigan' 카
테고리에 MBA 생활 관련 글이 많이 담겨 있다.

San's Playground | http://sanbaek.tistory.com

2011년 스탠퍼드대 MBA과정에 합격한 백산 씨의 블로그다. 특히 'MBA

지원기'에서 MBA 지원 과정에 도움이 될 만한 주옥같은 조언을 만날 수 있다. 'Typical한 하루'라는 글은 그 누구보다 바쁜 그의 일상을 보여준다. MBA 생활에 대한 구체적인 이야기가 많이 담겨 있다.

MBA Blogger | http://mbablogger.net

서울대 경영학과를 졸업하고 프록터앤드갬블(P&G) 마케팅본부에서 프링글스, 페브리즈, 오랄비 등의 브랜드마케팅과 디지털마케팅을 담당한 후, 노스웨스턴대 켈로그경영대학원에서 MBA과정을 마친 김태경 씨가 운영하는 블로그다. 현재 베인앤드컴퍼니(Bain&Company)에서 컨설턴트로 근무하고 있다.

나의 일과 삶을 '스핀'한 영어공부법

최근에 2년 전쯤 프로젝트를 같이 진행했던 한 미국인 동료를 오랜만에 만나 점심을 먹으며 이야기를 나눴다. 식사가 끝날 즈음, 그가 나를 보며 진지하게 말했다.

"성문, 영어가 정말 좋아졌네요. 2년 전 처음 만났을 때는 머릿속에서 프로세싱(processing), 즉 번역을 하고 있는 게 느껴졌는데, 이제는 전혀 안 그런데요. 200퍼센트쯤 좋아진 것 같아요."

여전히 영어 때문에 고생하고 있지만, 그 이야기를 들으니 참 기분이 좋았다.

지난 2년 동안 무슨 일이 있었던 걸까? 확실히 전보다 영어실력이 나아진 건 사실이다. 예전에는 영어로 발표하거나 이야기할 때 부담감이 있었지만, 지금은 거의 없어졌다. 한국어처럼 편하다고 하면 거짓말이지만, 가끔 한국어보다 영어로 이야기하는 게 편할 때도 있다.

MBA를 통해 미국에 와서 정착한 지 이제 만 6년이 되어간다. 그 동안 미국에서 살고 일하면서 영어실력의 중요성은 항상 몸으로 절감하고 있다. 그래서 실력이 조금 나아진 지금도 결코 영어공부를 게을리하지 않는다.

간혹 나만의 영어공부법을 궁금해하는 분들이 있어서 블로그에 글을 올렸는데, 지금까지도 내 블로그의 '스테디셀러'다. 요즘은 미국에 와서는 어떻게 공부했는지 알려달라고 하는 분이 많다. 그래서 이 책을 통해 나의 영어공부법을 다시 한 번 정리해보기로 했다.

발음기호 익히기로 시작한 한국에서의 영어공부법

영어를 좋아한 건 꽤 어린 시절부터였다. 좋아했다기보다는 잘하게 되니 좋아진 셈이다. 잘하게 된 시기는 초등학교 5학년으로 거슬러 올라간다. 당시 어머니가 자녀교육에 관심이 많아서 영어 잘하는 사촌형에게 나를 맡겼다. 논문을 쓰면서 대학원 강의까지 하던 사촌형은 숙모의 간곡한 부탁을 외면하지 못해 나에게 영어를 가르치기 시작했다. 그때 사촌형이 《성문기초영어》를 펴놓고 제일 먼저 가르친 것이 발음기호였다. 그렇게 발음기호 읽는 법을 배운 후 단어를 외우기 시작했다.

　일주일에 한두 번씩 3년 동안 사촌형에게 테스트를 받으며 외우다 보니 고등학교 1학년 단어까지 웬만큼 알게 되어 단어만큼은 자신감이 생겼다. 그 토대 위에 문법공부를 더하니 영어가 쉬워지기 시작했다. 덕분에 외국어고등학교 영어과에 입학할 수 있었다. 외고에서는 영어 관련 과목만 무려 13단위나 됐기 때문에 영어공부에 많은 시간을 투자할 수밖에 없었다. 그럼에도 불구하고, 듣기와 말하기 실력은 쉽게 늘지 않았다. 고등학교를 마치고 대학교에 입학한 후에도 드라마나 뉴스는 여전히 알아듣기 힘들었다.

　듣기와 말하기 실력이 눈에 띄게 향상된 건 종로에 있는 한 학원의 인석민 선생님이 진행하는 'AFKN/CNN 리스닝 강의'를 들으면서부터였다. 대학교 1학년 때부터 겨울방학 내내 강의를 들었는데, 그렇게 2~3년 공부하고 나니 듣기실력이 나아진 게 느껴졌다. 영어실력이 늘어가는 재미에 회사 다닐 때도 3년 동안 거의 매주 토요일에는 수업을 들으러 갔다. 당시 내가 사용했던 방법은 아래 세 가지다.

문장 통째로 소리나는 대로 연습하기

　가장 크게 도움이 된 것은 여러 개의 단어로 이루어진 표현을 통째로 묶어서 발음하는 연습이었다. 예를 들어, 'You ought to know about this by now'라는 문장을 읽을 때, 단어별로 발음을 익힌 다음에 그걸 이어서 발음하면 영 어색하고 폼도 안 난다. 즉, '유 오트

투 노 어바웃 디스 바이 나우'라고 발음하면 듣는 입장에서도 좀 답답하다. 그러지 말고 '유 어러노바웃디스바이나우'처럼, 발음나는 대로 연음 연습을 많이 해서 발음하면 훨씬 자연스럽다. 그래서 나는 '어러노바웃', '어러노바웃' 하면서 연습하곤 했다.

이처럼 영어에는 반복적으로 쓰이는 통문장 표현이 많은데, 그런 표현들이 나올 때마다 충분히 연습을 해두는 게 좋다. '그런 문장들의 변형이 수천 가지도 넘을 텐데'라며 지레 겁먹을 필요 없다. 자주 쓰이는 몇십 가지 표현만 익혀두면 듣기가 훨씬 수월해질 것이다.

반복해서 듣고, 동시에 따라하는 앵무새 공부법

소위 '앵무새 공부법'이라고 하는 이 방법은 나에게 매우 효과적이었다. 듣기뿐 아니라 말하기실력을 크게 향상시킬 수 있었고, 발음 교정에도 도움이 되었다. 좀더 구체적으로 단계를 나누어 설명하면 다음과 같다.

1. 한 시간 정도 리스닝 수업을 듣거나 일정 분량을 연습한다. 영상을 보면서 문장을 살펴본다. 새로운 표현을 배우고 새로운 발음을 연습한다.

2. 연습했던 내용을 MP3 플레이어에 담는다(비디오에서 오디오 트랙만 따로 뽑아내는 소프트웨어가 있다).

3. 출퇴근하는 지하철 안이나 운전하는 동안, 또는 짬이 날 때마다 반복해서 열 번 이상 듣는다. 이미 한 번 익힌 표현이므로, 자꾸 듣다 보면

처음에는 들리지 않던 단어 하나하나까지 귀에 들어오게 된다. 영상으로 봤던 장면이 떠올라 그 나름의 재미도 있다. 되도록 재미있는 내용의 드라마를 교재로 하면 학습효과가 배가된다.

4. 계속 들으면 다음에 무슨 표현이 나올지 예상할 수 있는 수준이 되고, 그러면 충분히 따라할 수 있다. 뉴스 앵커 또는 TV쇼에서 누군가 이야기하는 걸 그대로 따라해보는 것도 좋다. 처음에는 도저히 그 속도를 따라갈 수 없지만, 우물쭈물하면서라도 따라하다 보면 언젠가는 〈프렌즈 *Friends*〉에서 모니카가 하는 말을 같은 속도로 따라할 수 있을 정도가 된다(이 드라마를 보신 분은 알겠지만 모니카의 말은 상당히 빠르다). 나중에는 뜻을 모르는 단어나 표현도 따라할 수 있게 되므로 일단 발음만 익혀둔다.

'앵무새 공부법'에서 가장 중요한 것은 새로운 표현보다는 같은 표현을 반복해서 듣는 것이다. 영어에서, 특히 구어체에서는 같은 표현이 자꾸 등장한다. 그렇게 자주 쓰이는 표현을 듣고 또 들어서 완전히 귀에 익게 만들면, 그 표현을 변형한 말이 나와도 알아들을 가능성이 높아진다.

한글 자막만 켜놓고 미국 드라마와 영화 보기

영어를 익히기 위해 일부러 영어 자막만 켜놓거나 한·영 통합자막을 켜놓고 미드(미국 드라마)를 보는 경우가 많은데, 그보다는 한글 자막만 켜놓고 보는 편이 나에게는 더 효과적이었다. 특별한 일이 없는 토요일 아침에는 미국 드라마를 몇 시간씩 보곤 했는데, 드라마와 영화에 너무 빠져서 한글 자막만 멍하니 읽고 있지 않기 위해 그 한글 표현에 해당하는 영어 단어나 문장이 무엇일까 끊임없이 생각하면서 봤다.

예를 들어, 드라마 〈프렌즈〉를 보는데 자막에 다음과 같은 표현이 나왔다고 하자. "완벽한 일주일을 완벽하게 끝내는구나." 이 자막을 보는 순간 재빨리 머릿속으로 영작을 해본다. "You are finishing a perfect week perfectly." 그렇게 문장을 만들면서 들어본다. 과연 주인공은 뭐라고 할까? 실제로 들어보니 이렇게 말한다. "It's the perfect end to this perfect weekend." 이 표현을 듣는 순간 '아하~' 하는 생각이 든다. 내가 만든 문장은 단순히 한글을 영어로 순서대로 옮긴 것이었구나, 영어로는 이렇게 표현할 수 있구나, 그러면서 넘어가면 된다. 이것을 굳이 머릿속에 일일이 담을 필요는 없다. 물론 외우면 좋겠지만 문장 자체를 메모하고 외우는 데 집착하다 보면 흐름이 끊겨서 드라마 보는 재미가 반감된다.

반대로, 영어를 다 들을 때까지 한글 자막을 보지 않다가 듣고 나서 무슨 말일까 생각해본 다음, 한글 자막을 통해 자신이 생각했던 내용과 비교하는 것도 효과적이다. 물론 이 방법이 효과가 있으려면 작문이나 듣기 실력이 어느 정도 갖춰져 있어야 한다. 그러니 이 방법은 앞서 제시한 방법들로 어느 정도 연습을 한 후에 시도해보는 것이 좋다.

토론과 발표로 자신감을 높인 미국에서의 영어공부법

그렇게 영어를 익히고 미국에 유학을 왔다. 나름대로 영어에 자신이 있었지만, 미국에 와서 학교를 다니며 친구들과 어울리기 시작하니 한계가 느껴졌다. 말도 느리고 못 알아듣는 표현도 많았다. 영어실력을 다시 한 번 업그레이드해야 했다. 이때 중요하다고 생각했던 점은 아래 네 가지다.

발음 교정하기

많은 사람이 '영어 발음이 그렇게 중요한가?', '대충 말해도 다 알아듣던데'라고 하지만 내 생각은 다르다. 나는 발음도 중요하다고 생각한다. 상대방이 못 알아들어서가 아니라 말하는 사람의 자신감에 영향을 주기 때문이다.

내 발음도 원어민 수준이 되려면 한참 멀었지만(사실 미국에서 어린 시절을 보내지 않은 나로서는 불가능한 일일 것이다), 자신감을 갖고 대화할 정도는 된다고 생각한다. 내 발음이 그나마 이 정도 수준에 이르게 된 건, 처음 단어를 외울 때 무조건 발음기호부터 보거나 전자사전으로 발음을 먼저 들어보고 익혔고, 이 원칙을 철저히 지켜온 덕분인 것 같다.

좋은 발음은 자신감을 갖게 한다. 자, 미국 회사에서 일하고 있고 지금은 회의시간이라고 가정해보자. 사람들이 심각하게 아이디어를 나누고 있는 중에 좋은 아이디어가 떠올랐다. 용기를 내 발언을 시작했는데, 말이 느리고 발음이 안 좋다. 그래도 사람들은 귀담아듣겠지만, 한계가 있다. 매번 말할 때마다 발음이 나쁘고 말이 느리고 단어 선택이 이상하면 집중이 잘 안 돼 그냥 흘려듣게 된다.

동료 중에 그런 사람이 있었다. 프랑스인이었는데 미국에 산 지 10년이 넘었는데도 발음이 좋지 않았다. 그의 글은 미국인이 쓴 것처럼 완벽했지만, 회의시간에 말을 하면 답답할 정도였다. 그의 말을 알아들으려면 집중해야 하기 때문에 에너지가 많이 소모되었다. 발음 때문만은 아니겠지만, 어쨌든 그는 경력에 비해 인정을 받지 못했고, 부하직원들도 다 떠나 혼자 일하고 있다.

다만, 여러 사람을 대상으로 하는 연설은 예외다. 유창한 발음보다는 정확한 문법과 깔끔한 발음이 중요하다. 박근혜 대통령의 미 상하원 합동회의 연설을 들어보면 발음은 단순하고 말도 느린 편이지만, 모든 사람이 한 마디라도 놓칠세라 고도로 집중해서 듣는 상황이기 때문에 전체적으로 의미가 그대로 전달된다. 반기문 유엔 사무총장의 수락 연설도 마찬가지다.

하지만 여러 사람이 왁자지껄하게 이야기하는 상황이나, 논의가 빠르게 진전되는 회의에서는 발음이 안 좋은 사람이 발언할 때마다 맥이 끊기고 속도가 느려지기 때문에 방해가 된다. 무엇보다 자신이 그런 사람에 속한다는 것을 알게 되는 순간, 맥이 풀리고 자신감을 잃어 더 이상 말하기가 싫어진다. 물론 성격의 차이도 있겠지만, 자신감을 잃지 않기 위해서라도 발음을 개선하려는 연습은 반드시 필요하다.

토스트마스터와 퍼블릭스피킹 수업을 통한 집중 훈련

'토스트마스터(toast master)'라고, 일주일에 한 번씩 모여 연설 연습을 하고 다른 사람들로부터 피드백을 받는 프로그램이 있었는데, 도움이 많이 되었다. 서로 좋지 않은 말버릇을 찾아서 지적하고 문법상의 오류도 고쳐준다. 종종 주제를 정해 즉흥적으로 '3분 이야기'를 하는 연습도 한다.

이 외에 더 직접적인 도움을 받은 것은 회사에서 했던 '퍼블릭스피킹(public speaking)' 수업이었다. 영어가 모국어가 아닌 동료들과 함께 했는데 구성이 참 좋았다. 총 6회의 세션으로, 매번 간단한 주제를 놓고 돌아가면서 발표했다. 그 내용을 강사가 비디오로 녹화해서 다음 수업 시작하기 전에 비디오를 같이 보면서 분석했다. 표정, 목소리 톤, 발음, 손동작까지 세세하게 지적해주면 다음 발표를 할 때 적용해보곤 했다.

그때 나는 수업 전에 강사에게 '발음을 교정해달라'고 부탁했는데, 내가 습관적으로 잘못 발음하던 것을 많이 고칠 수 있었다. 예를 들어, 'already'처럼 l과 r이 연이어 나오는 경우에 '올레뒤'라고 발음했었는데, 'allady'처럼 들린다면서 거의 '오레뒤'로 들릴 만큼 'l' 발음이 약해야 한다고 조언해줘서 고치게 되었다.

이렇게 내가 연설하는 모습을 반복해 보면서 잘못된 동작과 발음을 분석해 고치고, 내가 잘하는 부분을 자세히 보고 나니 훨씬 자신감이 생겼다.

영어공부의 새 트렌드, TED 강연 활용하기

요즘에는 영어공부에 도움이 되는 애플리케이션과 자료가 거의 무한하다. 그중 추천하고 싶은 한 가지가 바로 테드 강연이다. 테드(TED)는 '기술(Technology), 오락(Entertainment), 디자인(Design)'의 약자다.

'널리 퍼뜨릴 가치가 있는 아이디어(Ideas Worth Spreading)'라는 기치 아래, 다양한 분야의 전문가를 초대해서 '테드, 테드액티브(TEDActive), 테드글로벌(TEDGlobal)'이라는 세 가지 주제로 캘리포니아와 스코틀랜드에서 매년 컨퍼런스를 열고 있다. 여기에 직접 참여해서 강연을 듣고 싶으면 신청서와 연간 최소 2,500달러(280만 원)의 회비를 내고 회원이 되어야 한다. 하지만 주요 강연은 모두 녹화되어 무료로 공개되며, TED 홈페이지(http://www.ted.com)에서 회원가입을 하면 누구나 시청할 수 있다. 스마트폰과 태블릿 전용 애플리케이션도 있다. 모든 강연은 영어 자막이 지원되며 상당수는 한글 자막도 지원한다.

발표자 모두 연습을 많이 하고 강연을 하기 때문에 사람들 앞에서 영어로 강연할 때 어떤 어투로 어떤 단어와 문장을 써야 하는지도 배울 수 있다. 앞서 언급했던 '앵무새 공부법'으로 연습하면 억양 교정에 큰 도움이 될 것이다. 한 가지 영상을 예로 들어보자. 다음은 토머스 수아레스(Thomas Suarez)라는 초등학교 6학년 학생이 자신이 만든 아이폰 애플리케이션과 자신의 이야기를 소개한 내용 중 일부다.

Hello everyone, my name is Tom Suarez. (everyone을 발음할 때 끝이 약간 올라가는 것에 주목할 것. 친근한 느낌을 준다.)

I've always had fascination for computers and technology. (always가 다른 단어보다 억양이 높아 강조된 느낌이 든다. 영어 문장에서 두 번째 단어의 억양이 높아지는 것을 자주 볼 수 있다. 'fascination'을 매우 강하게 발음하는 것도 주목해 보자. 특히 'fa' 발음이 아주 강하다. 이렇게 강조하고 싶은 특정 명사의 발음을 강하게 하는 것도 유의해서 들어보자.)

I'd like to share a couple with you today. ('like to' 부분의 억양이 높다. 그리고 뒤로 갈수록 낮아진다. 전형적인 영어 악센트다.)

Where do you go to find out how to make an app? (한국 사람들이 자주 하는 실수 중 하나가 Where, How, Why 등으로 시작하는 의문문의 끝을 높이는 것이다. 들어보면 알겠지만, 뒤로 가면서 점점 억양이 낮아져 'app'에 이르면 매우 낮다. 의문문인데 끝을 낮춘다는 것이 영 어색하지만, 이 문장을 그대로 따라서 여러 번 발음하다 보면 익숙해질 것이다.)

이렇게 TED 강연을 들으며 연습하다 보면 영어실력뿐 아니라 상식도 늘어나는 일석이조의 효과를 얻을 수 있다. 전세계 석학과 전문가들의 생생한 지식 또는 흥미로운 내용을 습득하면서 영어공부도 할 수 있으니 말이다.

생활 비즈니스와 소셜이벤트 참여

영어를 공부하는 방법 중 가장 효과적인 것은 역시나 '놀면서 배우는' 것이다. 나는 다양한 소셜이벤트에 참여해 사람들과 어울리면서 영어실력도 늘고 좋은 사람도 많이 알게 되었다. 새로운 사람을 만나면 영어실력을 검증하고 발음을 개선하는 계기가 될 수 있다.

또 한 가지, 중고차 또는 물건을 사고팔거나 룸메이트를 구하고 세입자를 찾는 일종의 '생활 비즈니스'를 경험하면서 영어실력과 자신감이 많이 향상되었다. 이런 경우에는 상대방과 대등한 입장에서, 또는 내가 우월한 위치에서 미국인들을 상대로 협상을 하기도 한다. 가령, 룸메이트를 구하기 위해 온라인 벼룩시장 〈크레이그리스트 *Craigslist*〉에 광고를 올리면, 하루에 다섯 번씩 이메일이 오는데 그중 마음에 드는 사람들을 찾아서 전화나 페이스타임을 통해 인터뷰를 했다. 또 부동산을 구입하는 과정에서 다양한 부동산 에이전트와 모기지대출 담당자들을 만나 이야기를 나눴다.

미국에서 처음 생활을 시작하는 사람들에게 나는 한인커뮤니티나 지인들의 도움만 받지 말고 직접 발로 뛰어 조사하고 생활 비즈니스를 경험해보라고 권하고 싶다.

영어에 자신감을 갖기 위해서는 많은 시간과 인내가 필요하겠지만, 자신만의 방식으로 꾸준히 하다 보면 언젠가 그 시간이 결코 아깝지 않음을 알게 된다. 영어를 공부의 대상으로 여기지 말고, 인생을 지금보다 더 풍요롭고 재미있게 살 수 있도록 도와주는 도구로 생각하면 배우고 익히는 과정이 좀더 즐거워질 것이다.

SPIN IT

실리콘밸리를 복제하는 것은 불가능한 일일까

그동안 실리콘밸리를 궁금해하는 수많은 한국 방문객을 만났다. 그리고, 그분들과 나눈 대화 내용을 〈조성문의 실리콘밸리 이야기〉라는 블로그에 정리하면서 더 많은 사람을 만나게 되었다. 그들은 늘 나에게 같은 질문을 한다. 그 핵심은 두 가지다. '무엇이 실리콘밸리를 특별하게 만드는가', '한국에 실리콘밸리를 만들려면 어떻게 해야 하는가'.

좋은 기후, 훌륭한 엔지니어링 대학, 인재의 집합, 풍부한 자금, 스타트업을 위한 생태계 등 너무나 다양해서 어디서부터 이야기를 시작할지 고민하게 된다. 게다가 이 요소들 중 어느 것 하나도 쉽게 벤치마킹할 수 없기 때문에 고민은 더 깊어진다. 가령, 1년 중 300일 이상이 화창하고 습도가 낮으며 온도가 20~25도로 유지되는 캘리포니아의 날씨는 호주 일부, 뉴질랜드 일부, 지중해 근처 지역이 아니면 찾아보기 어렵다. 실리콘밸리로 인재들이 모여드는 이유 중 '쾌

적한 날씨'도 빼놓을 수 없다.

지금까지 수많은 나라가 실리콘밸리의 성장동력을 자국에 옮겨심기 위해 노력해왔다. 그러나 실리콘밸리에 근접한 곳은 세계 어디에도 없다. 실리콘밸리를 복제하는 일은 정말 불가능한 것일까? 한꺼번에 모든 것을 복제할 수 없다면, 실리콘밸리를 기술과 혁신의 성지로 만든 가장 근본적인 요소부터 알아가면 실마리가 풀리지 않을까?

캘리포니아 골드러시를 닮은 실리콘밸리

실리콘밸리도 시작점은 있다. 1933년 스탠퍼드대학을 졸업한 윌리엄 휴렛(William Hewlett)과 데이비드 패커드(David Packard)가 프레더릭 터먼(Frederick Terman) 교수의 지도 아래 HP라는 회사를 세우면서 실리콘밸리의 역사가 시작되었다. 물론 당시의 상황은 오늘날의 실리콘밸리와는 아주 달랐다. HP는 기존 제품보다 값싸고 성능이 좋은 발진기(oscillator)를 만들었음에도 불구하고 자금을 구하기가 힘들었지만, 오늘날에는 아이디어만 좋으면 매일같이 수십, 수백억 원이 투자된다.

오늘날의 실리콘밸리에 이처럼 자금과 인재가 몰리는 이유는 무엇일까? 나는 감히 단 한 가지의 이유를 꼽아본다. '돈'이 되기 때문이다. 왜 돈이 되는가? 그것은 기업 매각이 자주 일어나고 그 규모가 크기 때문이다. 좋은 아이디어로 회사를 만들어 대기업에 매각하거나 증시에 상장해 돈을 버는 것을 '빠져나간다'는 의미로 '엑싯(exit)'이라고 한다. 한국에서는 간혹 '회사를 판다'는 말을 부정적으로 받아들이는 사람도 있지만, 실리콘밸리에서는 누군가가 엑싯을 하면 축하한다는 메시지가 쇄도한다. 큰 성과이자 훌륭한 성공으로 여기는 것이다.

그렇다면, 한 단계 더 거슬러 올라가보자. 왜 엑싯이 자주 일어나고 그 규모가 클까? 대기업들이 기꺼이 큰돈을 들여 작은 회사들을 사기 때문이다. 여기에 핵심이 있다. 마이크로소프트, 시스코, 애플, 오라클, HP 등 역사가 오랜 기술 대기업들의 공통점은 끊임없이 기술과 인재를 큰돈을 주고 인수한다는 것이다. 비교적 최근 기업인 구글과 페이스북도 매우 적극적으로 스타트업들을 인수하고 있다.

'실리콘밸리의 아버지' 격인 HP는 1989년 이래 지금까지 총 102개의 회사를 인수했으며, 인수 총액은 무려 81조 원에 달한다(233쪽 도표 참조). 시스코 역시 인수에 적극적인 회사로, 77조 원어치를 사들였다. 그중 90퍼센트 이상이 미국 회사였으며, 대다수가 실리콘밸리에 위치한 것으로 추정된다. 오라클 또한 인수에 매우 적극적이다. 1997년 이래 90개의 회사를 인수했으며, 총 54조 원을 썼다. 2012년 에만 열한 개를 사들였는데, 그중에는 탈레오(Taleo)라는, 2조 원 이상의 굵직한 딜도 있었다. 2013년 2월에도 2조 원 이상을 주고 회사를 샀으며, 지금까지 평균 매달 하나씩 기업을 인수하고 있다.

직접 회사를 만들면 비용이 더 적게 들 텐데, 실리콘밸리의 대기업들은 왜 이렇게 비싼 돈을 주고 회사를 인수하는 것일까? 과연 수지타산이 맞을까? 과거의 사례를 분석해보면, 그들의 결정이 옳았다. 오라클은 2005년 1월 피플소프트라는 인사관리 소프트웨어 회사를 103억 달러(11조 5천억 원)라는 거액에 사들였다. 그로부터 8년이 지난 지금까지 피플소프트의 제품은 오라클 매출에서 큰 비중을 차지하고 있으며, 무엇보다 오라클이 데이터베이스 회사에서 기업용 애플리케이션 회사로 전환하는 데 결정적인 역할을 했다. 그만한 돈을 지불할 가치가 있었던 셈이다.

이렇게 기업을 자주 인수하다 보니 인수 후 재정, IT 그리고 사람들을 통합하는 일도 척척 잘한다. 비싸게 사더라도 결국 오라클이 가진 세일즈, 브랜드 인프라를 이용해 전세계에 소프트웨어를 팔면서 더 큰 수익을 낼 수 있다.

한편, 수지타산이 맞지 않음에도 불구하고 거액을 들여 인수하는 경우도 종종 있다. 경쟁상대를 약화시키거나 인재를 끌어들이기 위해서다. 페이스북이 무려 1조 1천억 원이라는 거액을 주고 매출이 제로인 직원 열한 명짜리 회사 인스타그램을 산 것이 이 경우에 해당한다. 경쟁사인 구글이나 트위터가 인스타그램을 인수하지 못하게 하고, 인스타그램을 만든 우수한 창업자들을 페이스북 안으로 끌어들이기 위한 결정이었다.

게다가 미국은 특허에 대한 보호가 철저하기 때문에 섣불리 남의 기술을 따라했다가는 기업 이미지를 망치고 수천억, 수조 원의 벌금을 내야 할 수도 있다. 실제로 그런 일들이 빈번하게 일어난다.

대기업들이 중소기업을 비싸게 인수하고, 그렇게 확보한 우수한 제품과 인재를 활용해 인수가를 합리화할 수 있을 만큼 돈을 벌어들이고, 그렇게 번 돈으로 또 좋은 회사를 인수하는 것. 이것이 소위 '실리콘밸리 생태계'의 핵심이다. 이렇게 '피가 돌아가기' 시작하면 나머지 일들은 자동적으로 일어난다.

자신이 만든 회사를 대기업에 성공적으로 매각하는 것을 꿈꾸는 스탠퍼드, 버클리 출신의 우수한 인재들이 창업을 하고, 똑같은 꿈을 가진 엔젤투자자와 벤처캐피털리스트들이 자금을 댄다. 즉, 한국에서는 부동산을 사거나 주식투자를 해서 돈을 벌지만, 실리콘밸리에서는 우수한 스타트업에 투자해야 돈을 번다. 그러니 스타트업에 돈이 몰리는 것은 당연하다. 실리콘밸리의 엔젤투자자나 벤처캐피털리스트들이 실리콘밸리의 발전을 위해서 스타트업에 투자하는 게 아니라는 이야기다. 그들도 다른 사람의 돈을 이용해서 투자를 하고 있으며, 수익을 내지 못하면 망한다. 우수한 스타트업 열 개에 투자해 그중 하나만 크게 성공해도 투자금을 전액 회수하고 수익을 낼 수 있기 때문에 끝없이 자금을 풀고 있는 것이다.

지금 실리콘밸리의 상황은 1848~1855년에 이어졌던 '캘리포니아 골드러시'에 비유할 수 있다. 당시 캘리포니아에는 사금이 있으니 사람들이 모여들었고, 사금 채취 기술이 발달하니 산업이 발전해 더 우수한 사람들이 몰려들었다. 그때 사람들은 황금 속에서 헤엄치는 꿈을 꾸며 밤낮없이 일했고, 상거래를 돕기 위해 우수한 변호사와 금융가들이 모여들었다. 금이 모두 채굴될 때까지 이런 호황이 이어졌다. 실리콘밸리의 대기업들이 지금처럼 '금'을 보유하고 있는 한, 실

리콘밸리는 '기술과 혁신의 중심지' 자리를 내주지 않을 것이다

실리콘밸리에도 통하는 롤모델부터 만들어라

그렇다면 한국은 어떻게 해야 할까? 우리의 경제구조와 대기업의 특성상, 이런 거액의 인수가 적극적으로 일어날 것을 기대하기는 어렵다. 거액을 주고라도 인수하고 싶을 만큼 훌륭한 회사가 한국에 많지 않은 것이 그 첫 번째 이유일 수도 있다. 이런 상황에서 정부가 돈을 풀어 실리콘밸리를 따라하려고 한다면, 그 돈은 엉뚱한 곳으로 새나갈 가능성이 크다. 또 정부가 자금 지원을 축소하는 순간 생태계는 무너져버릴 것이다. 게다가 근원기술이나 자생력 없이 '정부 지원금'으로 살아남아 생명을 영유하는 회사를 우수한 대기업이 큰돈을 주고 인수할 리가 없다.

롤모델이 나올 때까지 기다리거나, 롤모델을 만들어내야 한다. 기술과 혁신을 바탕으로 한 회사들이 탄생하고, 그런 회사들이 한국 또는 외국의 우수한 대기업에 성공적으로 인수되고, 핵심 제품이 전 세계로 뻗어가는 일이 더 많이 생겨나야 한다. 단순한 자금 지원으로 될 일이 아니다.

얼마 전 구글이 웨이즈(Waze)를 인수한 것처럼, 이스라엘 회사들이 거액에 실리콘밸리에 팔리는 경우가 증가하는 것을 보면, 우리라고 못할 것도 없다. 물론 거기에 이르기까지 걸림돌이 많겠지만, 성공사례가 아예 없는 것은 아니다. 한 예로, 서울대 차상균 교수가 만든 티아이엠시스템이 2005년 독일의 소프트웨어 회사인 SAP에 성공적으로 매각된 사례가 있다. 그 후 SAP는 티아이엠시스템의 기술을 이용해 '하나(Hana)'라는 메모리 데이터베이스 제품을 만들었고, 1년 반 만에 2천억 원에 달하는 매출을 올렸다. 한국에서 만든 기술이 SAP를 통해 전세계로 퍼져나간 것이다.

골프를 생각하면 더 이해가 쉽다. 정부의 지원과 정책에 의해 박세리 선수가 탄생했는가? 그렇지 않다. 박세리의 성공 스토리를 아는 사람이라면, 그 아버지인 박준철 씨가 얼마나 열정을 가지고 딸을 키워냈는지 알 것이다. 그런 롤모델과 성공 스토리를 시작으로, 수많은 박세리키즈가 전세계를 무대로 선전하고 있다. 그뿐인가. 최경주와 양용은 등 기라성 같은 선수들도 롤모델로서 다음 세대의 후학 양성에 힘쓰고 있다.

이런 롤모델이 한국에 더 많이 생겨나야 한다. 그것이 실리콘밸리를 한국에 세우는 길이라고 나는 생각한다.

SPIN IT